Neufang/Schaeberle/Karg · Der Verein und das Finanzamt

Der Verein und das Finanzamt

Von
Steuerberater Bernd Neufang
Prof. Jürgen Schaeberle
Prof. Helmut Karg

Rudolf Haufe Verlag
Freiburg im Breisgau

CIP-Kurztitelaufnahme der Deutschen Bibliothek

Neufang, Bernd:
Der Verein und das Finanzamt / von Bernd Neufang;
Jürgen Schaeberle; Helmut Karg. — Freiburg im
Breisgau: Haufe, 1987.
    ISBN 3-448-01722-1

NE: Schaeberle, Jürgen:; Karg, Helmut:

ISBN 3-448-01722-1   Best.-Nr. 30.24

© Rudolf Haufe Verlag, Freiburg i. Br. 1987

Umschlag-Entwurf: Philippe Dudek, Freiburg i. Br.

Satz: typoservice Fotosatz GmbH, Achern

Vorwort

Sollten Sie einen Weg suchen, der Ihnen völlige Steuerfreiheit Ihres Vereins garantiert, dann legen Sie dieses Buch bitte wieder beiseite. Denn das kann auch dieses Buch nicht leisten.

Es ist gleichfalls nicht unsere Intention gewesen, die Vereinsbesteuerung grundsätzlich in Frage zu stellen, weil sich viele Vereine in der heutigen Zeit in einem Spannungsfeld zwischen Ehrenamtlichkeit und Kommerz bewegen. Doch sind auch wir der Auffassung, daß der Gesetzgeber überprüfen sollte, ob die jetzige Besteuerungspraxis den Vereinen überhaupt noch gerecht wird. Dies deshalb, weil wir meinen, daß die gesellschaftlichen und volkswirtschaftlichen Leistungen der Vereine, insbesondere der Sportvereine, nicht hinreichend gewürdigt werden. Die Vereine erbringen nämlich durch ehrenamtlichen Einsatz Leistungen zu geringen Kosten für die Volksgesundheit, in der Jugendarbeit und der Freizeitgestaltung, die fast unbezahlbar sind.

Leider ist es eine bittere Realität, daß die uneingeschränkte Anwendung des an Kompliziertheit kaum noch übertreffbaren Steuerrechts die Existenz der Vereine gefährdet. Es ist nämlich für einen ehrenamtlichen Helfer eines Vereins schwer verständlich, wenn der Verein deswegen vom Fiskus zur Kasse gebeten wird, weil z. B. die Mitglieder und Vereinsfreunde bei einer Veranstaltung unentgeltlich mitgearbeitet haben. Weiß man doch, daß die Vereine aus Mitgliedsbeiträgen ihre Kosten nicht abdecken können.

Es war uns, die wir in der Vereinsarbeit aktiv tätig sind, ein Bedürfnis, mit möglichst einfachen Worten auch dem steuerlichen Laien die gesetzliche Systematik und die Besteuerungspraxis zugänglich zu machen. Aus Gründen der Verständlichkeit haben wir typische Vereinsprobleme in Beispiele gekleidet und uns bemüht, konkrete Lösungswege anzubieten, welche die Steuerlast reduzieren oder teilweise gar gänzlich beseitigen.

Gleichfalls haben wir dargestellt, ob eine entgeltliche Tätigkeit sowohl aus der Sicht des Vereins als auch des Mitglieds steuerrechtlich sinnvoll sein kann, denn Spenden mindern beim Mitglied die Steuerbelastung ohne beim Verein steuerpflichtig zu sein.

Entsprechend unserer Zielsetzung sollen unsere Ausführungen umfassend sein, um dem Leser ein Nachschlagewerk an die Hand zu geben, welches bei typischen Vereinsproblemen sämtliche in Betracht kommenden Steuern erläutert, auch die sehr komplizierte Umsatzsteuer. Hinweise zur zivilrechtlichen Handhabung der Rechtsfigur ,,Verein" sollen unsere Ausführungen abrunden.

Für Hinweise und Anregungen aus der Leserschaft sind wir stets dankbar.

Im Juni 1987   Die Verfasser

Inhaltsverzeichnis

A Zivilrechtliche Grundlagen der Vereine

1 Allgemeines

Im Zivilrecht werden drei Gruppen von Vereinen unterschieden:

- wirtschaftlicher Verein
- Idealverein
- nichtrechtsfähiger Verein.

Als Verein ist jede Vereinigung anzusehen, zu der sich eine Mehrheit natürlicher oder juristischer Personen für längere Zeit zu einem gemeinsamen Zweck freiwillig zusammengeschlossen hat[1]. Die gewählte Rechtsform spielt dabei keine Rolle. Jedoch muß ein Verein einen Gesamtnamen führen und auf wechselnden Mitgliederstand, d.h. freien Zu- und Abgang von Mitgliedern, angelegt sein und eine organisierte Willensbildung (Mitgliederversammlung) aufweisen.

2 Abgrenzung wirtschaftlicher Verein und Idealverein

Nach dem Bürgerlichen Gesetzbuch ist zu unterscheiden zwischen Vereinen, deren **Hauptzweck** auf einen wirtschaftlichen Geschäftsbetrieb gerichtet ist und solchen Vereinen, bei denen dies nicht der Fall ist (Idealvereine). Diese Unterscheidung ist — neben steuerlichen Aspekten — wichtig für die Entstehung des Vereins.

Wirtschaftliche Vereine entstehen nämlich durch staatliche Verleihung, während **Idealvereine** ihre Rechtsfähigkeit durch Eintragung in das Vereinsregister erlangen[2]. Ist also **Hauptzweck** einer Vereinstätigkeit die Einrichtung eines wirtschaftlichen Geschäftsbetriebs und sollen in erster Linie Vermögensvorteile für die Mitglieder erstrebt werden, so liegt ein wirtschaftlicher Verein vor.

---

[1] § 2 Abs. 1 des Vereinsgesetzes vom 5.8.1964
[2] § 21 BGB

Beispiele:
1. Auf Betreiben einer bestimmten Berufsgruppe wird ein Sterbekas-
   senverein gegründet, dessen Aufgabe es ist, aus den vereinnahmten
   Beiträgen im Todesfall Leistungen an die Mitglieder zu erbringen.
2. Die Taxifahrer einer bestimmten Region gründen einen Verein, um
   gemeinschaftlich eine Taxizentrale mit Funksprechverkehr und Ge-
   schäftsstelle usw. zu betreiben.

Wirtschaftliche Vereine sind in der Praxis selten, da die staatliche Verleihung nicht ohne weiteres erfolgt. Zulässigerweise verweist die Genehmigungsbehörde die meisten Antragsteller auf andere Rechtsformen, die für
solche Zwecke gleich gut geeignet sind (z.B. Aktiengesellschaft, GmbH,
Genossenschaft).

Sehr häufig werden wirtschaftliche Vereine mit Idealvereinen, die gleichzeitig einen wirtschaftlichen Geschäftsbetrieb (z.B. Gaststätte) unterhalten, verwechselt. Es soll hier besonders betont werden, daß diese beiden
Vereinstypen nichts miteinander zu tun haben. Eine Betätigung des Vereins im wirtschaftlichen bzw. gewerblichen Bereich macht diesen noch
nicht zu einem wirtschaftlichen Verein i.S. des BGB.

3 Voraussetzungen für die Gründung eines eingetragenen Vereins

Um in das Vereinsregister eingetragen zu werden und die Rechtsfähigkeit
zu erlangen, sind folgende Voraussetzungen zu erfüllen:

a) Der Verein muß mindestens sieben Gründungsmitglieder haben[1].

b) Diese Gründungsmitglieder müssen eine Satzung erstellen, die zwingend folgenden Inhalt hat: Zweck, Name, Sitz, Bestimmungen über
   Eintritt und Austritt, Beiträge, Bildung des Vorstandes, Einberufung
   der Mitgliederversammlung, insbesondere auch über die Form der
   Eintragung und die Beurkundung der Beschlüsse.

Diese Satzung muß schriftlich abgefaßt sein[2].

---

[1] § 56 BGB
[2] Vgl. §§ 57, 58 BGB

Damit der Vereinsgründung keine formalen Hindernisse im Wege stehen, empfiehlt es sich, daß eine Teilnehmerliste für die Gründungsversammlung erstellt wird.

Abb. 1: Muster Teilnehmerliste[1]

„Verein …"

Teilnehmerliste zur Mitgliederversammlung vom _____ 19 _____
Ort:
Beginn: Ende:
Protokollführer:

Lfd. Nr.	Vor- und Zuname	Anschrift m. Postleitzahl	eigenhändige Unterschrift
1			
2			
3			
usw.			

Über die Gründungsversammlung ist ein Protokoll zu führen.

Abb. 2: Protokollmuster für Gründungsversammlung

Protokoll

Protokoll der Gründungs- und Mitgliederversammlung mit Satzungserstellung und Vorstandswahl des künftigen Vereines: (Name)

Am _____, den _____ 19_____ in der Gaststätte _____, Ort

Beginn _____ Uhr

Herr/Frau _____ leitete zunächst die Sitzung und eröffnete die Versammlung. Durch Zuruf wurde Herr/Frau _____ als Versammlungsleiter bestätigt.

---

[1] Vgl. Geckle, Vereins-Ratgeber, WRS-Mustertexte Band 6, WRS Verlag Wirtschaft, Recht und Steuern, Planegg/München

Es wurde sodann den Anwesenden folgende **Tagesordnung** vorgelegt:
1. Beschlußfassung über die Konstituierung des Vereins „_____" sowie Beschlußfassung über die Gründungssatzung
2. Wahlen
3. Beschlüsse über Organisationsfragen
4. Verschiedenes

Die Tagesordnung wurde in dieser Form gebilligt.

Die den Anwesenden vorgelegte Satzung wurde daraufhin erläutert. Einigkeit bestand darüber, den Satzungsentwurf aufgrund der Anregung von Herrn/ Frau _____ in § _____ wie folgt zu ändern: „_____".

Es wurden sodann folgende einstimmigen Beschlüsse gefaßt:
1. Die anwesenden Mitglieder bekräftigen einstimmig den Beschluß, den Verein _____ zu gründen und die Rechtsfähigkeit durch Eintragung im Vereinsregister anzustreben.
2. Die Vereinssatzung wird unter Berücksichtigung der vorgebrachten Änderungen angenommen. Es wurde sodann eine Mitgliederliste vorgelegt. Die eingetragenen Anwesenden erklärten einstimmig, dem neuen Verein als Mitglieder beizutreten.

Auf Vorschlag des Sitzungsleiters wurde ein Wahlausschuß bestimmt, den Herrn/ Frau _____ als Wahlleiter leitete. Auf Vorschlag aus dem Kreis der Mitglieder wurden folgende Personen zur Wahl vorgeschlagen:

Als 1. Vorsitzender Herr/Frau _____

Als 2. Vorsitzender Herr/Frau _____

Die vorgeschlagenen Vorstandsmitglieder erklärten sich zur Kandidatur bereit. Ohne Widerspruch wurde in offener Abstimmung sodann die Vorstandswahl durchgeführt.

Einstimmig — bei Stimmenthaltung der betroffenen Vorstandsmitglieder — wurden gewählt:
1. Herr/Frau _____ als 1. Vorsitzender
2. Herr/Frau _____ als 2. Vorsitzender

Die gewählten Vorstandsmitglieder nahmen die Wahl an.
Weiterhin wurden dann auf Vorschlag aus dem Kreis der anwesenden Mitglieder folgende Personen gewählt:
Als Schriftführer: Herr/Frau _____
Als Kassenwart: Herr/Frau _____
Als Kassenprüfer: Herr/Frau _____
Als Pressewart: Herr/Frau _____
etc.
Die Gewählten nahmen die Wahl an.
Herr/Frau _____ als 1. Vorsitzender übernahm daraufhin die weitere Versammlungsleitung.

Nach TOP 3 der Tagesordnung wurde einstimmig der Beschluß gefaßt, den Jahresmitgliedsbeitrag wie folgt festzusetzen: Für aktive Mitglieder ...
Oder:
Der Vorstand wurde von der Mitgliederversammlung ermächtigt, eine Beitragsordnung zu erlassen. Der Jahresbeitrag für das 1. Vereinsjahr soll auf _____ DM festgelegt werden.

Die anwesenden Mitglieder beauftragten daraufhin den anwesenden Vorstand, beim Vereinsregister alsbald die Eintragung des Vereins zu erwirken und beim Finanzamt die Anerkennung des Vereins als gemeinnützig herbeizuführen. Der vertretungsberechtigte Vorstand wurde im weiteren durch einstimmigen Beschluß ermächtigt, ggf. notwendige Ergänzungen oder Änderungen bei dem Satzungsentwurf vorzunehmen, falls von Seiten des Registergerichtes oder des Finanzamtes Bedenken gegen die Eintragung bzw. die Gewährung der Anerkennung als gemeinnützig vorgebracht werden. Klargestellt wurde, daß sich dieser Beschluß nicht auf sonstige Satzungsbestimmungen bezieht.

TOP 4:
Die verschiedenen Aktivitäten des künftig rechtsfähigen Vereins wurden erörtert.
Den anwesenden Mitgliedern wurde zugesagt, daß nach Eintragung beim Registergericht die Satzung alsbald zur Verfügung gestellt wird.
Die Gründungsversammlung wurde um _____ Uhr geschlossen.
Für die Richtigkeit:

_____   _____
    (Protokollführer)   (Versammlungsleiter)

Mustersatzungen können vom jeweiligen Dachverband angefordert werden. Eine Mustersatzung für einen mehrspartigen Sportverein zeigt Abb. 3.

Abb. 3: Entwurf einer Satzung eines mehrspartigen Sportvereins

---

Satzung des _____

§ 1 Name, Sitz, Geschäftsjahr und Zweck des Vereins
Der im Jahre _____ gegründete Verein ist unter dem Namen _____
in das Vereinsregister des Amtsgerichts _____ (Register-Nr. _____)
eingetragen und hat den Namenszusatz „e. V.".
Er hat seinen Sitz in _____
Das Geschäftsjahr ist das Kalenderjahr.
Der Verein ist Mitglied des ... Landessportbundes. Der Verein und seine Mitglieder anerkennen als für sich verbindlich die Satzungsbestimmungen und Ordnungen des Landessportbundes und dessen Mitgliedsverbände, deren Sportarten im Verein betrieben werden.

Der Verein setzt sich zur Aufgabe, nach dem Grundsatz der Freiwilligkeit und unter Ausschluß von parteipolitischen, rassischen und konfessionellen Gesichtspunkten der Gesundheit der Allgemeinheit, insbesondere der Jugend zu dienen. Er verfolgt damit ausschließlich und unmittelbar gemeinnützige Zwecke im Sinne des Abschnitts „Steuerbegünstigte Zwecke" der Abgabenordnung. Zweck des Vereins ist die Förderung des Sports und der freien Jugendhilfe. Der Verein ist selbstlos tätig, er verfolgt nicht in erster Linie eigenwirtschaftliche Zwecke. Mittel des Vereins dürfen nur für die satzungsgemäßen Zwecke verwendet werden. Die Mitglieder erhalten keine Zuwendungen aus Mitteln des Vereins und erhalten bei ihrem Ausscheiden oder bei Auflösung oder Aufhebung des Vereins weder einbezahlte Beiträge zurück, noch haben sie irgend einen Anspruch auf Vereinsvermögen. Er darf keine Person durch Ausgaben, die dem Zweck des Vereins fremd sind, oder durch unverhältnismäßig hohe Vergütungen begünstigt werden. Die Organe des Vereins arbeiten ehrenamtlich.

§ 2 Mitgliedschaft
Mitglieder des Vereins können natürliche Personen (ordentliche Mitglieder), juristische Personen und Vereine (außerordentliche Mitglieder) sein.

1. Erwerb der Mitgliedschaft
Die Aufnahme eines Mitglieds erfolgt durch Beschluß des Vorstandes aufgrund eines Aufnahmeantrags. Der Aufnahmeantrag ist schriftlich an den Verein zu richten.
a) Die ordentliche Mitgliedschaft beginnt mit dem 1. des Quartals, in dem sie beantragt wird. Die Mindestmitgliedsdauer beträgt ein Jahr.
b) Der Beginn der Mitgliedschaft eines außerordentlichen Mitglieds wird durch besondere Vereinbarung zwischen außerordentlichem Mitglied und Vorstand des Vereins festgelegt.
c) Personen, die sich um die Förderung der Leibesübungen besonders verdient gemacht haben, können auf Vorschlag des Vorstands oder des Gesamtausschusses von der Hauptversammlung zu Ehrenmitgliedern ernannt werden. Sie sind beitragsfrei.

2. Verlust der Mitgliedschaft
Mit der Beendigung der Mitgliedschaft erlöschen sämtliche Rechte des Mitglieds.
a) Die Mitgliedschaft eines ordentlichen Mitglieds endet durch Tod, Austritt oder Ausschluß.
aa) Der Austritt eines ordentlichen Mitglieds erfolgt durch schriftliche Erklärung an den Vorstand bis spätestens 30.9. und wird mit Ende des laufenden Kalenderjahres wirksam, sofern die Mindestmitgliedsdauer von einem Jahr bis dahin erfüllt ist.
b) Der Ausschluß eines ordentlichen Mitglieds kann durch den Vorstand beschlossen werden, wenn das Mitglied
bb-1 mit der Zahlung eines Beitrages für länger als ein Jahr im Rückstand ist,

bb-2 die Bestimmungen der Satzung, Ordnungen oder die Interessen des Vereins verletzt,

bb-3 Anordnung oder Beschlüsse der Vereinsorgane nicht befolgt oder

bb-4 sich im unmittelbaren Zusammenhang mit dem Vereinsleben unehrenhaft verhält.

Der Ausschlußbeschluß ist schriftlich mitzuteilen. Gegen den Ausschlußbeschluß steht dem Betroffenen innerhalb von zwei Wochen gegenüber dem Vorstand Berufungsrecht an die nächstfolgende Hauptversammlung zu, zu der er einzuladen ist. Die Hauptversammlung entscheidet über die Wirksamkeit des Ausschlußbeschlusses endgültig. Bis zur Entscheidung der Hauptversammlung ruhen die Rechte des Mitglieds.

c) Die Beendigung der außerordentlichen Mitgliedschaft ergibt sich aus der zwischen dem außerordentlichen Mitglied und Verein getroffenen Vereinbarung.

§ 3 Beiträge

Die Mitglieder sind beitragspflichtig, soweit die Satzung nichts anderes bestimmt. Die Hauptversammlung kann Zusatzbeiträge und Umlagen festsetzen.

1. Ordentliche Mitglieder

Bei der Aufnahme in den Verein ist eine Aufnahmegebühr zu entrichten; die Höhe der Beiträge und Aufnahmegebühr wird von der Hauptversammlung festgesetzt. Die Beiträge werden stets im ersten Monat des Geschäftsjahres fällig; sie können jedoch auch viertel- und halbjährlich bezahlt werden. Auf Antrag können die Beiträge vom Vorstand gestundet oder erlassen werden.

2. Außerordentliche Mitglieder

Die Beiträge der außerordentlichen Mitglieder werden durch besondere Vereinbarung zwischen außerordentlichem Mitglied und dem Vorstand des Vereins festgesetzt.

§ 4 Rechte und Pflichten der Mitglieder

Für die Mitglieder sind diese Satzung und die Ordnungen des Vereins sowie die Beschlüsse der Vereinsorgane verbindlich. Die Mitglieder sind verpflichtet, die Vereinsinteressen zu fördern und alles zu unterlassen, was dem Ansehen und dem Zweck des Vereins entgegensteht.

1. Ordentliche Mitglieder

Jedes über 16 Jahre alte ordentliche Mitglied ist berechtigt, an der Willensbildung im Verein durch Ausübung des Antrags-, Diskussions- und Stimmrechts in Hauptversammlungen teilzunehmen.

Ordentliche Mitglieder sind berechtigt, an allen Veranstaltungen des Vereins teilzunehmen und die Einrichtungen des Vereins zu den Bedingungen der Abteilungen zu benutzen. Jedes Mitglied kann in allen Abteilungen des Vereins nach Maßgabe der Abteilungsbestimmungen Leibesübungen treiben.

2. Außerordentliche Mitglieder
Das außerordentliche Mitglied ist berechtigt, nach Maßgabe der vom Vorstand ge-
faßten Beschlüsse bestimmte Einrichtungen des Vereins zu benutzen. Außerordentliche Mitglieder haben kein Stimmrecht und kein aktives und passives Wahlrecht. Es
steht ihnen das Recht zu, an den Hauptversammlungen teilzunehmen. Versiche-
rungsschutz besteht wie bei den ordentlichen Mitgliedern über den Landessportbund.

§ 5 Organe des Vereins
Organe des Vereins sind:
1. die Hauptversammlung
2. der Gesamtausschuß
3. der Vorstand.

§ 6 Hauptversammlung
1. Im ersten Vierteljahr jeden Geschäftsjahres soll die ordentliche Hauptversammlung durchgeführt werden. Sie wird vom ersten Vorsitzenden, bei dessen Verhinderung durch einen der stellvertretenden Vorsitzenden durch Veröffentlichungen in der
Tageszeitung _____ (genaue Bezeichnung) unter Einhaltung einer Frist
von 14 Tagen unter Bekanntmachung der Tagesordnung, in der die Gegenstände
der Beschlußfassung zu bezeichnen sind, einberufen.
2. Die Hauptversammlung hat folgende Aufgaben:
a) Entgegennahme und Genehmigung der Jahresberichte des Vorstands und der
Abteilungsleiter.
b) Entgegennahme der Berichte der Kassenprüfer.
c) Entlastung des Vorstands und der Mitglieder des Gesamtausschusses.
d) Beratung und Beschlußfassung über vom Vorstand wegen ihrer Bedeutung auf
die Tagesordnung gebrachte Angelegenheiten.
e) Bestätigung der Abteilungsleiter und Jugendleiter und deren Stellvertreter, sowie
die Wahl der Kassenprüfer.
f) Festsetzung der Beiträge, Aufnahmegebühren, etwaiger Zusatzbeiträge und Umlagen (Ausnahme § 3, Ziffer 2).
g) Berufungen gegen Ausschlußbeschlüsse des Vorstands.
h) Ernennung von Ehrenmitgliedern.
i) Entscheidungen über Beschwerden der Mitglieder gegen Beschlüsse des Gesamtausschusses.
k) Beschlußfassungen über Satzungsänderungen und freiwilliger Auflösung des Vereins.
3. Anträge aus den Reihen der Mitglieder sind mindestens eine Woche vor der
Hauptversammlung dem Vorstand schriftlich mit Begründung einzureichen.
4. Der Vorstand kann außerordentliche Hauptversammlungen einberufen. Hierzu ist
er verpflichtet, wenn es das Interesse des Vereins erfordert oder wenn die Einberufung von einem Viertel aller stimmberechtigten Vereinsmitglieder unter Angabe des
Zwecks und des Grundes gegenüber dem Vorstand verlangt wird.

5. Die Hauptversammlung ist ohne Rücksicht auf die Zahl der erschienenen Mitglieder beschlußfähig. Die Beschlußfassung erfolgt durch einfache Stimmenmehrheit; ungültige Stimmen und Stimmenthaltungen werden nicht mitgezählt. Beschlüsse über Satzungsänderungen und Auflösung des Vereins erfordern eine Mehrheit von Dreiviertel der erschienenen Mitglieder.

6. Die Beschlüsse der Hauptversammlung sind vom Protokollführer und vom 1. Vorsitzenden, bei dessen Verhinderung von einem der stellvertretenden Vorsitzenden, zu unterschreiben.

7. Für die weiteren Förmlichkeiten des Ablaufs und der Beschlußfassung (einschl. Wahlen) ist die Geschäftsordnung, die vom Gesamtausschuß zu beschließen ist, maßgeblich.

§ 7 Gesamtausschuß

1. Dem Gesamtausschuß gehören an:
a) die Mitglieder des Vorstands
b) die in den Abteilungen gewählten Abteilungsleiter und Jugendleiter.
Im Verhinderungsfalle können die gewählten Stellvertreter an den Sitzungen des Gesamtausschusses mit Sitz und Stimme teilnehmen. Jedes Mitglied des Gesamtausschusses hat eine Stimme. Stimmenübertragung ist unzulässig.
Die Mitglieder des Vorstands werden auf zwei Jahre, die übrigen Mitglieder des Gesamtausschusses auf ein Jahr gewählt.
Jedes Mitglied bleibt solange im Amt, bis ein Nachfolger gewählt ist; bei vorzeitigem Ausscheiden eines Mitglieds beruft der Gesamtausschuß den Nachfolger, wenn die nächste Hauptversammlung nicht binnen drei Monaten stattfindet; in der nächsten Hauptversammlung ist Nachwahl erforderlich.

2. Dem Gesamtausschuß obliegt:
a) die Beschlußfassung über den Haushaltsplan,
b) Beschlußfassung über Beschwerden von Mitgliedern gegen Beschlüsse des Vorstands,
c) Beschlußfassung über die Ordnungen des Vereins.

3. Über die Protokollierung und Beurkundung der Beschlüsse des Gesamtausschusses gilt § 6, Ziffer 6 entsprechend.

4. Die Sitzungen des Gesamtausschusses sind vom 1. Vorsitzenden oder einem der stellvertretenden Vorsitzenden schriftlich oder telefonisch einzuberufen. Tagesordnung und die Gegenstände der Beschlußfassung brauchen nicht bekanntgegeben zu werden.

§ 8 Vorstand

1. Den Vorstand bilden:
a) der 1. Vorsitzende
b) die drei stellvertr. Vorsitzenden
c) der Kassenwart
d) die Abteilungsleiter
e) die Jugendwarte der Abteilungen

f) der Pressewart
g) der Schriftführer.
2. Der Vorstand erledigt die laufenden Vereinsangelegenheiten, insbesondere obliegt ihm die Verwaltung des Vereinsvermögens. Er ist für alle Aufgaben zuständig, die nicht durch die Satzung einem anderen Vereinsorgan zugewiesen sind.
3. Von den Mitgliedern des Vorstandes sind insbesondere folgende Aufgabenbereiche wahrzunehmen:
a) Turnen, Gymnastik, Breiten- und Leistungssport
b) Ballspielende Abteilungen und Platzanlage
c) Jugendpflege
d) Öffentlichkeitsarbeit
e) Finanz-, Steuer- und Vermögensfragen
f) Fragen des Vereinsheims und der Kegelbahn.
Das Nähere regelt die Geschäftsordnung.
Vom Vorstand kann ein Geschäftsführer bestellt werden, der dem Vorstand beratend angehört.
Die Hauptversammlung kann verdienten Persönlichkeiten mit der Ehrenmitgliedschaft Sitz und Stimme im Vorstand verleihen.
4. Der 1. Vorsitzende, die drei stellvertr. Vorsitzenden und der Kassenwart sind der Vorstand im Sinne des § 26 BGB; sie vertreten den Verein gerichtlich und außergerichtlich. Sie haben Einzelvertretungsbefugnis.
5. Die Organe des Vereins können beschließen, daß für bestimmte Aufgabenbereiche ,,Ausschüsse beim Vorstand'' gebildet werden.
6. Über die Einberufung der Vorstandssitzung, sowie über die Protokollierung und Beurkundung der Beschlüsse des Vorstands gilt § 7, Ziffer 3 und 4 entsprechend.

§ 9 Ordnungen des Vereins
Zur Durchführung dieser Satzung gibt sich der Verein eine Geschäftsordnung, eine Finanzordnung, eine Jugendordnung, eine Ehrungsordnung, sowie eine Rechts- und Verfahrensordnung, die vom Gesamtausschuß zu beschließen sind.

§ 10 Strafbestimmungen
Sämtliche Mitglieder des Vereins unterliegen einer Strafgewalt. Der Vorstand kann gegen Vereinsangehörige, die sich gegen die Satzung, gegen Beschlüsse der Organe, das Ansehen, die Ehre und das Vermögen des Vereins vergehen, folgende Maßnahmen verhängen:
a) Verweis,
b) zeitlich begrenztes Verbot der Teilnahme am Sportbetrieb und an Veranstaltungen des Vereins,
d) Ausschluß (s. § 2.2 a, bb). Das Nähere regelt die Rechts- und Verfahrensordnung.
e) Geldstrafen bis 500,— DM.

§ 11 Kassenprüfer

Die Hauptversammlung wählt aus dem Kreis der stimmberechtigten Mitglieder zwei Kassenprüfer, die weder dem Vorstand noch dem Gesamtausschuß angehören dürfen.

Die Kassenprüfer sollen die Ordnungsmäßigkeit der Buchführung und der Belege des Vereins, sowie die Kassenführung der Abteilungen sachlich und rechnerisch prüfen, diese durch ihre Unterschrift bestätigen und der Hauptversammlung hierüber einen Bericht vorlegen. Bei vorgefundenen Mängeln müssen die Kassenprüfer zuvor dem Vorstand berichten.

Die Prüfungen sollen jeweils innerhalb angemessener, übersehbarer Zeiträume während und am Schluß des Geschäftsjahres stattfinden.

§ 12 Abteilungen

1. Für die im Verein betriebenen Sportarten bestehen Abteilungen oder werden im Bedarfsfalle durch Beschluß des Vorstandes gegründet.

2. Die Abteilung wird durch den Abteilungsleiter, dessen Stellvertreter, den Jugendleiter und die Mitarbeiter, denen feste Aufgaben übertragen werden, geleitet (Abteilungsausschuß). Versammlungen des Abteilungsausschusses werden nach Bedarf einberufen.

3. Abteilungsleiter, Stellvertreter, Jugendwart und Mitarbeiter werden von der Abteilungsversammlung gewählt. Für die Einberufung der Abteilungsversammlung gelten die Einberufungsvorschriften des § 6 der Satzung entsprechend. Der Abteilungsausschuß ist gegenüber den Organen des Vereins verantwortlich und auf Verlangen jederzeit zur Berichterstattung verpflichtet.

4. Abteilungsleiter dürfen keine Dauerschuldverhältnisse und keine rechtsgeschäftlichen Verpflichtungen über DM _____ eingehen.

5. Die Kassenführung der Abteilungen kann jederzeit vom Kassenwart des Vereins geprüft werden.

§ 13 Auflösung des Vereins

Die Auflösung des Vereins kann nur in einer Hauptversammlung beschlossen werden, bei deren Einberufung die Beschlußfassung über die Vereinsauflösung den Mitgliedern angekündigt ist. Für den Fall der Auflösung bestellt die Hauptversammlung zwei Liquidatoren, die die Geschäfte des Vereins abzuwickeln haben. Das nach Bezahlung der Schulden noch vorhandene Vereinsvermögen ist mit Zustimmung des Finanzamtes auf den (Landessportbund) zu übertragen. Entsprechendes gilt für die Beschlußfassung über den Wegfall des Vereinszweckes.

§ 14

Diese Satzung tritt an die Stelle der bisherigen und mit ihrer Eintragung ins Vereinsregister in Kraft.

c) Anschließend muß der Vorstand bestellt werden, da dieser die Anmeldung zum Vereinsregister[1] vorzunehmen hat.

Abb. 4: Muster für Vereinsregister-Anmeldung

Name des Vereins
Anschrift

_____, den _____ 19 _____

An das
Amtsgericht — Registergericht

_____ _____

Betr.: Erstanmeldung zum Vereinsregister

Zur Eintragung in das Vereinsregister melden wir den Verein

_____

(vollständiger Name mit e. V.-Zusatz)

mit Sitz in _____ an.

Zu Vorstandsmitgliedern im Sinne des § 26 BGB sind bestellt:
1. _____ (vollständige Adresse
2. _____ mit Berufsbezeichnung)

Beigefügt sind:
a) Urschrift der Satzung
b) Abschrift (Fotokopie) der Satzung
c) Abschrift (Fotokopie) des Gründungsprotokolls

Die genaue Anschrift des Vereins lautet: _____

Die Anerkennung der Gemeinnützigkeit des Vereins wird beim Finanzamt beantragt und eine entsprechende Bescheinigung nachgereicht.

_____

(Unterschriften)

---

[1] Im einzelnen vgl. Geckle, Vereins-Ratgeber WRS-Mustertexte, Band 6, 38

d) Sämtliche Vorstandsmitglieder müssen die Anmeldung des Vereins in das Vereinsregister schriftlich vornehmen, wobei eine notarielle Unterschriftsbeglaubigung erforderlich ist. Dieser Anmeldung sind das Protokoll über die Vorstandswahl und die Urschrift der Satzung, versehen mit dem Tag der Errichtung und mindestens sieben Unterschriften von Mitgliedern beizufügen.

Das Vereinsregister wird beim Amtsgericht geführt. Auch nach der Eintragung ist es z. B. von Vorstandsneuwahlen unter Vorlage einer Abschrift des Wahlprotokolls (§ 67 BGB) sowie von Satzungsänderungen unter Vorlage der Urschrift und einer Abschrift des Protokolls über diesen Mitgliederbeschluß (§ 71 BGB) zu informieren.

Die Einsicht in das Vereinsregister sowie in die vom Verein beim Amtsgericht eingereichten Schriftstücke ist jedem gestattet. Von den Eintragungen kann sogar eine Abschrift verlangt werden (§ 73 BGB).

Merke:

1. Zur Vereinsgründung sind mindestens sieben Mitglieder erforderlich.
2. Die Gründungsmitglieder müssen eine Satzung erstellen.
3. Die Vereinsanmeldung hat schriftlich zu erfolgen.

4 Nichtrechtsfähige Vereine

Der nichtrechtsfähige Verein ist einfach vom rechtsfähigen Verein abzugrenzen.

Während der rechtsfähige Verein in das Vereinsregister eingetragen ist, dadurch eine eigene Rechtspersönlichkeit erlangt hat und den **Zusatz** ,,e. V." führt, fehlt dem nichtrechtsfähigen Verein diese Eintragung in das Vereinsregister. Aber auch er muß eine Satzung haben (Schriftform nicht unbedingt erforderlich) und sich als eine auf Dauer gedachte Verbindung einer größeren Personenzahl darstellen.

Schwierig ist die Abgrenzung des nichtrechtsfähigen Vereins von der **BGB-Gesellschaft.** Diese Frage ist für das Steuerrecht besonders wichtig, da für einen nichtrechtsfähigen Verein das Körperschaftsteuer-Recht gilt, während für eine BGB-Gesellschaft das Einkommensteuer-Recht maßgebend ist. Man wird sich daher an folgenden Abgrenzungsmerkmalen orientieren müssen:

Ist eine körperschaftliche, durch Satzung geregelte Verfassung vorhanden, d. h. bestehen vor allem Regeln über die Wahl eines Vorstands und über die Rechte der Mitgliederversammlung, so spricht dies für einen nichtrechtsfähigen Verein. Dasselbe gilt, wenn feststellbar ist, daß ein größerer Personenkreis sich zusammenschließen will und die Vereinigung unabhängig vom Wechsel der Mitglieder weiterbestehen soll.

Ein weiteres, entscheidendes Kriterium ergibt sich aus den Vermögensrechten der Mitglieder: Zahlen die Mitglieder Beiträge und haben sie bei ihrem Ausscheiden aus der Vereinigung keinen Anspruch auf Entschädigung, so spricht dies sehr stark für einen nichtrechtsfähigen Verein.

Werden dagegen die Jahresüberschüsse auf die Mitglieder verteilt und haben sie bei ihrem Austritt Anspruch auf einen Teil des vorhandenen Vermögens, so spricht diese Handhabung für das Vorhandensein einer BGB-Gesellschaft.

Obwohl der nichtrechtsfähige Verein — wie schon sein Name sagt — nach der ursprünglichen Absicht des Gesetzgebers nicht Träger von Rechten und Pflichten sein konnte, hat die Rechtsprechung inzwischen den nichtrechtsfähigen Verein weitgehend dem rechtsfähigen Verein gleichgestellt. Lediglich bei der Haftung und der Klagebefugnis sowie der Eintragung in das Grundbuch bestehen Nachteile gegenüber dem eingetragenen Verein.

Beispiele:
Nichtrechtsfähige Vereine sind häufig Kegelclubs, Festausschüsse, Fördervereine, Hobbymannschaften sowie Freud- und Leid-Kassen von Betriebsangehörigen.

Merke:

Die nichtrechtsfähigen Vereine können in den gleichen Tätigkeitsbereichen auftreten wie die eingetragenen Vereine.

Steuerlich werden der nichtrechtsfähige Verein und der rechtsfähige Verein **gleich behandelt.** Will daher ein nichtrechtsfähiger Verein in den Genuß der Steuervergünstigungen kommen, so muß seine Satzung den Anforderungen des Gemeinnützigkeitsrechts entsprechen. Der Verein, der also die Eintragung in das Vereinsregister nicht wünscht, kann durch Vorlage einer Satzung, die den Bestimmungen der §§ 51 — 68 AO entspricht, die Anerkennung als gemeinnützig beim Finanzamt erlangen.

B Steuerrechtliche Beurteilung rechtsfähiger und nichtrechtsfähiger Vereine

1 Grundsätze

Wie jede Körperschaft (GmbH, AG, Genossenschaft usw.) ist auch ein Verein grundsätzlich zur Zahlung verschiedenster Steuern verpflichtet. So unterliegen Vereine z. B. der **Körperschaft-, Umsatz- und Vermögensteuer**, der **Gewerbe-** und Grundsteuer, sowie der Lotterie- und Vergnügungsteuer. Auch Grunderwerb- und Erbschaftsteuer können anfallen. Außerdem ist der Verein wie ein normaler Arbeitgeber zur Einbehaltung und Abführung der **Lohnsteuer** verpflichtet.

Dient ein Verein jedoch **gemeinnützigen, mildtätigen oder kirchlichen Zwecken**, so genießt er eine Reihe von steuerlichen Vergünstigungen. So sind gemeinnützige Vereine ganz oder teilweise von der Körperschaftsteuer, der Gewerbesteuer und Vermögensteuer befreit. Umsätze, d. h. Leistungen, die ein Verein gegen Entgelt erbringt, werden mit dem ermäßigten Steuersatz (z. Z. 7% statt 14%) besteuert, wenn diese Leistungen im Rahmen eines Zweckbetriebs ausgeführt werden. Aber nicht nur der Verein selbst profitiert von der Anerkennung als gemeinnützig, sondern auch dessen Mitglieder und Gönner. Diese können Spenden und eventuell sogar Mitgliedsbeiträge als Sonderausgaben steuermindernd absetzen.

Wegen der besonderen Bedeutung des Gemeinnützigkeitsbegriffs ist es daher erforderlich, zunächst diesen Begriff zu erläutern, wobei zunächst auf das Verfahren zur Erlangung der Gemeinnützigkeit eingegangen werden soll.

Merke:

1. Grundsätzlich ist ein Verein nach den allgemeinen Grundsätzen steuerpflichtig.
2. Für gemeinnützige Vereine gibt es steuerliche Erleichterungen.

2 Anerkennungsverfahren

2.1 Neugründungen

Ein förmliches Anerkennungsverfahren zur Erlangung der Gemeinnützigkeit oder der sonstigen steuerbegünstigten Zwecke ist **nicht** vorgesehen.

Neugegründete Vereine oder Vereine, die erstmals die materiellen Voraussetzungen der Gemeinnützigkeit erfüllen, können **auf Antrag** eine ,,vorläufige Bescheinigung" zur Beurteilung des Spendenabzugs erhalten. Zuständig für die Erteilung ist das Finanzamt, in dessen Bezirk der Verein seinen Sitz hat. Ein besonderer Vordruck ist für die Antragstellung nicht vorgesehen. Es genügt ein einfacher Brief, mit der Bitte um Erteilung der Bescheinigung. Allerdings ist dem Finanzamt die Vereinssatzung einzureichen, deren Inhalt dann daraufhin überprüft wird, ob die Voraussetzungen für die Anerkennung als gemeinnützig erfüllt sind.

Da die steuerlichen Vergünstigungen nicht nur von den in der Satzung stehenden Formulierungen abhängt, sondern von der tatsächlichen Führung der Geschäfte, wird die vorläufige Bescheinigung stets **widerruflich und zeitlich befristet** (meist bis zu 18 Monaten) nach folgendem Muster erteilt:

Abb. 5: Muster einer vorläufigen Bescheinigung

FINANZAMT

Datum

Telefon

GemL Nr.

Das Zutreffende ist angekreuzt ☒ bzw. ausgefüllt

Vorläufige Bescheinigung

Es wird hiermit bescheinigt, daß
(Bezeichnung und Anschrift der Körperschaft)

nach der eingereichten Satzung ausschließlich und unmittelbar

☐ gemeinnützigen   ☐ mildtätigen   ☐ kirchlichen Zwecken,

insbesondere der Förderung der

dient und somit zu den nach § 5 Abs. 1 Nr. 9 KStG bezeichneten Körperschaften, Personenvereinigungen und Vermögensmassen gehört.
Zu den satzungsmäßigen gemeinnützigen Zwecken gehören folgende wissenschaftliche Zwecke
(sämtliche wissenschaftliche Zwecke sind einzeln aufzuführen)

Spenden an die Körperschaft für
(genaue Bezeichnung der Zwecke)

sind beim Geber nach § 10 b EStG/§ 9 Nr. 3 KStG sowie nach Anlage 7 zu Abschn. 111 Abs. 1 EStR im Rahmen der gesetzlichen Höchstbeträge als Sonderausgaben bzw. Betriebsausgaben steuerlich abzugsfähig.
Diese Bescheinigung stellt für die Besteuerung der Körperschaft keine endgültige Entscheidung dar. Über die Steuerbefreiung der Körperschaft nach § 5 Abs. 1 Nr. 9 KStG wird jeweils erst im Rahmen der Körperschaftsteuer-Veranlagung entschieden.

Die vorläufige Bescheinigung gilt

☐ bei Neugründung der Körperschaft ab dem Tag der Ausstellung,

☐ bei einer Satzungsänderung der Körperschaft ab dem Beginn des auf die Satzungsänderung folgenden Kalenderjahres.

Sie verliert ihre Gültigkeit, sobald ein Körperschaftsteuerbescheid oder ein Freistellungsbescheid für die Körperschaft ergangen ist. Sie gilt **längstens für 18 Monate** ab dem Beginn ihrer Wirksamkeit und ist nicht verlängerbar.

Wegen der Ausstellung von Spendenbescheinigungen wird auf folgendes hingewiesen:

☐ Sofern die tatsächliche Geschäftsführung mit der Satzung übereinstimmt, ist die Körperschaft berechtigt, Spendenbestätigungen auszustellen, weil es sich um einen

    ☐ mildtätigen   ☐ kirchlichen   ☐ religiösen   ☐ wissenschaftlichen Zweck handelt bzw.

    ☐ weil der verfolgte gemeinnützige Zweck zu den allgemein als besonders förderungswürdig anerkannten gemeinnützigen Zwecken gehört und der Empfänger der Spende weder eine juristische Person des öffentlichen Rechts noch eine öffentliche Dienststelle zu sein braucht (Nr. . . . der Liste in Anlage 7 der Einkommensteuerrichtlinien).

☐ Sie sind nicht berechtigt, Spendenbestätigungen auszustellen, weil der verfolgte gemeinnützige Zweck ☐ nicht zu den allgemein als besonders förderungswürdig anerkannten gemeinnützigen Zwecken gehört oder ☐ zwar zu den allge-

S 2729–1
Sept. 83 (5)

mein als besonders förderungswürdig anerkannten gemeinnützigen Zwecken gehört, Spenden in diesem Falle aber nur über eine juristische Person des öffentlichen Rechts oder eine öffentliche Dienststelle steuerbegünstigt geleistet werden können.

Die Vorschriften der Sammlungsgesetze der Länder werden hierdurch nicht berührt.

(Dienstsiegel)

_____
(Unterschrift)

Eine Verlängerung oder Wiederholung dieser vorläufigen Bescheinigung ist nicht möglich.

Liegen die Voraussetzungen für ihre Erteilung nicht vor, z. B. weil die Satzung bestimmt, daß das Vereinsvermögen bei Auflösung des Vereins an die Mitglieder verteilt wird, so ist dem Verein Gelegenheit zu geben, die Satzung durch die Vereinsorgane abändern zu lassen.

Die endgültige Versagung einer vorläufigen Bescheinigung oder ihr Widerruf ist nicht mit Einspruch oder Beschwerde anfechtbar, da es sich hier nur um eine Auskunft, nicht jedoch um einen sog. Verwaltungsakt i. S. der Abgabenordnung handelt (BFH vom 12.11.1975, BStBl 1976 II, 118).

2.2 Ausschließlich gemeinnützig tätige oder mildtätige Vereine

Nach **Ablauf des ersten Kalenderjahres** hat der Verein beim Finanzamt eine Körperschaftsteuer-Erklärung und meist auch einen besonderen Fragebogen einzureichen. Mit Hilfe des Fragebogens sollen die verschiedenen Einnahmequellen (Spenden, Mitgliedsbeiträge, Sparzinsen) und vor allem auch die einzelnen Arten von Ausgaben (Anschaffungen, Lohnzahlungen, Mieten usw.) und die **verschiedenen Tätigkeitsbereiche** des Vereins ermittelt werden. Damit wird überprüft, ob die tatsächliche Geschäftsführung mit den in der Satzung erklärten gemeinnützigen Zielen übereinstimmt, ob die Spenden tatsächlich für steuerbegünstigte Zwecke eingesetzt wurden und ob eventuell ein steuerpflichtiger Teilbereich (sogenannter **wirtschaftlicher Geschäftsbetrieb**) vorliegt.

Nach Abschluß der Prüfung wird ein ,,**Freistellungsbescheid**'' erteilt. Darin wird bescheinigt, daß der Verein von der Körperschaftsteuer befreit ist, da er gemeinnützigen (oder mildtätigen bzw. kirchlichen) Zwecken dient.

Abb. 6: Muster eines Freistellungsbescheids

FINANZAMT

Datum

Postleitzahl, Ort

Telefon

GemL Nr.

Das Zutreffende ist angekreuzt ☒ bzw. ausgefüllt

Freistellungsbescheid

für die Veranlagungszeiträume ⌐ 19........ bis 19........ ⌐

Nach Prüfung der erklärten Besteuerungsgrundlagen werden Sie für die Veranlagungszeiträume

⌐ 19........ bis 19........ ⌐ wegen ausschließlicher und unmittelbarer Förderung der

_____ als

_____ Zwecken

dienend anerkannt und für diese Veranlagungszeiträume gem. § 5 Abs. 1 Nr. 9 KStG von der Körperschaftsteuer, gem. § 3 Nr. 6 GewStG von der Gewerbesteuer und gem. § 3 Abs. 1 Nr. 12 VStG von der Vermögensteuer freigestellt

☐ Der unterhaltene wirtschaftliche Geschäftsbetrieb

☐ ist steuerpflichtig (§ 64 AO).

☐ wird als Zweckbetrieb (§ 65 AO) angesehen.

Hinweis zur Ausstellung von Spendenbestätigungen

☐ Ich weise ausdrücklich darauf hin, daß Sie **nicht** berechtigt sind, Spendenbestätigungen auszustellen, weil

☐ der bezeichnete Zweck nicht zu den allg. als besonders förderungswürdig anerkannten gemeinnützigen Zwecken gehört.

☐ der bezeichnete gemeinnützige Zweck zwar zu den allgemein als besonders förderungswürdig anerkannten gemeinnützigen Zwecken gehört, Spenden in diesem Fall aber nur über eine juristische Person des öffentlichen Rechts oder eine öffentliche Dienststelle begünstigt geleistet werden können.

Bescheinigung für Zwecke des Spendenabzugs

☐ Aufgrund obiger Feststellungen sind Sie berechtigt, Spendenbestätigungen auszustellen, weil die Körperschaft

☐ ausschließlich u. unmittelbar   ☐ mildtätigen   ☐ kirchlichen   ☐ religiösen Zwecken dient.

☐ ausschließlich

                 und unmittelbar wissenschaftlichen Zwecken dient.

☐ überwiegend

S 2729 – 2
Dez. 84 (5)

☐ den unter Nr. .... der Liste in Anlage 7 der Einkommensteuerrichtlinien allgemein als besonders förderungswürdig anerkannten gemeinnützigen Zweck verfolgt und der Empfänger der Spende weder eine juristische Person des öffentlichen Rechts noch eine öffentliche Dienststelle zu sein braucht.

Mit diesem Hinweis auf die Berechtigung zum Ausstellen von Spendenbestätigungen wird einer endgültigen Prüfung der Steuerfreiheit für Jahre, die den im Freistellungsbescheid bezeichneten Veranlagungszeiträumen folgen, nicht vorgegriffen.

Hochachtungsvoll
Im Auftrag

Rechtsbehelfsbelehrung

Sie können gegen diesen Verwaltungsakt Einspruch einlegen. Der Einspruch ist beim vorstehend bezeichneten Finanzamt schriftlich einzureichen oder zur Niederschrift zu erklären.

Die Frist für die Einlegung des Rechtsbehelfs beträgt **einen Monat** (§ 355 Abs. 1 der Abgabenordnung). Sie beginnt mit Ablauf des Tages, an dem Ihnen dieser Verwaltungsakt bekanntgegeben worden ist. Tag der Bekanntgabe ist bei Zustellung mit Postzustellungsurkunde der Tag der Zustellung (§ 3 des Verwaltungszustellungsgesetzes). Bei Übermittlung durch die Post auf andere Weise gilt der Verwaltungsakt mit dem dritten Tage nach der Aufgabe zur Post als bekanntgegeben, außer wenn er nicht oder zu einem späteren Zeitpunkt zugegangen ist (§ 122 Abs. 2 der Abgabenordnung, § 4 des Verwaltungszustellungsgesetzes).

Diese Freistellung gilt dann ebenso für die Vermögensteuer und Gewerbesteuer[1]. Sie wirkt auch für die Umsatzsteuer.

In einem etwa 3-jährigen Turnus wird von den Finanzämtern geprüft, ob die Voraussetzungen für die Steuerbefreiung weiterhin vorliegen. Wird dies bejaht, so ergeht ein neuer Freistellungsbescheid. Sind die Voraussetzungen nicht mehr gegeben, z. B. weil unverhältnismäßig hohe Vergütungen an die Mitglieder bezahlt wurden oder weil zu hohe Mitgliedsbeiträge verlangt werden, so wird für die **entsprechenden Jahre** eine Steuerfestsetzung (Körperschaftsteuer usw.) vorgenommen. Liegt jedoch ein Verstoß gegen den **Grundsatz der Vermögensbindung**[2] vor, so entfallen die steuerlichen Vergünstigungen sogar **rückwirkend**. In diesem Fall sind Steuern

---

[1] Abschn. 113 Abs. 1 Vermögensteuer-Richtlinien
[2] § 61 Abgabenordnung

für die letzten 10 Jahre nachzuerheben[1]. In allen Fällen wird Gönnern des Vereins der Spendenabzug versagt, ggf. auch mit Wirkung für die Vergangenheit. Bestandskräftige Einkommensteuer-Bescheide der Spender werden geändert[2].

Hält sich der Verein wieder an die gegebenen Richtlinien, so kann er erneut einen Freistellungsbescheid und damit die mit der Gemeinnützigkeit verbundenen Vergünstigungen erhalten.

Um **Zuschüsse** verschiedenster Art von Ländern, Gemeinden usw. zu erhalten, ist oft Voraussetzung, daß die Erfüllung von steuerbegünstigten, gemeinnützigen Zwecken laufend nachgewiesen wird. In diesem Fall ist **auf Antrag** und nach Einreichung der Einnahmen-Ausgabenrechnung, eventueller Fragebögen und sonstiger Unterlagen vom Finanzamt **jährlich** ein Körperschaftsteuer-Freistellungsbescheid zu erteilen.

2.3 Vereine mit wirtschaftlichem Geschäftsbetrieb

Da immer mehr Vereine, auch wenn sie gemeinnützig sind, einen wirtschaftlichen Geschäftsbetrieb (Gaststätte, Werbung) unterhalten, wird die obengenannte Möglichkeit mit diesem 3-jährigen Überprüfungsturnus immer seltener. Bei einer wirtschaftlichen Betätigung auf Dauer ist **jährlich** eine Körperschaftsteuer-Erklärung einzureichen. Soweit die Vorschriften über die Buchführungspflicht erfüllt sind (vgl. Kapitel O), hat der Verein Bilanzen zu erstellen und eine Gewinn- und Verlustrechnung einzureichen. Der Verein wird insoweit wie ein Kaufmann oder Unternehmer behandelt.

Auch hier erhält der Verein einen Körperschaftsteuer-Bescheid. Soweit Überschüsse im wirtschaftlichen Geschäftsbetrieb erzielt wurden, wird darin eine Steuer festgesetzt; bei Verlusten erfolgt eine Körperschaftsteuer-Festsetzung auf 0 DM. Damit der Verein berechtigt bleibt, Spenden entgegenzunehmen, wird in beiden Fällen in einer (besonderen oder mit dem Bescheid verbundenen) Anlage zum Körperschaftsteuer-Bescheid bestätigt, daß der Verein nur partiell steuerpflichtig ist und im übrigen steuerbegünstigten, gemeinnützigen Zwecken dient.

---

[1] § 61 Abs. 3 Abgabenordnung
[2] § 173 Abs. 1 Abgabenordnung

Ist die Steuer zu hoch festgesetzt oder hält man eine partielle Steuerpflicht (und daraus folgend eine Bilanzierungspflicht) für nicht gegeben, so kann dieser Steuerbescheid innerhalb eines Monats nach Bekanntgabe mit dem Einspruch angefochten werden.

Beispiel:
Das Finanzamt ordnet die Erträge aus der Bandenwerbung bei einem Sportverein dem wirtschaftlichen Geschäftsbetrieb zu. Dementsprechend ergeht ein Körperschaftsteuer-Bescheid, der am 5.2.02 bekanntgegeben wird (beachte § 122 Abs. 2 Abgabenordnung).

Bis einschließlich 5.3.02 kann der Vereinsvorstand Einspruch einlegen und z.B. vortragen, daß die Überlassung der Werbeflächen nicht direkt vom Verein erfolgt ist, sondern dieser das entsprechende Nutzungsrecht an einen Dritten übertragen hat. Dies wäre steuerfreie Vermögensverwaltung. Darüber wird dann im „Einspruchsverfahren" entschieden.

Ist der 5.3.02 ein Samstag, Sonntag oder Feiertag, verlängert sich die Frist zur Einlegung des Einspruchs bis zum nächsten Werktag, 24.00 Uhr.

Die Freistellungsbescheide und die die Gemeinnützigkeit bestätigenden Körperschaftsteuer-Bescheide wirken gleichzeitig auch für die **Gewerbe- und Vermögensteuer.** Soweit jedoch eine **partielle Steuerpflicht** wegen der wirtschaftlichen Betätigung bejaht werden muß, ist der Verein insoweit auch gewerbe- und vermögensteuerpflichtig.

3 Gemeinnützigkeit

3.1 Allgemeines zur Gemeinnützigkeit

Ein Verein verfolgt dann gemeinnützige Zwecke, wenn seine Tätigkeit darauf gerichtet ist, die Allgemeinheit auf materiellem, geistigen oder sittlichen Gebiet selbstlos zu fördern[1].

---

[1] § 52 Abs. 1 S. 1 Abgabenordnung

Ob eine solche Förderung der Allgemeinheit vorliegt, ist nicht allein nach der Anschauung der Mehrheit der Bevölkerung zu beurteilen. Vielmehr ist dieser Begriff auch an anderen Werten zu messen, wie z. B. an der herrschenden Staatsverfassung, der geistigen und kulturellen Ordnung, der Wirtschaftsstruktur u. ä. Nur so ist erklärbar, daß von zwei Vereinen mit geradezu konträren Zielsetzungen dennoch beide als gemeinnützig anerkannt werden können.

Beispiel:
Bürgerinitiative gegen die Verwendung von Atomkraft. Verein zur Erforschung und Nutzbarmachung der Atomkraft. Beide Vereine können gemeinnützig sein.

Auch Vereinigungen von Glaubensgemeinschaften unterschiedlicher Natur können gemeinnützig sein, wenn sie eine Deutung nach dem Sinn des Lebens versuchen und zu verantwortlichem Handeln in der Gesellschaft anspornen.

Die Anerkennungsvoraussetzung „Förderung der **Allgemeinheit**" ist aber auch noch in anderer Hinsicht von Wichtigkeit. Dieser unbestimmte Rechtsbegriff bedeutet, daß der Verein den Kreis der durch die Betätigung der Körperschaft geförderten Personen **nicht begrenzen** darf. So wäre es beispielsweise schädlich, wenn nach der Vereinssatzung eines Sportvereins ausschließlich Mitglieder aufgenommen würden, die aktiv in einem bestimmten Betrieb beschäftigt sind. Bei Betriebssportvereinen ist daher sowohl in der Satzung als auch in der tatsächlichen Handhabung darauf zu achten, daß auch Dritte die Mitgliedschaft erwerben können.

Die Voraussetzung kann jedoch nicht überstrapaziert werden. So ist es z. B. unmöglich, daß ein Tennisclub mit beschränkter Platzkapazität jeden Bewerber mit dem Recht aufnimmt, die Plätze zu benutzen. Beschränkt dieser Verein die Zahl der aktiven Mitglieder und führt er eine „Warteliste", so fördert er trotzdem die Allgemeinheit.

Andererseits wäre ein Verein nicht mehr gemeinnützig, der einen Kindergarten betreibt, welcher nur für die Angehörigen eines bestimmten Betriebs offensteht.

Auch besondere „Aufnahmeverfahren", die den tatsächlichen Zugang von Interessenten beschränken, können zur Nichtanerkennung führen.

> **Beispiel:**
> Ein Gesangverein verlangt bei Neueintritt eines Mitglieds die **einstimmige** Beschlußfassung aller Mitglieder über die Aufnahme in den Verein.

Sehr feinsinnig ist auch die Gestaltung, daß man durch die Höhe der **Mitgliedsbeiträge** den Eintritt in den Verein steuert. Aber auch in diesen Fällen kann die Gemeinnützigkeit dann **nicht anerkannt** werden, wenn die finanzielle Beanspruchung der Mitglieder durch Jahresbeitrag oder Eintrittsgeld so hoch ist, daß tatsächlich nur ein eng begrenzter Personenkreis die Mitgliedschaft erwerben kann. Nach einem Erlaß der Finanzverwaltung liegt die Grenze, bei der noch eine Förderung der Allgemeinheit angenommen werden kann, derzeit bei **durchschnittlich**

● 1 000 DM je Mitglied im Jahr für Mitgliedsbeiträge und sonstigen Mitgliedsumlagen zusammen
  und
● bei 1 500 DM für Aufnahmegebühren[1].

Werden aber ,,Geringverdiener" laut Satzung von der Zahlung höherer Beiträge ausgenommen und auch tatsächlich in den Verein aufgenommen, so daß eine Auskreisungswirkung nicht eintritt, so ist eine Förderung der Allgemeinheit gegeben[2].

Besonders problematisch sind die bei Eintritt in einen Verein zu zahlenden ,,**Bausteine**, Umlagen oder Aufbauspenden". Handelt es sich um echte Spenden, d.h. um **freiwillige Leistungen** der Mitglieder, so sind diese Zahlungen nicht als schädlich anzusehen. Werden diese Gelder aufgrund der Beitragsbestimmungen verlangt oder aber die Aufnahme nach der **tatsächlichen Handhabung** von der Zahlung einer Eintrittsspende über 1 500 DM abhängig gemacht, so ist die Gemeinnützigkeit des Vereins nicht mehr gegeben. Aber auch ein Abzug der Bausteine als Spenden scheidet selbst bei Beträgen unter 1 500 DM aus.

---

[1] Bundesminister der Finanzen vom 11.12.1980, BStBl I 1980, 786
[2] BFH-Urteil vom 20.1.1982, BStBl II 1982, 336

Bei vielen Vereinen können die Aufbaukosten sowie die laufenden Unterhaltskosten bei weitem nicht durch die Aufnahmegebühren und Beitragszahlungen finanziert werden (z. B. bei Golf- und Segelclubs, Flug- und Tennissportvereinen).

Hier scheint es u. E. zulässig, für ein **konkretes Nutzungsrecht** eine entsprechend hohe Gebühr zu verlangen.

Beispiel:

Ein Golfclub gibt gegen Zahlung von 10000 DM Berechtigungsscheine aus, die dem Mitglied das Recht einräumen, 3 Jahre lang zu bestimmten Zeiten den Golfplatz zu nutzen. Die Mitglieder, welche Sonderzahlungen nicht leisten, können während dieser Zeit den Platz nur eingeschränkt nutzen, haben aber ansonsten die Möglichkeit, den Platz ausreichend zu bespielen, so daß eine Zugangsbeschränkung nicht angenommen werden kann.

Da für die Geldzahlungen konkrete Gegenleistungen erbracht werden, liegt bei dieser Gestaltung ein **Zweckbetrieb** vor, der zu einer Körperschaftsteuer- und v. a. auch zu einer Umsatzsteuerbelastung führen kann. Außerdem ist ein Spendenabzug für die Leistungen des Mitglieds hier nicht möglich, da dafür eine konkrete Gegenleistung gewährt wird.

3.2 Förderung des Gemeinwohls auf geistigem, kulturellem, sittlichem oder materiellem Gebiet

Natürliche Personen oder Personengesellschaften (z. B. Gesellschaften des bürgerlichen Rechts, offene Handelsgesellschaften) können nicht gemeinnützig sein, da, zumindest latent, die Gefahr des ,,Eigennutzes'' besteht.

Daher kommen neben den rechtsfähigen und nichtrechtsfähigen Vereinen vor allem Stiftungen und Gesellschaften mit beschränkter Haftung als das Gemeinwohl fördernde Einrichtungen in Betracht.

Die Förderung auf geistigem und kulturellem Gebiet ist Voraussetzung für die Anerkennung als gemeinnützig und hat als Ziel die Förderung und Verbreitung von Wissenschaft, Bildung, Literatur und Kunst. Bei sittlichen Werten geht es um Fragen der allgemeinen Moralgesetze und um ethisches Verhalten. Eine Unterstützung auf materiellem Gebiet ist nicht gleichzusetzen mit der Hilfe in wirtschaftlichen Bereichen. Vielmehr muß die Förderung bestimmter Sachen einen sittlich-geistigen Bezug aufweisen, wie das beispielsweise bei der Altenhilfe der Fall ist.

Da die Definition der gemeinnützigen Zwecke mit Hilfe der unbestimmten Rechtsbegriffe sehr schwierig ist, enthält § 52 Abs. 2 Abgabenordnung als Auslegungshilfe Beispiele dafür, was als gemeinnützige Tätigkeit anerkannt werden kann. Dabei können durchaus mehrere begünstigte Zwecke gleichzeitig verfolgt werden, weil die Abgrenzung innerhalb der einzelnen Bereiche fließend ist.

Im einzelnen können folgende Ziele **gemeinnützig** sein:

● **Förderung von Wissenschaft und Forschung**

Darunter fallen Vereine, die wissenschaftliche Aufgaben, insbesondere in Form von Lehre, Forschung und Erstellung von Gutachten erfüllen und die Ergebnisse der Allgemeinheit zugänglich machen. Aber auch wissenschaftliche Vortragsveranstaltungen, Unterhalt von Bibliotheken oder Herausgabe wissenschaftlicher Werke fallen unter diesen Begriff. So hätte beispielsweise ein Verein zur Erforschung von Krebsursachen ebenso diese Zielsetzung wie ein Verein zur Sammlung mittelalterlicher Schriftstücke. Eine bloß mittelbare Förderung, z.B. wie bei den Verbindungen (Korporationen) von Studierenden, fällt aber nicht unter diesen Förderungszweck.

● **Förderung von Bildung und Erziehung**

Unter diesen Begriffen sind sowohl die Allgemeinbildung als auch die Berufsausbildung zu verstehen. Durch die Erziehung soll der zu Erziehende veranlaßt werden, sich seinem sozialen Umfeld entsprechend zu verhalten. Gerade in diesem Bereich sind häufig die Wertanschauungen, Bildungs- und Erziehungsideale konträr. Dies schließt aber eine Anerkennung als gemeinnützig nicht aus, selbst wenn die Mehrheit der Bevölkerung bestimmte Lerninhalte ablehnt.

Beispiel:
Ein antiautoritärer Kinderladen kann ebenso gemeinnützig sein, wie ein konfessionsgebundener, katholischer Kindergarten. Notwendig ist in beiden Fällen, daß sie zu Gemeinschaftssinn und zur Beachtung der gültigen Rechtsnormen erziehen.

Typische Beispiele für diese Einrichtungen:

— Volkshochschulen
— Walddorfschulen
— sonstige ,,Schulvereine``, einschließlich der Fördervereine, die von Eltern für bestimmte staatliche oder private Schulen gegründet werden.
— Kindergarten-Trägerverein
— Ehe- und Familienberatungsvereine
— Gemeinsame Ausbildungsstätten verschiedener Betriebe, die rechtlich selbständig als Verein geführt werden, sofern diese Einrichtung nicht in erster Linie eigenwirtschaftlichen Interessen dienen. Die ,,Selbstlosigkeit`` ist hier besonders zu prüfen.
— ,,Hausvereine`` einer Studentenverbindung, sofern Studierende ohne Rücksicht auf ihre Zugehörigkeit zur Verbindung aufgenommen werden, Dagegen ist die Studentenverbindung selbst nicht gemeinnützig.
— Jugendfarmen, Abenteuerspielplätze
— Kreisjugendring.

● **Förderung der Kunst und Kultur**

Dieser Begriff erstreckt sich auf die Bereiche der Musik, Literatur, Dichtung, Tanz, Malerei, Plastik, Graphik und u.U. der Architektur. Neben diesen musischen Tätigkeiten können auch Einrichtungen darunter fallen, die diese Betätigung unterstützen, wie z.B. Theater, Museen, ,,Workshops``, Kunstausstellungen oder Konzertveranstaltungen. Ein bestimmtes Kunstniveau kann nicht verlangt werden.

Einzelfälle:

— Vereine zur Pflege von Kunstsammlungen
— Theater(förder)vereine
— Musikschulen
— Musik- und Spielmannszüge
— Gesangvereine
— Vereine zur Förderung junger Künstler, wenn die Unterstützung nicht lediglich zur Bestreitung des Lebensunterhalts geleistet wird
— Schauspielvereine und Freilichtbühnen
— Kulturgemeinschaften
— Trachtenvereine.

Dagegen sind bloße **Hobby-** und **Freizeitvereine** nicht gemeinnützig, da es an schöpferisch-gestaltender Tätigkeit fehlt. Auch bei **Karnevalsvereinen** fehlt es an einer künstlerischen Betätigung.

● **Förderung der Religion**

Der Begriff „Religion" ist nicht identisch mit dem Begriff „Kirche". Nach § 54 Abgabenordnung können **kirchliche** Zwecke nur von Religionsgemeinschaften des öffentlichen Rechts verfolgt werden. Religiöse Zielsetzungen liegen vor, wenn die Gemeinschaft beispielsweise die Frage nach Gott, nach dem Sinn des Lebens oder nach der Stellung des Menschen im Universum stellt. Auch die Herausgabe und Verbreitung religiöser Schriften und die Abhaltung von Exerzitien dienen religiösen Zwecken.

Auch **nichtchristliche Religionen** können gemeinnützig sein[1]. Dagegen wird die Gemeinnützigkeit bei den sogenannten **Jugendsekten** zu Recht verneint, da sie versuchen, Jugendliche von der menschlichen und staatlichen Gemeinschaft abzusondern. Auch hat sich gezeigt, daß hier häufig sehr massiv eigenwirtschaftliche Interessen verfolgt werden[2].

● **Förderung der Völkerverständigung**

Internationale Gesinnung und Verständigung wird beispielsweise gefördert durch:

— Deutsch-französisches Jugendwerk
— Internationaler Bund für Sozialarbeit
— Trägervereine für internationalen Schüleraustausch
— Städteaustausch.

● **Förderung der Entwicklungshilfe**

Eine solche Förderung wird vor allem erreicht durch Gewährung von Versorgungshilfen zur Beseitigung von Ernährungsschwierigkeiten sowie durch solche Maßnahmen, die dazu dienen, die Entwicklungsländer[3]

---

[1] BFH-Urteil vom 6.6.1951, BStBl III 1951, 148
[2] Vgl. Urteil des Hessischen Finanzgerichts vom 28.10.1982, EFG 1983, 196
[3] Vgl. dazu § 6 des Entwicklungsländer-Steuergesetzes

wirtschaftlich zu fördern, z. B. durch Ausbildung, Beratung, technische Einrichtungen, Lehrwerkstätten. Daher sind **begünstigt:**

— Vereine, die bei Katastrophenfällen in Entwicklungsländern Hilfe leisten
— Hilfsvereine für Entwicklungsländer (Äthiopienhilfe)
— Aufbauvereine für landwirtschaftliche Genossenschaften
— Patenschaftsvereine für bestimmte Entwicklungsregionen.

Problematisch ist die Behandlung der ,,**Dritte-Welt-Läden**‘‘, die versuchen, Produkte aus Entwicklungsländern unter Ausschaltung von Zwischenhändlern direkt in Deutschland abzusetzen. Die Vereinsmitglieder sind häufig unentgeltlich beim Vertrieb der Ware tätig. Da diese Art der Unterstützung eine der wirksamsten Formen von Entwicklungshilfe sein kann, liegen unseres Erachtens die Voraussetzungen für die Steuervergünstigung vor. Jedoch bedarf es sorgfältiger Prüfung, ob nicht eigene, wirtschaftliche Zwecke der Mitglieder im Vordergrund stehen. Der Verkauf der Waren selbst unterliegt aber als **wirtschaftlicher Geschäftsbetrieb** der Körperschaft-, Umsatz- und Gewerbesteuer, so daß sich die steuerlichen Vorteile auf die Möglichkeit des Spendenabzugs bei eventuellen Spendern beschränken. Die Gewinne aus dem Warenverkauf können aber durch bestimmte Gestaltungen, z. B. durch Lohnzahlungen minimiert werden. Dadurch wird die Steuerlast gedrückt (vgl. Teil E Abschn. 6.3).

● **Förderung des Umwelt- und Landschaftsschutzes**

Ein Verein, der die natürlichen Bedingungen von Menschen, Pflanzen und Tieren sowie der Landschaft erhalten oder wiederherstellen will, ist gemeinnützig. Auch Lärm- und Gewässerschutz, Luftreinhaltung, Abfallbeseitigung und die Stärkung des Umweltbewußtseins sind begünstigte Ziele.

Beispiele:

— Tier- und Vogelschutzvereine
— Naturfreunde
— Bund Umwelt und Naturschutz in Deutschland
— Bürgerinitiative gegen Großbauprojekte, sofern nicht nur Eigeninteressen (z. B. Verlegung aus eigenem Wohngebiet in ein anderes Gebiet)

verfolgt werden. Nach Tz. 5 des Einführungserlasses zu § 52 Abgabenordnung sind politische Zwecke nicht gemeinnützig. Dies kann aber
u. E. nicht dazu führen, daß Bürgerinitiativen, die sich gegen staatliche
Projekte richten, die Gemeinnützigkeit mit der Begründung versagt
wird, sie würden die politische Meinungsbildung beeinflussen und sei-
en daher politisch tätig. Jeder Verein versucht schließlich seine Ziel-
vorstellungen in die Politik zu tragen. Wenn daher eine Bürgerinitiative versucht, politische Entscheidungen im Sinne von allgemeinen
Natur- und Landschaftsschutz zu verändern und sich dabei im Rahmen der verfassungsmäßigen Normen bewegt, bleibt sie gemeinnützig.

● **Förderung des Denkmalschutzes**

Vereine, welche die Erhaltung von Kultur-, Bau- oder Bodendenkmälern
bezwecken, sind gemeinnützig. Dabei kann sich der Schutz auch auf einzelne Objekte, z. B. eine Burg oder einen Brunnen beziehen oder auf die
Vergabe von Zuschüssen an die Eigentümer von solchen Denkmälern
beschränken[1]. Wollen die Denkmalschutzvereine die Abziehbarkeit der
ihnen zugegangenen Spenden erreichen, so dürfen sie nur solche Projekte
fördern, die nach den jeweiligen landesrechtlichen Vorschriften anerkannt sind. Entsprechende Bescheinigungen der Behörden sind vorzulegen[2].

● **Förderung des Heimatgedankens**

Dieser Begriff umfaßt die Heimatkunde und Heimatpflege. Vereine, die
bestrebt sind, die Heimat in ihrer geschichtlichen und natürlichen Eigen-
art zu erhalten, oder die Kultur, Volkskunst oder Heimatpflege bewahren
wollen, fallen unter diesen gemeinnützigen Zweck. Aber auch hier muß
die Förderung der Allgemeinheit gewährleistet sein. Ein Verein, der nur
Mitglieder aufnimmt, die in der 5. Generation in einem bestimmten Ort
geboren sind, ist nicht gemeinnützig.

Aus der Vielzahl von **begünstigten Vereinen** seien erwähnt:

— Brauchtumsvereine
— Folklorevereine

---

[1] Vgl. Verfügung der Oberfinanzdirektion Köln vom 23.3.1984, S 0171 — 50 — St 131
[2] Anlage 7 Ziffer 6 zu den Einkommensteuer-Richtlinien

— Schwäbisch-alemannische Narrenzünfte mit entsprechender Tradition
— Trachtenvereine
— Mundartvereine
— Heimatmuseen
— Altertumsvereine
— Vertriebenenvereine
— Vereine zur Durchführung von traditionellen Heimatfesten
— Vereine zur Herausgabe von Heimatzeitschriften

Jedoch ist gerade bei diesen Vereinen streng darauf zu achten, daß die Pflege der Geselligkeit von untergeordneter Bedeutung ist.

● **Förderung der Jugendhilfe**

Die entsprechenden Erziehungs- und Jugendfürsorgeaufgaben werden beispielsweise wahrgenommen von:

— Jugendherbergsvereinen
— Lehrlingsheimen
— Jugendverbänden wie Kreisjugendring, CVJM, KJG
— Jugendheimen
— Kinderschutzbund.

● **Förderung der Altenhilfe**

Vereine, die sich die Aufgabe gestellt haben, physische und psychische Schwierigkeiten alter Menschen zu überwinden und es diesem Personenkreis zu ermöglichen, am Leben der Gemeinschaft teilzunehmen, sind ebenfalls begünstigt. Die Förderung und Befriedigung der kulturellen, unterhaltenden, ja sogar der geselligen Bedürfnisse ist durchaus möglich, sofern die Pflege der Geselligkeit nicht Hauptzweck ist. Häufiger Anwendungsfall sind die **Mahlzeitendienste (Essen auf Rädern)** oder ,,Seniorennachmittage''.

● **Förderung des Gesundheitswesens**

Diese Aufgabe kann beispielsweise durch Errichtung von Krankenhäusern, Erholungs- und Blindenheimen erfüllt werden. Aber auch Maßnahmen zur Verhütung von Unfällen, zur Lebensrettung, zur Bekämpfung von Seuchen und Volkskrankheiten sowie von Suchtkrankheiten werden begünstigt. Die Förderung zur Anwendung **alternativer Heilungsmethoden** (z. B. Homöopathie oder Akupunktur) sind unschädlich.

Beispiele:

— Bergwacht
— Deutsche Lebensrettungsgesellschaft
— Bekämpfung des Alkoholmißbrauchs
— Drogenberatungsstellen
— Aids-Hilfe
— Amateurfunkvereine, wenn sich der Verein satzungsmäßig und tatsächlich auf Hilfsmaßnahmen bei Unfällen **beschränkt.**

● **Förderung des Wohlfahrtswesens**

Diese Zielsetzung ist häufig verknüpft mit der Unterstützung des Gesundheitswesens und der Verwirklichung mildtätiger Zwecke. Mildtätige Zwecke sind als Spezialfall meist vorrangig anzunehmen. Die Förderung besteht in der Sorge für notleidende und gefährdete Mitmenschen in gesundheitlicher, wirtschaftlicher, erzieherischer oder sittlicher Hinsicht. Erwerbszwecke dürfen nicht verfolgt werden[1]. Jedoch ist nicht Voraussetzung, daß der geförderte Personenkreis körperlich, geistig, seelisch oder wirtschaftlich **hilfsbedürftig** ist, während mildtätige Zwecke nur unter dieser Voraussetzung angenommen werden können[2]. Wegen der Bedeutung dieser wichtigen Unterscheidung zwischen ,,Förderung des Wohlfahrtswesens'' und ,,mildtätige Zwecke'' wird auf die Ausführungen über die mildtätigen Zwecke verwiesen (nachstehend Abschn. 4).

Zu dem Bereich der Wohlfahrtspflege können gehören:

— Waisenheime
— Anstalten für Geisteskranke
— Beratungsstellen.

---

[1] Vgl. § 6 Abgabenordnung
[2] Vgl. § 53 Abgabenordnung

● **Förderung des Sports**

Wesentliches Kennzeichen hierfür ist die körperliche Betätigung mit oder ohne Wettkampfcharakter. Jedoch gilt dieses Merkmal nicht ausschließlich. Auch geistige Ertüchtigung kann ausreichend sein. So sind als förderungswürdig anzuerkennen:

— Turn- und Gymnastikvereine
— Ballspielvereine
— Schachsport
— Billardsportvereine
— Tanzsport
— Segelflugvereine
— Golfclubs
— Segel- und Reitvereine
— Rudervereine
— Bergsteigerverbände
— Wassersportvereine.

Grenzfälle sind anzunehmen bei:

— Minigolf
— Badeclubs
— Fischereisport
— Motorsportvereine (Flug-, Auto- Wassersport), wenngleich die Finanzverwaltung (wohl aus politischen Gründen) in diesen Fällen sehr großzügig verfährt. Dennoch ist hier ein Widerstreit zu den anerkannten gemeinnützigen Zwecken Umwelt- und Lärmschutz nicht zu verkennen.

Sportliche Zwecke werden häufig **nicht ausschließlich** verfolgt und daher von der Finanzverwaltung in folgenden Fällen abgelehnt:

— Freizeitvereine und Hobbyclubs
— Film- und Fotoamateurvereine
— Modellbahnvereine jeder Art
— Skatsport
— Denksport
— Hundesport
— Funkamateurvereine
— Hunde-, Kaninchen-, Geflügelzucht

— Briefmarkensammelvereine
— Campingclubs.

Kritisch ist anzumerken, daß hier oft mit unterschiedlichem Maß gemessen wird. Warum soll ein Denksportverein nicht gleich zu beurteilen sein wie ein Schachclub? Wenn man schon Motorsportvereine so großzügig behandelt, wäre u. E. eine Gleichstellung z. B. von Hundesport- oder Tierzuchtvereinen, die sicherlich auch die körperliche und geistige Beweglichkeit fördern, dringend geboten.

Den nicht als gemeinnützig anerkannten ,,Freizeitvereinen'' bleibt als Lösungsmöglichkeit, die Ausgliederung und **rechtliche Verselbständigung ihrer Jugendabteilungen**, damit sie wenigstens für ihre Jugendarbeit eine Förderung (Spendenabzug, Annahme von Zweckbetrieben) erreichen können.

● **Förderung des demokratischen Staatswesens**

Darunter fallen Vereine, die das demokratische Prinzip sichern und ausbauen wollen und daher für die im Grundgesetz genannten Grundwerte wie Gewaltenteilung, Meinungsfreiheit, Pressefreiheit, allgemeine Wahlen usw. eintreten. Einzelinteressen oder Interessen im kommunalpolitischen Bereich oder politische Parteien dürfen nicht unterstützt werden.

Beispiele:

— Deutsche Wählergesellschaft
— Verein Theodor-Heuss-Preis
— Europa-Union.

Nicht anerkannt sind bisher die nur örtlich tätigen ,,freien Wählergemeinschaften.'' Eine gesetzliche Änderung erscheint dringend geboten.

4 Mildtätigkeit

4.1 Bedeutung der Abgrenzung zur Gemeinnützigkeit

Neben oder statt gemeinnützigen Zwecken kann ein Verein auch mildtätige Zwecke[1] verfolgen. Auch wenn ein mildtätiger Verein häufig zugleich

---

[1] § 53 Abgabenordnung

gemeinnützige Zwecke wie z. B. Altenhilfe, Gesundheitspflege oder Jugendhilfe verfolgt, ist die einwandfreie Zuordnung in den Bereich der mildtätigen Zwecke steuerlich doch von Bedeutung:

a) Ist ein Verein als mildtätigen Zwecken dienend anerkannt, so sind **Spenden** für diese Zwecke immer abzugsfähig, auch ohne daß dieser Zweck noch als besonders förderungswürdig anerkannt sein müßte. Spendenempfänger kann hier unmittelbar der Verein selbst sein, so daß es einer **Durchlaufspende nicht bedarf**, wie z. B. bei Entwicklungshilfeleistungen.

b) **Mitgliedsbeiträge** sind ebenfalls als Sonderausgaben[1] abzugsfähig.

c) Einrichtungen und Betätigungen mildtätiger Vereine sind grundsätzlich ohne **weitere Prüfung Zweckbetriebe** und genießen die daraus resultierenden Vergünstigungen. Die Tätigkeit muß nur in unmittelbarem Zusammenhang mit der Sorge für notleidende und gefährdete Mitmenschen stehen[2]. Entgeltszahlungen sind als Erträge im Rahmen des steuerfreien Zweckbetriebs zu behandeln. Es ist allerdings darauf hinzuweisen, daß auch gemeinnützige Vereine, die sich ganz allgemein der Wohlfahrtspflege verschrieben haben, Zweckbetriebe im Sinne des § 66 Abgabenordnung unterhalten können.

d) Leistungen können auch überwiegend Einzelpersonen zugute kommen.

4.2 Merkmale für das Vorliegen mildtätiger Zwecke

Mildtätige Zwecke können verfolgt werden durch Hilfe bei

a) persönlicher Bedürftigkeit (§ 53 Nr. 1 Abgabenordnung) oder
b) wirtschaftlicher Bedürftigkeit (§ 53 Nr. 2 Abgabenordnung).

Bei persönlicher Bedürftigkeit kommt es **nicht** auf die **wirtschaftliche Lage** einer Person an, sondern nur auf deren (eventuell auch vorübergehende) Hilfsbedürftigkeit wegen ihres körperlichen, geistigen oder seelischen Zustandes. Daher brauchen bei alten oder jungen Menschen oder bei körperlich oder seelisch Behinderten die Einkommensverhältnisse nicht über-

---

[1] § 10b Einkommensteuergesetz
[2] § 66 Abgabenordnung

prüft zu werden. Andererseits sind finanzielle Unterstützungen in diesen Fällen nicht möglich, da hier die persönliche Betreuung im Vordergrund steht.

Beispiel:
Ein **Krankenpflegeverein** versorgt Kranke und Gebrechliche in seinem Bereich. Die wirtschaftlichen Verhältnisse der Hilfsbedürftigen werden nicht überprüft. Dies ist auch nicht erforderlich. Werden aber von diesem Verein unterschiedslos Zuschüsse z. B. für Krankenfahrstühle gegeben, ohne die wirtschaftlichen Verhältnisse der Zuschußempfänger zu überprüfen, so würde dies zum Verlust der Steuervergünstigung führen.

Körperliche Hilfsbedürftigkeit ist stets anzunehmen bei Personen, die das 75. Lebensjahr überschritten haben; ansonsten nur, wenn die Bewegungsmöglichkeiten durch sichtbare oder auch sonst krankheitsbedingte Behinderungen eingeschränkt ist.

Beispiel:
Alterspflegeheime sind immer begünstigt. **Altersheime** dagegen nur, soweit sie über 75-jährige und/oder zu zwei Drittel wirtschaftlich Bedürftige aufnehmen.

Geistige oder seelische Hilfsbedürftigkeit erfordert Hilfeleistungen bei Geisteskrankheiten oder bei sonstigen Störungen wie z. B. Neurosen, Psychosen und Suchtkrankheiten.

Beispiele persönlicher Hilfsbedürftigkeit:

— Krankenpflegevereine
— Pflegeheime
— Telefonseelsorge
— Frauenhäuser
— Mahlzeitendienste
— Behindertenfahrdienste
— Aktion multiple Sklerose Erkrankter
— Betreuung krebskranker Kinder
— Unterstützung psychisch Kranker.

Wirtschaftliche Hilfsbedürftigkeit zu bekämpfen, ist ebenfalls ,,mildtätig". Dies setzt voraus, daß nur Personen unterstützt werden, deren Bezüge das Vierfache des Regelsatzes der jeweiligen Sozialhilfe nicht übersteigen. Die Höhe der Sozialhilfe wird von den einzelnen Bundesländern festgelegt. Zu den zu überprüfenden Bezügen gehören die Einkünfte im Sinne des Einkommensteuergesetzes, z. B. Einkünfte aus nichtselbständiger Arbeit oder aus Gewerbebetrieb, sowie die sonstigen zur Bestreitung des Unterhalts bestimmten oder geeigneten Bezüge, wie z. B. steuerfreie Renten(-teile), Wohngeld, Kindergeld.

Bei Vorliegen besonderer Gründe, die zu einer Notlage geführt haben, z. B. bei Brandkatastrophen oder Überschwemmungen, kann auch eine Unterstützung ohne Überprüfung der wirtschaftlichen Verhältnisse erfolgen.

Beispiel:
Ein Verein, der aus aktuellem Anlaß zur Unterstützung erdbebengeschädigter Personen im In- oder Ausland gegründet wird, ist mildtätig, auch wenn damit nicht nur die Armut bekämpft wird.

Sonstige Beispiele für mildtätige Vereine:

— Obdachlosenasyle
— Volksküchen
— Wärmestuben
— Asylantenhilfen.

5 Kirchliche Zwecke

Kirchliche Zwecke können nur von solchen Religionsgemeinschaften verwirklicht werden, die Körperschaften des öffentlichen Rechts sind[1]. Daher sind privatrechtlich, d. h. z. B. als Verein gegründete Glaubensgemeinschaften, nur als gemeinnützig zu behandeln. Diese müssen also im Einzelfall **nachweisen**, daß sie der Förderung der Allgemeinheit dienen, daß keine Zugangsbeschränkung vorliegt usw.

---

[1] § 54 Abgabenordnung

Zu den steuerlich begünstigten Zwecken dieser Körperschaften des öffentlichen Rechts zählen die Errichtung, Ausschmückung und Unterhaltung von Gotteshäusern, Abhaltung von Gottesdiensten, die Ausbildung von Geistlichen, deren Besoldung und Versorgung, ferner die Erteilung von Religionsunterricht, die Beerdigung und die Pflege des Andenkens der Toten und die Verwaltung des Kirchenvermögens.

Damit sind Spenden, die für solche Zwecke verwendet werden, begünstigt. Unseres Erachtens sind auch Eintrittsgelder bei Kirchenbesichtigungen als steuerbegünstigter Zweckbetrieb zu beurteilen, wenn diese Gelder zum Unterhalt des Gotteshauses verwendet werden[1].

Die Abhaltung von **Kirchentagen** geschieht durch jeweils neu auf privatrechtlicher Basis gegründete Vereine. Da diese Vereine kirchliche Zwecke verfolgen und den Körperschaften des öffentlichen Rechts dienlich sind, fallen auch diese Vereine selbst unter § 54 Abgabenordnung. Daher erfüllen auch Missions- und Erweckungsvereine die vorstehenden Voraussetzungen.

6 Einzelfälle von gemeinnützigen oder mildtätigen Vereinen

Durch Rechtsprechung und Verwaltung wurden eine Reihe von Einzelfällen entschieden, bei denen die steuerlichen Vergünstigungen (Steuerfreiheit, Vorliegen von Zweckbetrieben, Umsatzsteuervergünstigungen, Spendenabzugsmöglichkeit) gegeben sind. Diese Beispiele sind unter anderem nachfolgend aufgelistet, wobei der Hinweis ,, **(besonders) förderungswürdig''** auf die Abziehbarkeit von Spenden und Mitgliedsbeiträgen als Sonderausgaben hinweist. Der Zusatz ,,**eingeschränkt förderungswürdig''** soll klarstellen, daß ein Spendenabzug nur zulässig ist, wenn die Spende zumindest über eine juristische Person des öffentlichen Rechts (Stadt, Gemeinde usw.) oder eine öffentliche Dienststelle läuft (sogenannte Durchlaufspende). In beiden Fällen (förderungswürdig und eingeschränkt förderungswürdig) sind die Vereine **gemeinnützig**.

● Bekämpfung von **Alkoholmißbrauch**; besonders förderungswürdig (Anlage 7 Nr. 1 der Einkommensteuer-Richtlinien — EStR),

---

[1] Vgl. aber Reichsfinanzhof in RStBl 1938, 1189

● **Altherrenvereine;** nicht gemeinnützig,

● **Akupunktur** ist gemeinnütziger Zweck und unseres Erachtens auch besonders förderungswürdig, wenn der Verein sich auf die systematische Forschung dieses Gebiets beschränkt (Anlage 7 Nr. 1 EStR). Anders wenn die Zielsetzung des Vereines unter anderem die Verbreitung dieser Heilmethode ist. Dann ist er nur gemeinnützig,

● Bekämpfung von **Arbeitslosigkeit;** gemeinnützig, soweit therapeutische Maßnahmen oder soziale Betreuung beabsichtigt. Sofern fast ausschließlich auf dem Gebiet der Berufs(fort)bildung tätig, ist der Verein auch besonders förderungswürdig (Anlage 7 Nr. 5 EStR). Werden dagegen über einen solchen Verein nur Arbeitsleistungen angeboten, ist er nicht gemeinnützig,

● **Amateurfunkvereine;** nicht gemeinnützig,

● **Arbeitsschutz und Unfallverhütung** ist besonders förderungswürdig (Anlage 7 Nr. 13 EStR),

● Vereine gegen den Einsatz von **Atomkraft** können besonders förderungswürdig sein (vgl. BFH-Urteil vom 29.8.1984, BStBl II 1984, 844) — Streitig! —,

● **Berufsbildung;** besonders förderungswürdig, soweit nicht Einzelinteressen verfolgt werden (Anlage 7 Nr. 5 EStR),

● **Bestattungsvereine;** nicht gemeinnützig (streitig),

● **Betriebssportvereine;** nicht gemeinnützig, es sei denn, auch Betriebsfremde haben rechtlich und tatsächlich Zutritt. In diesem Fall eingeschränkt förderungswürdig (Anlage 7 Nr. 3 EStR),

● **Briefmarkensammlervereine;** nicht gemeinnützig,

● **Billardverein;** eingeschränkt förderungswürdig, wenn Billard sportmäßig betrieben wird,

● **Buchverein** zur Pflege des guten Buches und zur Förderung der Buchkunst; gemeinnützig,

● **Brauchtumsverein;** eingeschränkt förderungswürdig (Anlage 7 Nr. 7 EStR),

● **Camping-Club;** nicht gemeinnützig,

● **Denkmalspflege;** eingeschränkt förderungswürdig (Anlage 7 Nr. 4 EStR). Bei Vergabe von Zuschüssen ist zu prüfen, ob der Verein die Denkmalspflege selbst unmittelbar fördert, ob der Eigentümer des geförderten Objekts als Hilfsperson anzusehen ist (§ 57 Abs. 1 Satz 2 Abgabenordnung) oder ob ein ,,Förderverein'' (§ 58 Abs. 1 Abgabenordnung) vorliegt,

● **Eheanbahnungsinstitute;** nicht gemeinnützig,

● **Einkaufsvereinigungen;** nicht gemeinnützig,

● **Entwicklungshilfe;** eingeschränkt förderungswürdig (Anlage 7 Nr. 22 EStR),

● **Erfahrungsmedizin;** nicht gemeinnützig (Oberfinanzdirektion Düsseldorf, in: Der Betrieb 1980, 357) — bedenklich —,

● **Erholungs- und Kurheime;** nicht gemeinnützig, es sei denn, die Durchführung der Kuren kommt nur einem bestimmten Personenkreis (Kranken, Jugendlichen) zugute oder wird auf **sportlicher Grundlage** durchgeführt (BFH-Urteil vom 22.11.1972, BStBl II 1973, 251).

● **Erholungsverein;** nicht gemeinnützig,

● **Festhallenbauverein;** nicht gemeinnützig (BFH-Urteil vom 19.6.1974, BStBl II 1974, 664),

● **Feuerbestattung;** gemeinnützig (BFH-Urteil vom 14.12.1978, BStBl II 1979, 491),

● **Feuerwehrverbände;** besonders förderungswürdig (Anlage 7 Nr. 13 EStR),

● **Film- und Fotoclub;** nicht gemeinnützig,

● **Flüchtlingsvereine;** besonders förderungswürdig (Anlage 7 Nr. 10 EStR),

● **Flugsport;** eingeschränkt förderungswürdig (Anlage 7 Nr. 3 EStR),

● **Frauenhäuser;** mildtätig, daher förderungswürdig,

● **Freikörperkultur;** dann eingeschränkt förderungswürdig, wenn die sportliche Betätigung im Vordergrund steht (Erlaß Nordrhein-Westfalen, in: Der Betrieb 1980, 1571). Wird aber laut Satzung oder tatsächlicher Handhabung die allgemeine Erholung und gesunde Freizeitgestaltung in den Vordergrund gestellt, so ist er nicht gemeinnützig (BFH-Urteil vom 30.9.1981, BStBl II 1982, 148),

● **Freimaurerloge**; nicht gemeinnützig (BFH-Urteil in BStBl III 1973, 430),

● **Fremdenverkehrsvereine**; nicht gemeinnützig, da auch privatwirtschaftliche Interessen gefördert werden. Überregionale Fremdenverkehrsverbände können aber gemeinnützig sein (Oberfinanzdirektion Frankfurt, in: Der Betrieb 1983, 2156),

● **Gesangverein**; eingeschränkt förderungswürdig (Anlage 7 Nr. 4 EStR),

● **Gleichberechtigung**; eingeschränkt förderungswürdig (Anlage 7 Nr. 26 EStR),

● **Heimatvereine**; eingeschränkt förderungswürdig (Anlage 7 Nr. 7 EStR); siehe auch Flüchtlingsverbände,

● **Homosexuellenvereine** sollen gemeinnützig sein, wenn sie sich mit den gesellschaftlichen und individuellen Problemen von Homosexuellen befassen (Finanzgericht Berlin, in EFG 1985, 146). Unseres Erachtens werden mildtätige Zwecke verfolgt, wenn sich der Verein ausschließlich auf die Hilfeleistung für insbesondere seelisch Kranke beschränkt,

● **Hundezucht- oder -sportvereine**, nicht gemeinnützig (BFH vom 13.12.1978, BStBl II 1979, 495),

● **Kameradschaftsverbände** der Bundeswehr oder der ehemaligen Wehrmacht; nicht gemeinnützig,

● **Karnevalsvereine**; nicht gemeinnützig, anders bei Brauchtumspflege,

● **Kindergartenvereine**; besonders förderungswürdig (Anlage 7 Nr. 2, 5 EStR),

● **Kleingartenvereine**; gemeinnützig,

● **Kleintierzucht**; nicht gemeinnützig,

● **Kolpingvereine**; besonders förderungswürdig (Anlage 7 Nr. 2, 5 EStR),

● **Konzertvereine**; eingeschränkt förderungswürdig (Anlage 7 Nr. 4 EStR),

● **Krankenpflege, Krankenhäuser**; besonders förderungswürdig (Anlage 7 Nr. 1 EStR),

● **Kunstverein**, eingeschränkt förderungswürdig (Anlage 7 Nr. 4 EStR);

● **KZ-Häftlingsgedenkstätten**; besonders förderungswürdig (Anlage 7 Nr. 14 EStR),

● **Ledigenheime** für Minderbemittelte sind mildtätig,

● **Meditationsgemeinschaften**; gemeinnützig,

● **Modellflug**; nicht gemeinnützig. Jedoch besteht die Möglichkeit über eine Angliederung einer Modellflugabteilung an einen Sportverein die Gemeinnützigkeit zu erreichen (§ 58 Nr. 8 Abgabenordnung),

● **Motorsport**; eingeschränkt förderungswürdig (Anlage 7 Nr. 3 EStR),

● **Museumsbahnen**; eingeschränkt förderungswürdig (Anlage 7 Nr. 4 und 7 EStR),

● **Musikschulen**; eingeschränkt förderungswürdig (Anlage 7 Nr. 4 EStR),

● **Nachhilfevereine**; siehe Selbstlosigkeit (Abschn. 7),

● **Obst- und Gartenbauvereine**; nur gemeinnützig, wenn Satzung und Vereinszweck den **Kleingartenvereinen** angeglichen und keine wirtschaftlichen Eigeninteressen der Mitglieder gefördert werden,

● **Pferderennvereine** sollen wegen der ausschließlichen, selbstlosen (Anmerkung: sehr fraglich) Förderung der Pferdezucht gemeinnützig sein (Niedersächsisches Finanzgericht, in: EFG 1982, 320). Dann müßte aber ein Hunde-, Geflügel- und Pflanzenzuchtverein ebenfalls anerkannt werden.
Soweit jedoch durch **Reit- und Fahrvereine** die Förderung des Pferdesports betrieben wird, sind diese eingeschränkt förderungswürdig (Anlage 7 Nr. 3 EStR),

● **Politische Vereine**; nicht gemeinnützig. Vergleiche aber § 5 Abs. 1 Nr. 7 Körperschaftsteuergesetz,

● **Religionsförderung**; gemeinnützig und direkter Spendenempfang möglich (vgl. § 10b Einkommensteuergesetz),

● **Rettungsdienste** (Bergwacht, Schiffbrüchige, allgemeine Lebensrettung) sind besonders förderungswürdig (Anlage 7 Nr. 11 EStR),

● **Schützenvereine**; eingeschränkt förderungswürdig, soweit Sport- oder Brauchtumspflege (Anlage 7 Nr. 3 und 7 EStR),

● **Skat- oder Spieleclub**; nicht gemeinnützig,

● **Sparvereine**; nicht gemeinnützig,

● **Sportvereine** aller Art, eingeschränkt förderungswürdig (Anlage 7 Nr. 3 EStR),

● **Strafgefangenenfürsorge**; besonders förderungswürdig (Anlage 7 Nr. 25 EStR),

● **Studentenverbindung**; nicht gemeinnützig,

● **Studentenhilfe** (auch Auslandsdienste); besonders förderungswürdig (Anlage 7 Nr. 5 EStR),

● **Theater- oder Laienspielgruppen**; eingeschränkt förderungswürdig, wenn Tätigkeit als Kulturförderung einzustufen ist (Anlage 7 Nr. 4 EStR),

● **Tierschutzverbände**; besonders förderungswürdig (Anlage 7 Nr. 16 EStR),

● **Tierzucht**; nicht gemeinnützig,

● **Umweltschutz**; eingeschränkt förderungswürdig (Anlage 7 Nr. 24 EStR),

● **Volksbildung- und Volkshochschuleinrichtungen**; besonders förderungswürdig (Anlage 7 Nr. 4 EStR),

● **Wirtschaftsförderung**; kann in Ausnahmefällen gemeinnützig sein, wenn sie zur Förderung strukturschwacher Gebiete dienen soll und keine Einzelinteressen verfolgt werden, denn insoweit werden staatliche Aufgaben wahrgenommen, die nach dem Selbstverständnis des Staates der Allgemeinheit dienen.

Wichtiger Hinweis:

Da für den Abzug von Spenden und Mitgliedsbeiträgen die Zielsetzung des Vereins von besonderer Bedeutung ist, muß auf eine genaue Bezeichnung des Vereinszwecks geachtet werden. Spielen auch **geselliges Beisammensein und Freizeitgestaltung** eine nicht unbedeutende Rolle, so ist die Gemeinnützigkeit zu **versagen.**

7 Selbstlosigkeit

7.1 Allgemeines

Selbstloses Handeln ist eine weitere Grundvoraussetzung für die Anerkennung eines Vereins als gemeinnützig, mildtätig oder kirchlichen Zwecken dienend. Es dürfen nicht unter dem Mantel eines steuerbegünstigten Vereins private Wirtschaftsinteressen verfolgt werden. Dies wäre ein Verstoß gegen eine wettbewerbsneutrale Steuergesetzgebung.

Selbstlosigkeit bedeutet Verzicht auf eigenen Nutzen der Mitglieder oder Dritter[1]. Dies ist besonders gegeben, wenn materielle Mittel oder Arbeitsleistungen freiwillig erbracht werden, ohne daß eine angemessene Gegenleistung gegenübersteht. Besondere finanzielle Opfer sind jedoch nicht erforderlich.

Das Verbot, eigenwirtschaftliche Zwecke zu verfolgen, schließt aber nicht aus, daß bestimmte Tätigkeiten **gegen angemessenes Entgelt** erbracht werden. Insoweit liegt ggf. ein steuerrechtlich getrennt zu behandelnder wirtschaftlicher Geschäftsbetrieb vor, der die Gemeinnützigkeit bestehen läßt. Nur darf die wirtschaftliche Betätigung nicht im Vordergrund stehen.

---

[1] § 55 Abgabenordnung

Beispiel:

Ein **Fremdenverkehrsverein** weist auf die Schönheiten einer Landschaft hin, er beteiligt sich außerdem aktiv am Landschafts- und Naturschutz und vermittelt Unterkünfte und Adressen von Beherbergungsbetrieben.

Hier wird als weitere Zielsetzung in nicht unbedeutsamem Maß für privatwirtschaftliche Interessen gehandelt, so daß die Selbstlosigkeit und damit die Gemeinnützigkeit zu versagen ist.

Beispiel:

Eine **Musikschule** in Form eines eingetragenen Vereins unterrichtet Jugendliche, die dafür ein angemessenes Entgelt bezahlen. Die Mitglieder dieses Vereins sind überwiegend als Musiklehrer gegen angemessenes Honorar angestellt.

Die Zahlung des Honorars ist unschädlich, da als Vereinszweck die Musikerziehung Jugendlicher im Vordergrund steht. Die Unterrichtsgebühren sind als Zweckbetriebseinnahmen zu erfassen[1].

Die Beispiele zeigen, daß die Abgrenzungen oft schwierig sind. **Nachhilfevereine** können daher ebenfalls ,,selbstlos'' tätig sein, auch wenn dieser Verein von den dort entgeltlich Beschäftigten getragen wird. Gemeinnützigkeit ist gemäß Anlage 7 Nr. 5 zu bejahen. Es kann unseres Erachtens kein Unterschied gemacht werden zu den Privatschulen mit Ganztagsbetreuung.

Ein **Altersstift**, das nur bemittelte Personen aufnimmt, ist nicht mehr selbstlos tätig.

7.2 Verwendung der Mittel

Aus § 55 Abs. 1 Nr. 1 Abgabenordnung folgt, daß die Mittel des Vereins (zeitnah) für die satzungsmäßigen, begünstigten Zwecke des Vereins verwendet werden müssen. Daher sind Erträge aus **wirtschaftlichen Ge-**

---

[1] § 65 Abgabenordnung

schäftsbetrieben, Mitgliedsbeiträge, Spenden oder Erbschaften kurzfristig für den Vereinszweck einzusetzen. Allerdings schließt diese Vorschrift nicht aus, daß vor allem in den wirtschaftlichen Geschäftsbereichen des Vereins Rücklagen für Erneuerungen, Erweiterungen oder Betriebsverlegungen gebildet werden.

Als „zeitnah" ist in Anlehnung an § 68 Nr. 7 und § 58 Nr. 6 Abgabenordnung ein Zeitraum von 3 bis 5 Jahren anzusehen, der im Einzelfall auch ohne weiteres länger sein kann.

Ausnahmsweise dürfen die vorhandenen Mittel des Vereins auch zum **Ausgleich von Verlusten,** die in einem steuerschädlichen wirtschaftlichen Geschäftsbetrieb entstanden sind, verwendet werden, wenn dies nur gelegentlich geschieht und der Verlustausgleich z. B. durch Erhöhung der Entgelte erfolglos versucht wurde[1].

> **Beispiel:**
> Ein Verein erteilt Reitunterricht an Nichtmitglieder gegen Entgelt.
>
> Es liegt insoweit ein wirtschaftlicher Geschäftsbetrieb vor. Falls gelegentlich Verluste anfallen, können diese mit Spenden oder Beiträgen ausgeglichen werden.

Es muß auch zulässig sein, daß Mittel des Vereins als **Kapitalausstattung** für einen eventuellen wirtschaftlichen Geschäftsbereich verwendet werden, sofern nicht von vornherein Verlustgeschäfte abzusehen sind.

> **Beispiel:**
> Ein Tennisclub plant die Errichtung einer Tennishalle, die er aus Kostengründen im Rahmen eines wirtschaftlichen Geschäftsbetriebs auch an Nichtmitglieder vermietet.

Es ist zulässig, Spenden und Beiträge für den Bau der Halle zu verwenden. Der Gesetzgeber selbst geht vom Vorhandensein wirtschaftlicher Geschäftsbetriebe aus. Solche Betriebe sind aber nur mit einer entsprechenden Kapitalausstattung zu führen.

---

[1] BFH vom 2.10.1968, BStBl III 1969, 43

Es muß auch dem Verein überlassen bleiben, ob er seine Gelder in Wertpapieren oder in mit dem Vereinszweck zusammenhängende und diese fördernde wirtschaftliche Geschäftsbetriebe anlegt, sofern die Erträge wenigstens mittelbar den gemeinnützigen Zwecken zugute kommen.

Beispiele:
1. Ein Sportverein legt die Mitgliedsbeiträge zum Teil in Pfandbriefe oder in die **Kapital**ausstattung einer Vereinsgaststätte an.

   Dies ist unseres Erachtens als zulässig anzusehen.

2. Eine Volkshochschule übernimmt GmbH-Anteile an einer Privatschule, um damit das Unterrichtsangebot zu erweitern.

   Auch diese Anlage ist noch zulässig.

3. Ein Gesangverein erwirbt Gold oder wertvolle Teppiche.

   Unzulässig, da hier eine sachgerechte Verwendung der Mittel nicht mehr gewährleistet erscheint.

Werden einem Verein **Sachwerte** zugewandt, so müssen diese nicht sofort versilbert und das Geld für gemeinnützige Zwecke verwendet werden.

Beispiel:
Ein Sportverein erhält eine Vereinsgaststätte übertragen. Er kann diese weiter betreiben, da sie nicht Hauptzweck des Vereins sein dürfte, sondern diesem Zweck mittelbar dient.

Wegen des problematischen Grundsatzes der Mittelverwendung sollten Vereine **unbedingt darauf achten**, daß nicht Sparguthaben ohne Ziel wahllos angehäuft oder Spekulationsgeschäfte getätigt werden. Wird gegen den Grundsatz der Mittelverwendung verstoßen, so verlieren die Vereine die Gemeinnützigkeit. Von einer Besteuerung kann dann nur noch wegen Vorliegen einer sachlichen Härte aus Billigkeitsgründen abgesehen werden.

7.3 Vergütungen an Mitglieder

Als wesentlicher Ausfluß des Gedankens der Selbstlosigkeit besagt § 55 Nr. 3 Abgabenordnung, daß Vereinsmitglieder nicht durch unverhältnismäßig hohe Vergütungen begünstigt werden dürfen.

Dies schließt nicht aus, daß Vereinsmitglieder **Aufwandsentschädigungen, Sitzungsgelder, Reisekosten** oder sonstige Vergütungen für ihre Arbeitsleistung erhalten können — vgl. Teil D Tz 6.3, Teil E und Teil F Tz. 6 —. Solche Leistungen dürfen allerdings nur in dem Rahmen erbracht werden, der für vergleichbare Tätigkeiten üblicherweise bezahlt wird.

Beispiel:
Ein **Steuerberater**, der gleichzeitig Vereinsmitglied ist, kann ohne weiteres seine Leistungen nach der Gebührenordnung abrechnen.

Ein **Vereinskassier** kann seine Arbeitsstunden nach den Stundensätzen eines Buchhalters abgelten lassen.

Damit sind (Lohn-)Zahlungen an Tennis- oder Reitlehrer, an Trainer ebenso möglich wie an Dirigenten, Redakteure oder Museumswärter.

Problematisch in diesem Zusammenhang sind Zahlungen von ,,**Spielergehältern**'' an die sogenannten Amateursportler. Hier werden als Aufwandsentschädigungen Beträge bis zu einer Obergrenze von monatlich bis zu 700 DM oder jährlich bis zu 8.400 DM noch als unschädlich angesehen. Es ist aber nicht zulässig, durch Verlagerung auf einen ,,Vorschaltverein'', der die Bezahlung der ,,Amateursportler'' übernimmt, diese Grenze zu umgehen. Schädlich wäre es auch, wenn Vereinsmitglieder oder Gönner auf Veranlassung des Vereins die Zahlung übernehmen[1]. Denn der Verein begünstigt auch in diesem Fall die Zahlungsempfänger, da er ihnen erst das Wirkungsfeld eröffnet, das Grund für die Zahlungen ist.

---

[1] Vgl. Oberfinanzdirektion Bremen, in: Deutsches Steuerrecht 1983, 169

Es ist jedoch nichts dagegen einzuwenden, wenn ein Spieler von einem Vereinsmitglied im Rahmen eines normalen, tatsächlich durchgeführten Arbeitsverhältnisses angestellt wird und dafür eine Vergütung erhält.

Eine legale Möglichkeit, gegebenenfalls die **700 DM-Grenze zu überschreiten**, besteht darin, daß dem Sportler die Aufwendungen erstattet werden, die einzeln nachgewiesen und die nach dem Lohnsteuerrecht steuerfrei ersetzt werden dürfen. Dies dürfte aber nur die Fahrt- und Übernachtungskosten sowie Verpflegungsmehraufwendungen betreffen. Lohnausfälle fallen nicht darunter. Wird diese Form der Aufwandserstattung im Rahmen des Einzelnachweises gewährt, ist dieser das ganze Jahr zu führen.

Beispiel:
Ein Handballspieler leistet in München seinen Wehrdienst ab. Zu den Verbandsspielen und zum Training fliegt er nach Köln.

Hier können ihm Flugkosten, Sportkleidung und Tagegelder (hier gegebenenfalls nach den unten genannten Pauschalen) erstattet werden. Für die übrigen Spieler darf dennoch die 700-DM-Regelung angewendet werden. Siehe auch nachstehend unter **bezahlte Sportler**.

Von der immer wieder praktizierten Form, daß ,,Strohmänner'' ebenfalls die 700 DM-Pauschale erhalten und diese dann an die bereits mit 700 DM bedachten Spieler weiterreichen, wird abgeraten. Neben einem Steuerstrafverfahren für die verantwortliche Vereinsführung droht hier der Verlust der Gemeinnützigkeit für den Verein.

Leider gilt die Regelung mit der Ausgabenpauschale von 700 DM nur im Bereich des **Amateursports**. In anderen Vereinen können nur die tatsächlich entstandenen und nachgewiesenen Kosten ersetzt werden. Es ist aber zulässig, daß hier auf die Reisekostenpauschalen gemäß Abschnitt 119 Einkommensteuer-Richtlinien (bzw. Abschnitt 25 Abs. 9 Lohnsteuer-Richtlinien) zurückgegriffen und auf weitere Einzelnachweise verzichtet wird. Danach können erstattet werden:

Abb. 7: Reisekostenpauschalen

Fahrtkosten:
mit Pkw	=	0,42 DM pro gefahrenen Kilometer
mit Motorrad	=	0,18 DM pro gefahrenen Kilometer
mit Moped	=	0,11 DM pro gefahrenen Kilometer
mit Fahrrad	=	0,06 DM pro gefahrenen Kilometer

Unterbringungskosten:
in der tatsächlichen Höhe. Die Kosten des Frühstücks gehören zu den Aufwendungen für Verpflegung. Für die Kosten der Unterbringung können, außer bei Auslandsreisen, keine Pauschbeträge gewährt werden. Dies schließt nicht aus, daß die Höhe der Übernachtungskosten geschätzt werden kann, wenn ihre Entstehung dem Grunde nach unbestritten ist[1].

Mehraufwendungen für Verpflegung:
Mehraufwand ist der Betrag, der sich nach Abzug der Haushaltsersparnis von den gesamten Aufwendungen für Verpflegung ergibt. Die Haushaltsersparnis ist mit 1/5 der Aufwendungen für Verpflegung, höchstens mit 6 DM je Reisetag, anzusetzen; ein Abzug ist jedoch nur insoweit vorzunehmen, als die nach Buchstabe b in Betracht kommenden Pauschbeträge nicht unterschritten werden. Nur die tatsächlich entstandenen Mehraufwendungen für die eigene Person des Steuerpflichtigen können abgezogen werden, höchstens jedoch die in § 8 EStDV genannten Beträge. Aufwendungen für die Bewirtung und Unterhaltung von Geschäftsfreunden (vgl. dazu Abschnitt 117 Abs. 3) gehören nicht zu den Reisekosten. Für den Abzug der Mehraufwendungen gilt das Folgende:

a) Steuerpflichtige mit Einkünften im Sinne des § 2 Abs. 1 Nr. 5 bis 7 EStG müssen die Mehraufwendungen für Verpflegung in jedem Fall nachweisen oder glaubhaft machen.

b) Aus Gründen der Verwaltungsvereinfachung brauchen Steuerpflichtige mit Einkünften aus Land- und Forstwirtschaft, aus Gewerbebetrieb oder aus selbständiger Arbeit den Mehraufwand nicht nachzuweisen, wenn sie keine höheren Beträge als die folgenden Pauschbeträge geltend machen. Die Pauschbeträge sind nicht anzuwenden, wenn ihre Anwendung offensichtlich zu einer unzutreffenden Besteuerung führen würde — z. B., wenn bei umfangreicher Reisetätigkeit infolge der Anwendung der Pauschbeträge unverhältnismäßig geringe Einkünfte verbleiben würden — oder wenn nach der Lebenserfahrung Mehraufwendungen in Höhe der Pauschbeträge nicht entstehen. Vom 1.1.1986 an gelten die folgenden Pauschbeträge:

---

[1] BFH-Urteil v. 17.7.1980, BStBl II 1981, 14

aa) für Geschäftsreisen, die am selben Kalendertag begonnen und beendet werden (eintägige Reisen), bei Einkünften von nicht mehr als 25 000 DM oder bei Verlust .... 31 DM täglich, mehr als 25 000 DM, aber nicht mehr als 50 000 DM .... 33 DM täglich, mehr als 50 000 DM .... 35 DM täglich;

bb) für mehrtägige Geschäftsreisen bei Einkünften von nicht mehr als 25 000 DM oder bei Verlust .... 42 DM täglich, mehr als 25 000 DM, aber nicht mehr als 50 000 DM .... 44 DM täglich, mehr als 50 000 DM .... 46 DM täglich.

Die Pauschbeträge gelten für einen vollen Reisetag bei einer ununterbrochenen Abwesenheit von mehr als 12 Stunden. Sie ermäßigen sich für jeden Reisetag, an dem die Abwesenheit

nicht mehr als 12 Stunden,

aber mehr als 10 Stunden gedauert hat, auf 8/10,

nicht mehr als 10 Stunden,

aber mehr als 7 Stunden gedauert hat, auf 5/10,

nicht mehr als 7 Stunden,

aber mehr als 5 Stunden gedauert hat, auf 3/10.

Als Reisetag ist jeweils der einzelne Kalendertag anzusehen. Bei mehreren Geschäftsreisen an einem Kalendertag ist jede Reise für sich zu berechnen; es wird jedoch insgesamt höchstens der volle Pauschbetrag anerkannt. Wird eine Reise nach 19.00 Uhr angetreten und bis 5.00 Uhr am nachfolgenden Tag beendet, ohne daß eine Übernachtung stattfindet, so können die Reisezeiten für die Feststellung der Abwesenheitsdauer zusammengerechnet werden. In diesen Fällen ist die Reise als eintägige Reise anzusehen. Für die Anwendung der Pauschbeträge sind ohne Rücksicht darauf, mit welchen Einkünften die Geschäftsreise im Zusammenhang steht, jeweils die höchsten Einkünfte aus Land- und Forstwirtschaft, aus Gewerbebetrieb, selbständiger Arbeit oder nichtselbständiger Arbeit in einem der drei letzten VZ vor dem laufenden VZ maßgebend. Bei Gesellschaftern einer Personengesellschaft (Mitunternehmern) kann für die Bemessung der Pauschbeträge vom Gesamtgewinn der Gesellschaft ausgegangen werden. Für den VZ, in dem ein land- und forstwirtschaftlicher Betrieb oder ein Gewerbebetrieb eröffnet oder eine selbständige Tätigkeit begonnen wird, und für den folgenden VZ kann der Steuerpflichtige ohne Rücksicht auf die Höhe der Einkünfte bei eintägigen Geschäftsreisen den Pauschbetrag von 37 DM in Anspruch nehmen. Bei einer mehrtägigen Geschäftsreise können die Mehraufwendungen für Verpflegung für sämtliche Reisetage nur einheitlich entweder im einzelnen nachgewiesen bzw. glaubhaft gemacht oder ohne Einzelnachweis bis zur Höhe der Pauschbeträge angesetzt werden. Der Steuerpflichtige ist jedoch nicht für alle Geschäftsreisen, die in einen VZ fallen, an dasselbe Verfahren gebunden.

Nebenkosten:
für Gepäckbeförderung, Telefon, Porto, Parkplatz, in glaubhafter Höhe.

Diese Reisekostenpauschalen gelten sowohl für aktive Mitglieder als auch für Vereinsvorstand, Kassier und sonstige Funktionsträger.

7.4 Bezahlte Sportler

Durch das Steuerbereinigungsgesetz 1986 wurde in die Abgabenordnung eine wichtige Änderung für die Zahlung von **Spielergeldern und Ablösesummen** eingefügt[1]:

,,Sportliche Veranstaltungen eines Sportvereins, der keine Fußballveranstaltungen unter Einsatz seiner Lizenzspieler nach dem Bundesligastatut des Deutschen Fußballbundes e. V. durchführt, sind ein **Zweckbetrieb**, wenn

● kein Sportler des Vereins teilnimmt, der für seine sportliche Betätigung oder für die Benutzung seiner Person, seines Namens, seines Bildes oder seiner sportlichen Betätigung zu Werbezwecken von dem Verein oder einem Dritten über eine Aufwandsentschädigung hinaus Vergütungen oder andere Vorteile erhält und

● kein anderer Sportler teilnimmt, der für die Teilnahme an der Veranstaltung von dem Verein oder einem Dritten im Zusammenwirken mit dem Verein über eine Aufwandsentschädigung hinaus Vergütungen oder andere Vorteile erhält.

Andere sportliche Veranstaltungen sind ein steuerpflichtiger **wirtschaftlicher Geschäftsbetrieb**. Dieser schließt die Steuervergünstigung nicht aus, wenn die Vergütungen oder anderen Vorteile ausschließlich aus diesem wirtschaftlichen Geschäftsbetrieb oder von Dritten geleistet werden."

Dies bedeutet, daß dann, wenn an einen oder mehrere Spieler ein **höheres Entgelt** als die Aufwandsentschädigung (meistens die 700 DM-Pauschale) bezahlt wird, der Verein **nicht mehr insgesamt** seine Gemeinnützigkeit verliert. Nur der Spielbetrieb für diese Mannschaft, in der die höheren

---

[1] § 67a AO, eingefügt durch Gesetz v. 19.12.1985, BGBl I 1985, 2436 mit Wirkung ab 1.1.1986

Entgelte bezahlt werden, wird als **wirtschaftlicher Geschäftsbetrieb** behandelt. D. h. die Einnahmen und Ausgaben dieser Vereinsgruppierung werden gesondert ermittelt, ein evtl. Gewinn ist körperschaftsteuerpflichtig.

Beachte:

Eventuelle **Verluste**, die in diesem Sportbetrieb ohnehin meist anfallen, sind aber mit Gewinnen anderer wirtschaftlicher Geschäftsbetriebe (z. B. selbstgeführte Vereinsgaststätten) **ausgleichbar!**

Es ist also zukünftig zu untersuchen, ob ein bezahlter Sportler bei den Sportveranstaltungen eingesetzt wird. Ist dies der Fall, so verliert diese Veranstaltung dadurch die Eigenschaft als Zweckbetrieb. Sie wird zusammen mit allen anderen Veranstaltungen, an denen bezahlte Sportler teilnehmen, zu dem einheitlichen **wirtschaftlichen Geschäftsbetrieb „sportliche Veranstaltung"** zusammengefaßt. Allerdings kommt es für die Einordnung als wirtschaftlicher Geschäftsbetrieb nur auf die vom Verein selbst eingesetzten Sportler an. Ob der Spielgegner bezahlte Sportler einsetzt, ist ohne Bedeutung.

Beispiele:
1. Ein Amateurfußballverein spielt im Rahmen eines **Turniers gegen einen Bundesligaverein.**

   Dies ist unschädlich. Die Einnahmen sind im Rahmen des **Zweckbetriebs** (siehe nachstehend) zu erfassen.

2. Ein Leichtathletikverein veranstaltet ein Sportfest, in dessen Verlauf ein vereinsfremder Spitzensportler einen Wettkampf bestreitet, der dafür **vom veranstaltenden Verein** (oder von einem Sponsor) eine Vergütung („Preisgeld") erhält, die über den Ersatz der Reisekosten und sonstigen Aufwendungen hinausgeht.

   Diese Veranstaltung ist ein wirtschaftlicher Geschäftsbetrieb.

3. Ein überwiegend von Werbeeinnahmen lebender Sportler tritt bei einer Vereinsveranstaltung auf. Er erhält nur seine Aufwendungen ersetzt.

   Die ganze Veranstaltung bleibt ein Zweckbetrieb.

4. Ein Tennisspieler erhält Werbeeinnahmen von einer Sportartikel-
   firma. Als Mitglied des Tennisclubs Westelsheim bestreitet er ein
   Verbandsspiel auf eigenem Platz.

   Sämtliche Veranstaltungen, an denen er teilnimmt, und die der
   Tennisclub Westelsheim ausrichtet, sind wirtschaftliche Geschäftsbetriebe.

Wie die Beispiele zeigen, sind auch Zahlungen Dritter schädlich. Aus dem
Gesetz ist die Verpflichtung abzuleiten, daß sich die Vereine über solche
Zusammenhänge informieren. Es wird daher **dringend empfohlen**, von
den Spielern entsprechende Erklärungen schriftlich zu verlangen.

Beachte:

Auch wenn die Ausgliederung des ,,bezahlten Sports'' wegen der Aus-
gleichsmöglichkeit von Verlusten innerhalb der wirtschaftlichen Geschäftsbetriebe durchaus positiv sein kann, ergeben sich bei Einsatz bezahlter Spieler folgende **Nachteile:**

a) Mitgliedsbeiträge dürfen nicht für Aufwendungen dieser Spieler oder
   Veranstaltungen verwendet werden.

b) Steuerlich beim Spender gemäß § 10b Einkommensteuergesetz abzugsfähige **Spenden** dürfen nicht für diesen Spielbetrieb verwendet
   werden. In Anbetracht dessen, daß gerade die Abteilungen mit bezahlten Sportlern die großen Verluste verursachen, keine günstige Regelung. **Ausweg:** Der ,,Spender'' zahlt ein Entgelt für Werbemaßnahmen dieser Mannschaft. Jedoch sind diese Werbeeinnahmen ein weiterer wirtschaftlicher Geschäftsbetrieb des Vereins.

Die in diesem Bereich erzielten Einnahmen sind dem vollen Umsatz-
steuersatz von 14% zu unterwerfen.

7.5 Behandlung von Ablösesummen

Die Zahlung von **Ablösesummen durch** einen Amateursportverein führt
grundsätzlich zum Verlust der Gemeinnützigkeit.

Die Zahlung **an** einen Amateursportverein ist an sich ebenfalls als wirtschaftlicher Geschäftsbetrieb einzuordnen und führen zum Verlust der
Gemeinnützigkeit.

Soweit die **Ausbildungskosten** für den abwandernden Sportler ersetzt
werden, berührt dies jedoch die Gemeinnützigkeit sowohl des zahlenden
als auch des empfangenden Vereins nicht. Durch Anordnung des Bundes-
ministers der Finanzen wird zugelassen, daß **ohne Nachweis** bis zu
5000 DM je Sportler gezahlt werden dürfen. Höhere Ausbildungskosten
können jedoch nur dann ersetzt werden, wenn sie tatsächlich nachgewiesen werden[1]. Wird ohne Nachweis mehr bezahlt, so muß dies zum Verlust der Gemeinnützigkeit für den ganzen Verein führen.

Wegen § 67a Abgabenordnung sind folgende Fallgestaltungen zu unterscheiden:

● Ein Amateursportverein **ohne ,,bezahlte'' Sportler** zahlt oder erhält eine Ablösesumme.

— Soweit der Ablösebetrag unter 5000 DM oder im Rahmen des tatsächlichen Kostenersatzes liegt, bleibt der Verein gemeinnützig.

— Soweit über die 5000 DM-Grenze hinaus bezahlt wird, liegt ein wirtschaftlicher Geschäftsbetrieb vor, der zum Verlust der Gemeinnützigkeit für den ganzen Verein führt.

● Ein Sportverein **mit ,,bezahlten'' Sportlern** zahlt oder erhält eine Ablösesumme.

— Stammt der abgegebene Sportler aus dem Spielbetrieb, der **mit bezahlten Sportlern** unterhalten wird, so sind die Ablösezahlungen (egal in
welcher Höhe) in diesem wirtschaftlichen Geschäftsbetrieb als Betriebseinnahmen zu erfassen. Der Verein bleibt jedoch gemeinnützig.

— Wird ein Spieler für das **bezahlte** Spielerkader erworben, so sind die
Ablösezahlungen dort Betriebsausgaben. Der Verein bleibt gemeinnützig.

---

[1] BMF-Finanznachrichten 19/83, Der Betrieb 1983, 1901

— Stammt der abgehende Spieler aus dem übrigen Vereinsbereich, so bleibt die Gemeinnützigkeit nur erhalten, wenn sich die Ablösesumme im Rahmen des tatsächlichen Kostenersatzes oder der pauschaliert zugestandenen Summe bewegt.

Für **andere Vereine** als Sportvereine gilt der pauschalierte Kostenersatz von 5 000 DM für abgehende Mitglieder nicht. Diesen Vereinen bleibt nur die Möglichkeit, die tatsächlichen Ausbildungskosten zu belegen und sich diese erstatten zu lassen, wenn sie die Gemeinnützigkeit nicht verlieren wollen.

Als erstattungsfähig kommen in Betracht:

— Fahrgeldzahlungen an das Mitglied
— sonstige Reisekosten
— anteilige Kosten für Trainer, Betreuung
— Aufwendungen, die für Kleidung, Literatur und ähnliches angefallen sind.

8 Grundsatz der Vermögensbindung

Wird der Verein aufgelöst oder fällt der bisherige Zweck weg, so darf das vorhandene Vermögen nur für steuerbegünstigte Zwecke verwendet werden. Dabei darf das Vermögen auch auf eine andere steuerbegünstigte Körperschaft oder auf die Gemeinde, Land oder Bund übertragen werden, die es für steuerbegünstigte Zwecke verwenden müssen. Dadurch soll verhindert werden, daß Vermögen, das aufgrund der Steuervergünstigung und der Spenden gebildet wurde, für nicht begünstigte Zwecke verwendet wird.

Beachte:

Die Finanzverwaltung verlangt daher gemäß § 61 Abgabenordnung bereits in der Vereinssatzung eine Bestimmung darüber, was bei Auflösung mit dem Vereinsvermögen geschehen soll.

9 Ausschließlichkeit

Neben der selbstlosen Zweckverfolgung ist für die Anerkennung als gemeinnützig weiter Voraussetzung, daß die begünstigten Zwecke **ausschließlich** verfolgt werden[1]. Diese Ausschließlichkeit ist nur gegeben, wenn der Verein neben den gemeinnützigen oder mildtätigen Zwecken keine anderen Zielsetzungen verfolgt.

Die Abgrenzung ist oft schwierig, weil die Verwirklichung des steuerbegünstigten Zwecks oft nur über nicht begünstigte Tätigkeiten erreicht werden kann.

Beispiele:
1. Ein **Kegelclub**, der einmal wöchentlich eine Kegelrunde mit seinen Mitgliedern abhält, dient sicher **auch** der sportlichen Betätigung. Da aber in **gleichem Maße** die Geselligkeit gefördert wird, ist er nicht **ausschließlich** sportlich tätig und damit nicht gemeinnützig.

2. Ein Bowlingclub, der mit anderen Vereinen um Meisterschaftsehren kämpft, mehrmals wöchentlich trainiert und ab und zu auch eine gesellige Veranstaltung durchführt, ist noch ausschließlich sportlich tätig und daher gemeinnützig.

Das Merkmal der Ausschließlichkeit verbietet aber nicht, daß der Verein einen wirtschaftlichen Geschäftsbetrieb unterhält. Wenn dies nicht ein weiterer Hauptzweck des Vereins ist, so ist eine solche Betätigung unschädlich, da sie zumindest mittelbar der Verwirklichung der steuerbegünstigten Ziele dient.

Beispiel:
Ein Turnverein läßt gegen Entgelt Firmen in der Vereinszeitschrift annoncieren. Damit werden die Kosten für die Herausgabe der Mitgliederzeitschrift gesenkt und der Vereinszweck zumindest mittelbar gefördert.

---

[1] § 56 Abgabenordnung

10 Grundsatz der Unmittelbarkeit

Dieser Grundsatz verlangt, daß die steuerbegünstigten Zwecke vom Verein selbst oder durch Hilfspersonen verwirklicht werden, deren Wirken aufgrund rechtlicher oder tatsächlicher Beziehung wie eigenes Wirken des Vereins anzusehen ist.

> **Beispiel:**
> Ein Sportverein gründet einen rechtlich selbständigen Gaststättenverein, der eine Gaststätte im Interesse der Sportvereins-Mitglieder betreibt und Überschüsse an den Sportverein abliefert.

Der Gaststättenverein kann keine Steuervergünstigung beanspruchen, da er die sportlichen Zwecke nicht unmittelbar selbst verfolgt.

11 Ausnahmen vom Grundsatz der Selbstlosigkeit, Ausschließlichkeit und Unmittelbarkeit

Wie schon angedeutet, lassen sich die oben genannten Voraussetzungen für die Steuerbegünstigung nicht ausnahmslos durchhalten. Auch der Gesetzgeber hat in § 58 Abgabenordnung einzelne Nebentätigkeiten eines Vereins für unschädlich erklärt.

11.1 Fördervereine

So ist es zulässig, daß rechtlich selbständige Förder- oder Spendensammelvereine Mittel ansammeln und mit diesen Geldern nicht selbst unmittelbar gemeinnützige Zwecke verfolgen, sondern einem anderen Verein zur Verfügung stellen.

> **Beispiel:**
> Ein **Schulförderverein** sammelt Spenden, veranstaltet Basare (unter Umständen wirtschaftlicher Geschäftsbetrieb) und gibt die Mittel an die Schule weiter, damit dort notwendige Lehr- und Lernmittel angeschafft werden können. Der Förderverein ist gemeinnützig.

Damit bietet sich durch das Vorschalten solcher ,,verbundenen'' Sammelvereine die Möglichkeit, daß bei **wirtschaftlichen Geschäftsbetrieben** die Steuervergünstigungen des § 24 Körperschaftsteuergesetz (Freibetrag bis

5000 DM) und des § 19 Umsatzsteuergesetz (Steuerabzugsbetrag) unter Umständen zweimal, d. h. für den Vorschalt- und den Hauptverein, beansprucht werden können. Da der **Verwaltungsaufwand** aber nicht gering ist, sollte diese Gestaltung gründlich erwogen werden.

11.2 Weitergabe von Geld oder Sachwerten

Es ist unschädlich, wenn der Verein, der steuerbegünstigte Zwecke verfolgt, in nicht überwiegendem Maße Geld- oder Sachmittel **einem anderen begünstigten Verein zuwendet**[1]. Der empfangene Verein muß die überlassenen Mittel für steuerbegünstigte Zwecke verwenden. Es ist nicht erforderlich, daß die steuerbegünstigten Zwecke der überlassenden und der empfangenden Körperschaft übereinstimmen. Nur wenn eingegangene **Spenden** an einen anderen Verein weitergeleitet werden sollen, müssen die Vereinszwecke übereinstimmen, da der Spendenempfänger dem Spender die Verwendung der Spende für einen bestimmten Zweck zu bestätigen hat. Andernfalls ist ein Spendenabzug beim Spender nicht zulässig[2]. Die Gemeinnützigkeit bleibt jedoch erhalten.

11.3 Überlassung von Arbeitskräften

Ein steuerbegünstigter Verein darf Arbeitskräfte oder Arbeitsmittel auch anderen Körperschaften zur Verfügung stellen[3].

Beispiel:
Das Deutsche Rote Kreuz stellt einem Verein unentgeltlich einen Mitarbeiter zur Verfügung, damit dieser Verein eine Veranstaltung durchführen kann, bei der ärztliche Betreuung vorgeschrieben ist. Diese Überlassung ist unschädlich, auch wenn in erster Linie Verwaltungsauflagen des Veranstalters erfüllt werden.

---

[1] § 58 Nr. 2 Abgabenordnung
[2] Vgl. § 48 Abs. 3 Nr. 2 Einkommensteuer-Durchführungsverordnung
[3] § 58 Nr. 3 Abgabenordnung

11.4 Überlassung von Räumen

Ohne Schaden für die Steuervergünstigungen ist es auch zulässig, daß Räume einer anderen Körperschaft für deren steuerbegünstigte Zwecke überlassen werden[1]. Der Begriff „Räume" ist weit auszulegen. Er umfaßt auch Sportstätten und Freibäder.

Beispiel:
Ein Sportverein überläßt unentgeltlich einem Freizeitclub das Stadion, damit dieser dort ein Fußballspiel durchführen kann.

Die unentgeltliche Überlassung wäre hier **schädlich**, d. h. sie könnte zur Aberkennung der Gemeinnützigkeit führen, da der nutzende Hobbyverein keine steuerbegünstigte Körperschaft darstellt. Nur die Überlassung an einen anderen gemeinnützigen Verein wäre zulässig. Es empfiehlt sich hier, für die Platzbenutzung ein **Entgelt** zu verlangen und so einen wirtschaftlichen Geschäftsbetrieb zu begründen, der die Gemeinnützigkeit unberührt läßt.

11.5 Bildung von Rücklagen

Nach der Abgabenordnung müssen die Vereinsmittel **unmittelbar** für Satzungszwecke eingesetzt werden[2]. Damit wären die Vereine gezwungen, alles was sie einnehmen, sofort wieder auszugeben. So gesehen wären nicht nur neugegründete Vereine selten in der Lage, eine vernünftige Tätigkeit zu entfalten. Daher läßt es die Abgabenordnung zu, daß sogenannte „**Rücklagen**" gebildet, d. h. Geldbeträge angesammelt und auch gewinnbringend angelegt werden[3].

Voraussetzung für die Rücklagenbildung ist, daß dieses Ansparen das erforderliche Mittel ist, um die steuerbegünstigten Zwecke zu erfüllen. Bei der Überprüfung dieser Voraussetzung sollte allerdings nicht kleinlich verfahren werden.

---

[1] § 58 Nr. 4 Abgabenordnung
[2] § 55 Abs. 1 Nr. 1 Abgabenordnung
[3] § 58 Nr. 6 Abgabenordnung

Beispiele:

1. Ein **Tennisclub** will einen eigenen Tennisplatz errichten. Das Ansammeln von Geldmitteln für diesen Zweck ist zulässig. Dabei dürfen die Gelder auch einstweilen auf einen Bausparvertrag oder in festverzinslichen Wertpapieren angelegt werden.

2. Ein **Musikverein** muß seine Instrumente und Trachtenanzüge erneuern. Bis zum Kauf wird das Geld zulässigerweise als Festgeld angelegt.

3. Ein Verein zur Betreuung Behinderter erhält eine großzügige Spende, für die in den nächsten Jahren **keine Verwendung in Sicht ist,** da im Augenblick alle Vorhaben konkretisiert sind. Eine Rücklagenbildung wäre unzulässig und würde zum Verlust der Gemeinnützigkeit führen.

Gerade das letzte Beispiel zeigt, auf welch schwierigem Bereich sich hier ein Verein bewegt. Es ist sicherlich nicht im Interesse einer ordnungsgemäßen Vereinsführung, die Gelder wieder so auszugeben, wie sie eingehen. Dennoch muß grundsätzlich davon ausgegangen werden, daß die jährlichen Überschüsse nur für **bestimmte Vorhaben** gespart werden dürfen.

Hinweis:

Es wird daher **empfohlen,** daß bei der jährlichen Rechnungslegung („Kassenbericht" oder ähnliches) Überschüsse — abgesehen von Kleinbeträgen — nicht einfach auf neue Rechnung vorgetragen werden, sondern daß gleichzeitig ein Beschluß für die **Verwendung für einen bestimmten Zweck** gefaßt wird (z. B. Stadionumbau, Erwerb von Kunstwerken). Diese „Einstellung in eine Rücklage" erfordert im übrigen nicht eine doppelte Buchführung und Bilanzierung. Sie stellt vielmehr lediglich einen Hinweis und Vermerk dar, was mit den Überschüssen geschehen soll (sogenannte Zweckrücklage).

Neben der Bildung von Zweckrücklagen, also Ansparung für ein **bestimmtes** Vorhaben, mit dem die steuerbegünstigten Zwecke nachhaltig erfüllt werden können, erlaubt die Abgabenordnung seit 1.1.1985 unter bestimmten Voraussetzungen die Zuführung zu einer **freien Rücklage**[1]. Danach ist es zulässig, jährlich bis zu einem Viertel des **Jahresüberschusses aus der Vermögensverwaltung** einer freien Rücklage zuzuführen. Damit können vor allem Zins- und Mieteinkünfte zu einem Viertel angespart werden, ohne daß es einer Angabe über die beabsichtigte Mittelverwendung bedarf.

Hinweis:

Es wird daher dringend angeraten, die Einkünfte aus der Vermögensverwaltung getrennt zu erfassen und auszuweisen. Auch wenn der Verein beabsichtigt, mit seinen gesamten Überschüssen bestimmte Vorhaben ins Werk zu setzen, sollten dennoch sowohl eine Zweckrücklage und eine freie Rücklage getrennt ausgewiesen werden, da sich damit der Verein eine etwas größere Dispositionsmöglichkeit verschafft.

11.6 Gesellige Veranstaltungen

Der Klarstellung dient § 58 Nr. 7 Abgabenordnung. Diese Vorschrift läßt es zu, daß gesellige Veranstaltungen ohne Verlust der Gemeinnützigkeit durchgeführt werden dürfen, wenn sie im Vergleich zu den übrigen Aktivitäten von untergeordneter Bedeutung sind. Nur dürfen dafür nicht unangemessen hohe Mittel des Vereins verwendet werden.

Werden solche Veranstaltungen zum Hauptzweck, wie bei Karnevalsvereinen oder Stadtteilfest-Vereinen, so ist der Verein nicht gemeinnützig.

Auf die grundsätzlichen Ausführungen in Teil C Tz. 10 wird verwiesen.

11.7 Förderung von dem Sport nahestehenden Tätigkeiten

Nach § 58 Nr. 8 Abgabenordnung können **Sportvereinen** andere nahestehende Vereinsbereiche als unselbständige Abteilungen angegliedert werden, auch wenn diese Tätigkeiten für sich betrachtet nicht gemeinnützig wären.

---

[1] § 58 Nr. 7a Abgabenordnung

Beispiele:
— Modellflugabteilungen
— Wanderabteilungen
— Seniorentanz

Durch diese Vorschrift werden aber nicht gedeckt der **Verkauf von Speisen und Getränken** oder von Sportartikeln. Insoweit liegen wirtschaftliche Geschäftsbetriebe vor, die aber nur zu einer partiellen Steuerpflicht führen.

C Steuerliche Vergünstigungen bei Erfüllung von gemeinnützigen, mildtätigen oder religiösen Zwecken

1 Steuerfreie Erträge

Werden die satzungsmäßigen Bestimmungen durch die **tatsächliche Geschäftsführung** verwirklicht[1], so ist der Verein, der **nur** ideelle Tätigkeiten ausübt, von der Körperschaftsteuer befreit[2]. Dies bedeutet, daß sämtliche ,,Erträge'', wie z. B. Mitgliedsbeiträge, Zuschüsse und Spenden steuerfrei bleiben. Dies ist allerdings in der Regel auch bei einem nicht gemeinnützigen Verein der Fall, da insoweit steuerfreie ,,Einlagen'' vorliegen.

Aber auch Erträge aus der sogenannten **Vermögensverwaltung** bleiben — anders als bei nicht gemeinnützigen Vereinen — steuerfrei. Dazu gehören:

● Zinsen aus Bank- und Sparguthaben
● Wertpapiererträge
● Miete aus langfristiger Vermietung von Grundbesitz
● Erlöse aus Verkauf solcher Grundstücke
● Verpachtung von Gaststätten oder Werberechten.

Bei Gewinnausschüttungen von Aktiengesellschaften, Gesellschaft mit beschränkter Haftung und Genossenschaften wird von der ausschüttenden Gesellschaft **Kapitalertragsteuer** in Höhe von 25% des Dividendenbetrags einbehalten. Diese Kapitalertragsteuer wird als Zahlung für die daraus resultierende Körperschaftsteuer behandelt, da insoweit eine Steuerpflicht besteht[3]. Eine weitere Steuerzahlung durch den Verein ist aber nicht erforderlich[4], so daß dem Verein dieser Betrag auf jeden Fall verbleibt.

---

[1] Vgl. § 63 Abgabenordnung
[2] § 5 Abs. 1 Nr. 9 Körperschaftsteuergesetz
[3] § 5 Abs. 2 Nr. 1 Körperschaftsteuergesetz
[4] § 5 Abs. 2 Nr. 1 Körperschaftsteuergesetz

Beachte:

Der Verein kann einen Antrag auf Erstattung dieser Kapitalertragsteuer stellen und zwar beim

— Bundesamt für Finanzen, Bonn-Bad Godesberg.

Dazu ist neben der Bescheinigung über den einbehaltenen Kapitalertragsteuerbetrag eine Bescheinigung des für den Verein zuständigen Finanzamts über die Gemeinnützigkeit des Vereins vorzulegen.

Beispiel:
Ein Verein erhält aus einer Aktienbeteiligung, nach Abzug der 25% Kapitalertragsteuer, 750 DM ausbezahlt.

Legt er die Bescheinigung der Aktiengesellschaft über den Einbehalt und die **gesonderte** Bestätigung des Finanzamts über seine Gemeinnützigkeit dem Bundesamt vor, erhält er die 250 DM zurück. Diese umständliche Verfahrensweise ist aus gesetzessystematischen Gründen notwendig.

Die sogenannte **Körperschaftsteuergutschrift**, die normalerweise bei Aktionären zu einer Erstattung führt, kann bei Vereinen nicht berücksichtigt werden[1].

Auf die Vorteile des **Spendenabzugs**, der **Vermögens-, Gewerbe-** und **Umsatzsteuer** wird später eingegangen.

2 Tätigkeiten des Vereins im mittelbar gemeinnützigen Bereich (Zweckbetriebe — wirtschaftliche Geschäftsbetriebe)

2.1 Allgemeines

In der Idealvorstellung konzentriert sich der Verein ausschließlich auf seine gemeinnützigen Zwecke und finanziert die laufenden Ausgaben durch Mitgliedsbeiträge und Spenden, die ebenso ausgegeben werden wie sie eingehen. Dies läßt sich in der Praxis jedoch kaum aufrechterhalten. Je-

---

[1] § 51 Körperschaftsteuergesetz

der vernünftige Vereinskassier wird Ansparbeträge für ein größeres Vorhaben zumindest auf einem Sparbuch anlegen.

In bestimmtem Rahmen sind solche Betätigungen zulässig. Soweit ein sogenannter **wirtschaftlicher Geschäftsbetrieb** vorliegt, verliert der Verein **für diesen Bereich** die Steuerbefreiung (Körperschaft-, Gewerbe-, Vermögen-, Umsatzsteuer). Bei Vorliegen eines **Zweckbetriebs** entsteht keine Körperschaftsteuerpflicht und die Umsatzsteuer wird nur zum halben Steuersatz (z. Z. 7%) erhoben.

Um die verschiedenen Tätigkeitsbereiche eines Vereins steuerlich richtig zu erfassen, ist eine Unterscheidung in

● ideeller Bereich
● Vermögensverwaltung
● wirtschaftlicher Geschäftsbetrieb
● Zweckbetrieb

vorzunehmen und insbesondere auch in der Vereinsbuchführung zu beachten und **streng zu trennen.**

2.2 Ideeller Bereich

Auf der **Einnahmenseite** gehören in diesen Bereich:

● Mitgliederbeiträge
● Spenden
● Zuschüsse
● Erbschaften
● Dienstleistungsbeiträge, d. h. aufgrund einer Satzung anstelle eines Arbeitsdienstes erhobene Geldbeträge.

Ausgaben können sich in diesem Bereich ergeben aus

● Mitgliederpflege
● Totenehrung
● eventuell Jubiläumsschriften
● Vereinszeitung
● Jugendarbeit.

Merke:

Die finanziellen Ergebnisse aus diesem Bereich sind **steuerlich ohne Bedeutung.**

2.3 Vermögensverwaltung

Wie vorstehend erwähnt, gehören in diesen Bereich die Erträge aus Kapitalanlagen (Sparzins und Dividenden) sowie Erträge aus Vermietung und Verpachtung. Problematisch ist hier aber die Abgrenzung zwischen Vermietung und wirtschaftlichem Geschäftsbetrieb.

Einzelfälle

● Die **Verpachtung einer Vereinsgaststätte** ist Vermögensverwaltung, sofern sie von Anfang an erfolgt (vgl. Tz. 3 bei Vereinsgaststätte).

● Jährliche **Überlassung von Standplätzen** während eines Sommerfestes an **verschiedene** Pächter ist eine gewerbliche Betätigung. Ebenso die Vermietung von Campingplätzen, da hier Mietverträge mit wechselnden Mietern abgeschlossen werden.

Werden Sportstätten vermietet, so ist zu unterscheiden zwischen der Vermietung auf längere Dauer oder der nur stundenweisen Vermietung. Die Vermietung für einen längeren Zeitraum ist steuerfreie Vermögensverwaltung.

Beispiel:
Ein Sportverein überläßt entgeltlich einen Trainingsplatz einer Betriebssportgruppe für 3 Jahre.

Bei stundenweiser **Vermietung** an **Nichtmitglieder** liegt ein steuerpflichtiger wirtschaftlicher Geschäftsbetrieb vor[1]. Werden Plätze stundenweise an **Mitglieder** vermietet, so handelt es sich um einen **Zweckbetrieb**.

---

[1] BMF-Schreiben vom 8.3.1978, BStBl I 1978, 202

Werden Plätze einmalig für mehrere Tage an Fremde vermietet, z. B. zur Durchführung einer Parteikundgebung überlassen, so ist dies noch Vermögensverwaltung.

Der Abschluß von Überlassungsverträgen zum Zweck der Stadion- oder Trikotwerbung oder der Abschluß von Anzeigengeschäften mit den **einzelnen** werbenden Firmen stellt einen wirtschaftlichen Geschäftsbetrieb dar.

Beachte:

Wird dagegen das Recht zur Nutzung auf einen **einzigen** Vertragspartner übertragen, der dann seinerseits Verträge mit den einzelnen Interessenten abschließt, so ist dies noch Ausfluß der Vermögensverwaltung, da hier keine Teilnahme am allgemeinen wirtschaftlichen Verkehr erfolgt.

Dasselbe gilt, wenn ein Verein das Verlagsrecht an einer Vereinszeitschrift einem Verlag überträgt, der Verlag das **Anzeigengeschäft** in eigenem Namen betreibt und dem Verein dafür ein Entgelt bezahlt bzw. eine Verrechnung mit den Druckkosten vornimmt[1].

Werden also Werbegeschäfte in eigener Regie durchgeführt, so liegt ein steuerpflichtiger Betrieb vor.

Hinweis:

Es empfiehlt sich daher, die gesamten Werbebereiche auf Dritte entgeltlich zu übertragen. Dies können auch Vereinsmitglieder sein, die dann allerdings einen Gewerbebetrieb mit entsprechenden steuerlichen Pflichten haben.

---

[1] BFH vom 8.3.1967, BStBl III 1967, 373

Dabei könnte folgender Formulierungsvorschlag übernommen werden:

Abb. 8: Muster eines Überlassungsvertrags

Überlassungsvertrag
zwischen
Herrn X
und
Y e. V.

Zwischen Herrn X und dem Y e. V., vertreten durch den Vorstand, wird folgende Vereinbarung geschlossen:

1. Der Y e. V. gestattet Herrn X die Nutzung des Stadiongebäudes (genaue Bezeichnung) für Werbezwecke. Herr X darf insbesondere das Stadiongebäude für eigene Werbung nutzen und an Dritte für deren Werbung weitervermieten.

2. Die Art der Werbung ist dem Verein zur Genehmigung vorzulegen. Außerdem hat Herr X im Falle der Weitervermietung an Dritte in jedem Einzelfall die vorherige Zustimmung des Vereins zur Person und zu der vorgesehenen Werbemaßnahme einzuholen. Die Zustimmung kann nur verweigert werden, wenn Vereinsbelange durch die Werbung gestört, die Werbung nicht mit den Zielen des Vereins übereinstimmt, oder die Werbung als sittenwidrig zu betrachten ist.

3. Das Entgelt für die Nutzungsüberlassung beträgt pro qm Werbefläche, DM ... jährlich. Das Nutzungsentgelt ist jährlich im voraus zum 1.2. eines Jahres fällig.

4. Das Vertragsverhältnis beginnt zum 1.1.1988. Die Laufzeit des Vertrags beträgt 1 (3 ? ?) Jahr. Der Vertrag verlängert sich jeweils um 1 Jahr, wenn er nicht bis zum 30.9. eines Jahres gekündigt wird.

5. Änderungen des Vertrags bedürfen der Schriftform.

Verein   X

Bei der Mietpreisgestaltung ist darauf zu achten, daß dem übernehmenden Vereinsmitglied eine Gewinnspanne (ca. 10%) verbleibt, da sonst ein Mißbrauch von Gestaltungsmöglichkeiten anzunehmen wäre. Praktisch gesagt bedeutet dies, daß man von dem Mitglied pro Quadratmeter Werbefläche z. B. 100 DM verlangt und dieses dann ca. 110 DM den werbenden Firmen weiterberechnet. Das Mitglied hat dann aber Einkünfte aus Gewerbebetrieb mit den entsprechenden steuerlichen Pflichten.

Bei der **Trikotwerbung** bestehen solche Möglichkeiten nicht, da hier immer der Verein selbst mittels der Trikot-tragenden Spieler mitwirkt. Hier liegt immer ein wirtschaftlicher Geschäftsbetrieb vor.

Ist Vermögensverwaltung zu bejahen, so unterliegt das daraus resultierende positive oder negative Ergebnis keiner Körperschaftsteuer. Trotzdem sollte auch hier auf eine **getrennte und genaue Erfassung** Wert gelegt werden.

2.4 Wirtschaftlicher Geschäftsbetrieb

Der Begriff ,,wirtschaftlicher Geschäftsbetrieb'' umfaßt land- und forstwirtschaftliche, gewerbliche und sonstige wirtschaftliche Betätigungen[1]. Er betrifft jede selbständige nachhaltige Tätigkeit, durch die Einnahmen oder andere wirtschaftliche Vorteile erzielt werden und die über den Rahmen **einer Vermögensverwaltung hinausgehen.**

Wegen des Begriffs der Vermögensverwaltung wird auf die vorstehenden Ausführungen verwiesen. Werden vom Verein Leistungen gegen Entgelt angeboten, die sich an die Allgemeinheit richten (Teilnahme am allgemeinen wirtschaftlichen Verkehr) und über die Vermögensverwaltung hinausgehen, so liegt ein wirtschaftlicher Geschäftsbetrieb vor.

Eine Gewinnerzielungsabsicht ist nicht erforderlich[2]. Sofern der Verein mit seinem Angebot in **Konkurrenz** zu anderen Gewerbebetrieben tritt, liegt auch dann ein wirtschaftlicher Geschäftsbetrieb vor, wenn der Verein seine entgeltlichen Leistungen nur **auf seine Mitglieder beschränkt** und Vereinszwecke dadurch nicht verwirklicht werden[3]. Daher sind z. B. selbst betriebene Gaststätten auch dann wirtschaftliche Geschäftsbetriebe, wenn nur Mitglieder Zutritt haben (vgl. aber nachstehend ,,Zweckbetrieb'').

Die Tätigkeit des Vereins muß aber auch **nachhaltig** sein, um als wirtschaftlicher Geschäftsbetrieb zu gelten. Dies erfordert eine planmäßige nicht nur einmalige Tätigkeit, die mit Wiederholungsabsicht durchge-

---

[1] § 14 Abgabenordnung
[2] § 14 S. 2 Abgabenordnung
[3] BFH-Urteil vom 2.10.1968, BStBl II 1969, 43

führt wird. So ist z. B. die **Verpachtung von Standplätzen** an einen Pächter bei einem Vereinsjubiläum noch Vermögensverwaltung, da dies nicht mehrmals jährlich geschieht.

3 Einzelfälle

Folgende **Einzelfälle** sind wirtschaftliche Geschäftsbetriebe (w. G.) oder Zweckbetriebe, wobei wegen des Begriffs ,,Zweckbetrieb" auf die nachstehenden Erläuterungen verwiesen wird. Es wird dabei immer davon ausgegangen, daß für die angesprochenen Tätigkeiten ein Entgelt bezahlt wird.

● **Altmaterialsammlung,** wenn mehrmals jährlich durchgeführt, w. G.

Dabei dürfen bei der Gewinnermittlung nach Ansicht der Finanzverwaltung den Altmaterialerlösen nur die tatsächlich entstandenen Kosten gegenübergestellt werden. Es soll nicht zulässig sein, das Altmaterial aus dem gemeinnützigen Bereich in den wirtschaftlichen Geschäftsbetrieb mit dem Teilwert **einzulegen,** da sich bereits das Sammeln im Rahmen des steuerpflichtigen Geschäftsbetriebs abspielt[1].

Unseres Erachtens ist diese Lösung entschieden abzulehnen. Die Spender wollen den gemeinnützigen Bereich unterstützen. Es kann keine Rolle spielen, ob der Verein die Spende selbst abholt oder vom Spender im Vereinslokal überreicht bekommt. Letztere Möglichkeit würde ohnehin nicht von dem Erlaß erfaßt. Es ist auch nicht erforderlich, daß eine Sachspende unmittelbar den gemeinnützigen Zweck fördert. Es ist unseres Erachtens daher zulässig, den Erlösen aus dem Altmaterialverkauf auch den Schrottwert (Teilwert) der gesammelten Gegenstände gegenüberzustellen, so daß sich ein Überschuß nicht ergeben wird. Rechtlich liegt eine Einlage in den wirtschaftlichen Geschäftsbetrieb vor.

● **Altkleidersammlung,** soweit für sogenannte Kleiderkammern als Vorrat in Katastrophenfällen durchgeführt (z. B. vom Deutschen Roten Kreuz), ist steuerunschädlich. Werden **in diesem Fall** unbrauchbare Kleidungsstücke aussortiert und verkauft, gehört der Erlös zum Zweckbetrieb[2].

---

[1] Finanzministerium Niedersachsen, in: Der Betrieb 1979, 2092
[2] Vgl. Erlaß Finanzministerium Niedersachsen in: Der Betrieb 1979, 2062

● **Annoncengeschäft**, wenn selbst betrieben liegt ein w. G. vor. *Gestaltungsmöglichkeit:* Dazwischenschaltung eines Verlags oder einer sonstigen Person, an die diese Rechte verpachtet werden (Vermögensverwaltung).

● **Basare**, w. G.

Auch hier stellt sich die Frage nach dem Wertansatz der von den Mitgliedern oder Dritten gefertigten oder gespendeten Verkaufsartikel. Unseres Erachtens ist von einer Zuwendung in den ideellen Bereich und einer anschließenden Überführung in den wirtschaftlichen Geschäftsbetrieb zum Verkehrs-(Teil-)wert auszugehen, so daß von den Einnahmen diese Werte als fiktive Ausgabe abgezogen werden können.

Gestaltungsmöglichkeit: Der Verein überläßt gegen Miete (dann w. G.) die entsprechenden Standplätze an (jährlich wechselnde) Mitglieder. Diese können die Erträge aus ihrem Verkauf dann freiwillig dem Verein spenden. Da die Standmieten nieder gehalten werden können, wie ein Vergleich zu Krämermärkten usw. ergibt, fällt ein viel geringerer steuerpflichtiger Gewinn an und die Mitglieder haben unter Umständen die Möglichkeit des Spendenabzugs.

● **Bandenwerbung**, w. G. (vgl. Annonce)

● **Bezahlte Sportler**, w. G.[1]

● **Blutspendendienste**, w. G. (BMF in BStBl I 1982, 230 und 482)

● **Dritte-Welt-Läden**, w. G.

● **Druckerei**, w. G.

● **Flohmärkte**, w. G. (vgl. aber Basare)

● **Gesellige Veranstaltungen** (siehe Vereinsfeste)

● **Inseratengeschäft in Vereinszeitung**, w. G. (vgl. Annoncen)

● **Kantine**, soweit selbst bewirtschaftet, w. G.

---

[1] § 67a Abgabenordnung

● **Krankentransporte** und Rettungsdienste sind Zweckbetriebe. Nicht aber bloße Krankenfahrten (Beförderungen in Personenkraftwagen) von gehbehinderten und ähnlichen Personen (Konkurrenz zum Taxigewerbe BMF in BStBl I 1983, 599).

● **Kulturelle Veranstaltungen,** grundsätzlich w. G., aber im Rahmen des § 68 Nr. 7 Abgabenordnung meist Zweckbetrieb.

● **Leistungsschauen,** w. G.

● **Lotterie,** siehe Tombola

● **Märkte,** w. G.

● **Pferdepension,** w. G. (BFH-Urteil vom 2.10.1968, BStBl II 1969, 43)

● **Raumüberlassung,** w. G., sofern sie nicht an eine andere steuerbegünstigte Körperschaft erfolgt (§ 58 Nr. 4 Abgabenordnung)

● **Rechtsberatung,** w. G.

● **Preisgelder** bei Turnieren sind keine Lotterie. Werden sie im Rahmen eines **vereinsinternen** Wettbewerbs in angemessenem Rahmen, d. h. als Aufwandsentschädigung ausgelost, so sind die entsprechenden Teilnahmegebühren im Rahmen des Zweckbetriebs zu erfassen. Nehmen fremde Dritte unbeschränkt daran teil, so sind die Teilnahmegebühren als Einnahmen eines w. G. zu berücksichtigen. Bei Geld- oder Sachpreisen, die im Rahmen eines Turniers ausgelobt werden, an dem nur andere Vereine teilnehmen, sind die entsprechenden Start- oder Teilnahmegebühren als Einnahmen des Zweckbetriebs zu erfassen, wenn die Preise noch als angemessen, d. h. insbesondere als Aufwandsentschädigung zu beurteilen sind.

Beispiele:
Jubiläumsturniere, Mannschaftsschießen, Leichtathletikwettkämpfe, bei denen Teilnahmegebühren erhoben werden.

Nehmen aber bezahlte Sportler teil (§ 67a Abgabenordnung), so liegt ein w. G. vor, wenn sie entweder Mitglieder des Vereins sind oder als Nichtmitglieder vom Verein oder einem Dritten im Zusammenwirken mit dem Verein eine Bezahlung erhalten, die über eine Aufwandsentschädigung hinausgeht.

Werden **offene Turniere** (Jedermannturnier, Stammtischmannschaften) gegen Entgelt veranstaltet, so liegt auch insoweit ein Zweckbetrieb vor, da die sportliche Betätigung im Vordergrund steht. Wegen der Abgabe von **Speisen und Getränken** im Rahmen dieser Veranstaltung vgl. Abschn. 7.

● **Preisschießen,** vgl. Preisgelder

● **Sportunterricht,** hierunter sind u. a. Sportkurse und Sportlehrgänge für **Mitglieder und Nichtmitglieder** von Sportvereinen zu verstehen. Die Ausbildung und Fortbildung in sportlichen Fertigkeiten gehört zu den typischen und wesentlichen Tätigkeiten eines Sportvereins. Der Sportunterricht ist daher als ,,sportliche Veranstaltung" zu beurteilen, auch wenn dafür ein besonderes Entgelt (Sonderentgelt, Unterrichtsgebühr usw.) bezahlt wird. Die Beurteilung des Sportunterrichts als ,,sportliche Veranstaltung" des Vereins hängt also nicht davon ab, ob der Unterricht durch Beiträge oder Sonderbeiträge abgegolten wird.

● **Sportveranstaltungen** sind w. G., wenn daran Sportler teilnehmen, die entweder vom veranstaltenden Verein oder einem Dritten im Zusammenwirken mit dem Verein für die Teilnahme bezahlt werden oder allgemein als Vereinsmitglieder für ihre sportliche Betätigung im Verein oder anderswo bzw. als Werbeträger vom Verein oder von Dritten (Sponsoren) ein Entgelt erhalten, das über die üblichen Aufwandsentschädigungen hinausgeht. Vergleiche im übrigen Abschn. 7.

● **Tombola,** soweit im Rahmen einer üblichen geselligen Veranstaltung für **Vereinsmitglieder** und Angehörige durchgeführt, ist eine Tombola zum Zweckbetrieb gesellige Veranstaltung zu rechnen. Dies gilt vor allem für Weihnachts- und Jubiläumsfeiern, Sommerfeste, Faschingsveranstaltungen, da hier die Tombola denselben Zweck hat, wie Tanz und sonstige Formen der Unterhaltung. Eine Begrenzung auf zwei Veranstaltungen erfolgt hier nicht.

Wird dagegen die Tombola- oder Lotterieveranstaltung öffentlich durchgeführt, d. h. hat auch die Allgemeinheit unbeschränkt Zutritt (z. B. bei einem großen Reitturnier, Straßenlotterie, Spielmannszugtreffen), so liegen Zweckbetriebe nur vor, wenn sie von den zuständigen Behörden genehmigt und nicht mehr als zweimal pro Jahr veranstaltet werden (§ 68 Nr. 6 Abgabenordnung). Ansonsten ist ein w. G.

gegeben. Auf die Ausführungen zur Lotteriesteuer in Kapitel M wird verwiesen.

Wird bei einer öffentlichen oder nichtöffentlichen Lotterie (Tombola) **gegen Entgelt** Reklame für eine Firma gemacht (z. B. durch Werbeaufdruck auf Losen), so liegt insoweit ein w. G. vor. Dasselbe gilt, wenn bei Sachspenden für die „spendenden" Firmen eine **dem Wert der Sachspende entsprechende** Werbeleistung erbracht wird. Allerdings sollte hier die Finanzverwaltung nicht zu kleinlich verfahren. Der Wert der Sachspende wäre bei Vorliegen eines w. G. einerseits Einnahme (für die Werbeleistung) und andererseits Ausgabe (Bestandsveränderung) in derselben Höhe im Rahmen der Ausspielung.

- **Trikotwerbung** w. G.

- **Vereinsausflug,** siehe Abschn. 10.

- **Vereinsfest,** wenn öffentliches Fest, dann w. G., vgl. Abschn. 10.

- **Vereinsgaststätte,** wenn sie durch den Verein selbst betrieben wird, ist ein w. G. anzunehmen. Wird dagegen eine Vereinsgaststätte von Anfang an verpachtet, liegt steuerfreie Vermögensverwaltung vor. Wird sie zunächst durch den Verein selbst bewirtschaftet und erst später verpachtet, so liegt eine Betriebsaufgabe vor, bei der in Höhe der stillen Reserven (Unterschied zwischen Buchwerten und gemeinen Werten) der Gaststätte ein steuerpflichtiger Aufgabegewinn anfällt. Wenn er nicht mehr als 100 000 DM beträgt, kann ein Freibetrag von 30 000 DM gewährt werden[1].

In der Praxis dürfen regelmäßig deswegen nicht unbeträchtliche stille Reserven gegeben sein, weil die Herstellungskosten des Gebäudes bedingt durch die Eigenleistungen oftmals sehr niedrig sind.

Anstelle der Aufgabeerklärung kann der Verein auch einen „ruhenden Gewerbebetrieb" verpachten. Damit wird trotz der Aufgabe der Selbstbewirtschaftung die Versteuerung der stillen Reserven vorläufig vermieden. Jedoch sind die Pachterträge nicht im Rahmen der steuerfreien Vermögensverwaltung, sondern weiter als Erträge aus einem w. G. voll steuerpflichtig.

---

[1] § 16 Abs. 4 EStG

● **Vereinszeitschrift**, die nur Vereinsmitteilungen enthält, gehört zum ideellen Bereich, bei Abgabe gegen Entgelt jedoch zum Zweckbetrieb. Wird darüber hinaus ein **Anzeigengeschäft** auf eigene Rechnung betrieben, liegt ein **w. G.** vor, wobei aber die Umsätze dem ermäßigten Steuersatz (z. Z. 7%) unterliegen[1]. Es ist zulässig, bei der Ermittlung des Überschusses 25% der Einnahmen pauschal als Ausgaben abzusetzen. Dagegen liegt **steuerfreie Vermögensverwaltung** vor, wenn das Anzeigengeschäft auf einen Verlag übertragen wird.

● **Vermietung von Gaststätten**, steuerfreie Vermögensverwaltung, es sei denn der Verein hat die Gaststätte zunächst selbst betrieben und anschließend verpachtet, ohne die stillen Reserven aufzudecken (w. G.).

● **Vermietung von Gegenständen und Immobilien**, wenn kurzfristig (bis ca. 6 Monate) und nachhaltig, d. h. mit Wiederholungsabsicht, liegt w. G. vor. Bei langfristiger oder einmaliger Vermietung ist Vermögensverwaltung anzunehmen.

● **Vermietung von Sportanlagen und -geräten**, soweit diese an Mitglieder erfolgt, ist ein Zweckbetrieb gegeben. Wird an Nichtmitglieder vermietet, dann liegt ein w. G. vor, es sei denn, es liegt eine langfristige Vermietung vor — dann Vermögensverwaltung.

● **Waldfeste**, wenn allgemein und unbeschränkt zugänglich, dann ist w. G. anzunehmen.

● **Werbung**, insbesondere Banden-, Trikotwerbung oder deutlich sichtbare Benutzung von Sportgeräten gegen Sach- oder Geldleistung führt zu einem **w. G.** Wegen der Möglichkeit, einen Werbeunternehmer dazwischen zu schalten, vgl. Abschn. 2.3.

4 Folgen des wirtschaftlichen Geschäftsbetriebs

Steuerbegünstigte Körperschaften sind mit den Werten (Vermögen, Einkünfte, Umsätze) steuerpflichtig, die zu einem wirtschaftlichen Geschäftsbetrieb gehören[2]. Die Einkunftsermittlung erfolgt nach allgemeinen Grundsätzen. Meistens dürfte eine Einnahme-Überschußrechnung

---

[1] § 12 Abs. 2 Nr. 1 in Verbindung mit Nr. 43a der Anlage 1 zum Umsatzsteuergesetz
[2] § 64 AO

genügen. Liegt der Umsatz über 500000 DM **oder** der Gewinn über 36000 DM oder der Wert des Betriebsvermögens über 125000 DM, so ist **Bilanzierung** erforderlich[1].

Häufig bestehen in einem Verein verschiedene wirtschaftliche Geschäftsbetriebe. Hier ist es erforderlich und zulässig, die Ergebnisse aus den einzelnen Bereichen zusammenzufassen.

Beispiel:

Ein Sportverein unterhält eine Mannschaft mit ,,bezahlten Sportlern". Die Einnahmen (Eintrittsgelder, Vergütung für Werbeleistungen usw.) betrugen 20000 DM, die Spielergelder 90000 DM (Verlust von 70000 DM). Außerdem wurde ein öffentliches Waldfest mit einem Überschuß von 10000 DM veranstaltet. Annoncen in der Vereinszeitschrift brachten 20000 DM abzüglich 5000 DM Betriebsausgaben (25% der Einnahmen pauschal) = 15000 DM Gewinn.

Sämtliche wirtschaftlichen Geschäftsbetriebe sind miteinander zu verrechnen, so daß sich ein Verlust von 45000 DM ergibt. Damit entfällt eine Körperschaftsteuerschuld und meistens auch wegen fehlendem Betriebsvermögen die Gewerbe- und Vermögensteuer.

Das Beispiel zeigt, daß gerade bei Sportvereinen mit bezahlten Spielern, das Vorhandensein von w.G. nicht nachteilig sein muß.

Es ist jedoch nicht zulässig, das Ergebnis der wirtschaftlichen Geschäftsbetriebe mit den meist vorhandenen Verlusten aus dem ideellen Tätigkeitsbereich zu verrechnen.

Beispiel:

Ein Musikverein veranstaltet einen Flohmarkt mit einem Überschuß von 15000 DM. Zur Anschaffung neuer Musikinstrumente werden 20000 DM benötigt.

Da eine Verrechnung mit den Ausgaben unterbleiben muß, hat der Verein den Überschuß von 15000 DM zu versteuern. Es fallen hier 50% von 15000 DM = 7500 DM an Körperschaftsteuer an!

---

[1] § 141 AO

Unseres Erachtens sollte der Gesetzgeber hier zumindest durch eine Erhöhung der Freibeträge und Freibetragsgrenzen für eine Entlastung sorgen.

Auch wenn die Ergebnisse der verschiedenen wirtschaftlichen Betätigungen verrechnet werden dürfen, sollte für **jeden** Geschäftsbetrieb (und auch für jeden Zweckbetrieb) eine **gesonderte Aufzeichnung** der Einnahmen und Ausgaben erfolgen. Dies vor allem im Hinblick darauf, daß in vielen Fällen eine Zuordnung zu dem wirtschaftlichen Geschäftsbetrieb und dem Zweckbetrieb schwierig ist. Wird eine Maßnahme aufgrund einer Entscheidung der Finanzverwaltung z. B. nicht als Zweckbetrieb anerkannt, so bereitet die Behandlung als wirtschaftlicher Geschäftsbetrieb dann keine Probleme, wenn die Einnahmen und Ausgaben für diese Maßnahme gesondert aufgezeichnet wurden.

Als **Betriebsausgaben** kommen in Betracht, **wenn** sie mit dem w. G. zusammenhängen:

- Kosten für den Bezug von Waren
- Gewerbe- und Umsatzsteuerzahlungen
- Miet- und Pachtzahlungen
- Anzeigen, Reklame
- Porto, Telefon
- Instandhaltungsaufwendungen
- Schuldzinsen zur Finanzierung des w. G.
- Lohnzahlung für Küchen- oder Bedienungspersonal
- Löhne an Mitglieder, auch wenn sie später wieder als Spende der Mitglieder zurückfließen (wichtig um die Grenzen für Zweckbetriebe einhalten zu können). Das Rückwirkungsverbot ist jedoch zu beachten. Auf die späteren Ausführungen zur Lohnsteuerberechnung (Teil E Tz. 5) und zum Spendenabzug (Teil F) wird verwiesen.
- Druckkosten; bei Werbeeinnahmen wird es zugelassen, daß 25 % der Werbeeinnahmen pauschal als Betriebsausgaben abgesetzt werden[1].
- Absetzung für Abnutzung (AfA) bei beweglichen Wirtschaftsgütern und bei Gebäuden. Das bedeutet, daß z. B. die Kosten für die Errichtung eines Gebäudes nicht sofort in einem Jahr abgeschrieben werden

---

[1] Finanzministerium Baden-Württemberg vom 13.6.1979, S 0183 — 1/78

dürfen, sondern auf die (angenommene) Nutzungsdauer von 50 Jahren abzuschreiben sind[1].

● Soweit **Spenden** vom wirtschaftlichen Geschäftsbetrieb geleistet werden, sind sie nach allgemeinen Grundsätzen[2] körperschaftsteuermindernd abzugsfähig. Jedoch gilt dies nicht, wenn diese Spenden an den eigenen Verein erfolgen. „Ausschüttungen" an Vereinsmitglieder führen ebenfalls nicht zu Betriebsausgaben.

Wie schon erwähnt, dürfen Ausgaben aus dem steuerbefreiten Teil (z. B. Verbandsabgaben, Mitgliederpflege) nicht mit Einnahmen aus wirtschaftlichen Geschäftsbetrieben oder Zweckbetrieben verrechnet werden. Jedoch ist es zulässig, **Kosten,** die auf beide Bereiche entfallen (Personalkosten, Porto usw.), gegebenenfalls im **Schätzungswege aufzuteilen.**

Ansonsten erscheint es nicht zweckmäßig, die Ausgaben der wirtschaftlichen Betätigung nur zu **schätzen,** weil hier die Gefahr einer Steuerstraftat oder Steuerordnungswidrigkeit besteht, auch wenn sich der Kassier oder Vorstand gar nicht selbst bereichert hat.

Werden wirtschaftliche Geschäftsbetriebe oder Zweckbetriebe **von mehreren Vereinen** durchgeführt, ist eine einheitliche und gesonderte Feststellung nach § 180 in Verbindung mit § 179 Abgabenordnung erforderlich.

Beispiel:
Mehrere Vereine bestreiten gemeinsam ein Stadtteilfest. Der Überschuß ist in einer „gesonderten Erklärung zur einheitlichen Feststellung der Einkünfte" ebenso mitzuteilen wie die vereinbarte Aufteilung des Gewinns. Nach Prüfung erhalten dann die Vereine einen Feststellungsbescheid, der ihren Anteil, welcher der Steuer zu unterwerfen ist, verbindlich festlegt.

Neben der Aufzeichnung der Geschäftsvorgänge aus den wirtschaftlichen Geschäftsbetrieben ist der Verein auch verpflichtet, jährlich eine Körperschaftsteuer-Erklärung abzugeben. Soweit **Gewinne** entstanden sind, unterliegen diese einer Körperschaftsteuer von 50%, es sei denn die Freibe-

---

[1] Vgl. § 7 Einkommensteuergesetz
[2] § 9 Nr. 3 a Körperschaftsteuergesetz

tragsregel greift durch (vgl. nachstehend Tz. 5). **Verluste** werden gegebenenfalls mit Überschüssen der beiden vorhergehenden Kalenderjahre aufgerechnet und führen damit zu einer Steuerermäßigung für diese Jahre[1]. Sind aus diesen beiden Jahren keine steuerpflichtigen Einkommen vorhanden, so wird der Verlust mit dem positiven Einkommen aus den nächsten 5 Jahren verrechnet.

5 Freibetragsregelung bei der Körperschaftsteuer

Kleinere Körperschaften erhalten einen Freibetrag von 5 000 DM[2].

Darunter fallen auch die wirtschaftlichen Geschäftsbetriebe der Vereine. Voraussetzung für die Gewährung ist, daß das Jahreseinkommen 10 000 DM nicht übersteigt. Andernfalls wird der Freibetrag um die Hälfte des 10 000 DM übersteigenden Betrags gekürzt. Damit läuft der Freibetrag bei einem Einkommen von 20 000 DM aus.

Beispiel:		
Einkommen 1988		18 000 DM
Freibetrag	5 000 DM	
./. 1/2 von 8 000 DM =	4 000 DM	
verbleibender Freibetrag	1 000 DM	./. 1 000 DM
steuerpflichtiges Einkommen		17 000 DM

Hierauf wird der Körperschaftsteuertarif von 50% angewendet[3]. Das Körperschaftsteuer-Anrechnungsverfahren ist hier nicht durchführbar.

6 Zweckbetriebe

Eine steuerpflichtige Betätigung eines an sich gemeinnützigen Vereins ist dann gegeben, wenn eine selbständige, nachhaltige Tätigkeit ausgeübt wird, durch die Einnahmen erzielt werden und die über eine bloße Vermögensverwaltung hinausgeht. Da es auf eine Gewinnerzielungsabsicht

---

[1] § 10d Einkommensteuergesetz
[2] § 24 Körperschaftsteuergesetz
[3] § 23 Abs. 2 S. 1 Körperschaftsteuergesetz

nicht ankommt, würde im Grundsatz jede Betätigung eines Vereins, durch die Einnahmen erzielt werden, zu einem solchen wirtschaftlichen Geschäftsbetrieb führen.

Es kann aber nicht Sinn der Vereinsbesteuerung sein, daß z. B. die Eintrittsgelder aus einer Konzertaufführung eines Oratorienvereins oder aus einem Kreisliga-Spiel eines Fußballclubs besteuert werden. Hier weist diese Betätigung eine enge Verbindung mit der steuerbegünstigten Tätigkeit des Vereins auf; denn ein Oratorienverein ohne Konzert kann sicherlich nicht die kulturellen Aufgaben erfolgreich übernehmen. Daher wird bei solchen Tätigkeiten, die einen **unmittelbaren** Bezug zum Vereinszweck haben, ein sogenannter Zweckbetrieb angenommen. Ist ein solcher Zweckbetrieb gegeben, so bleibt der Verein gemeinnützig und unterliegt mit diesem Zweckbetrieb nicht der Körperschaft-, Gewerbe- und Vermögensteuer sowie nur eingeschränkt der Umsatzsteuer[1].

Merke:

Für das Vorliegen eines Zweckbetriebs ist notwendig[2]:

1. Die an sich wirtschaftliche Betätigung dient dazu, die steuerbegünstigten satzungsmäßigen Zwecke des Vereins zu verwirklichen.

2. Unentbehrlichkeit des wirtschaftlichen Geschäftsbetriebs für die Verwirklichung satzungsmäßiger Zwecke.

3. Einhaltung der Wettbewerbsklausel gemäß § 65 Nr. 3 Abgabenordnung, d.h. der Verein darf nicht in größerem Umfang in Wettbewerb mit anderen Unternehmen treten, als es bei Erfüllung der steuerbegünstigten Zwecke unvermeidbar ist.

7 Einzelfälle von Zweckbetrieben

Es ist sehr schwierig zu bestimmen, wann eine auf Einnahmeerzielung gerichtete Tätigkeit vom steuerschädlichen wirtschaftlichen Geschäftsbetrieb zum begünstigten Zweckbetrieb wird. Um diese Abgrenzung zu er-

---

[1] § 64 Abgabenordnung
[2] § 65 Abgabenordnung

leichtern, hat der Gesetzgeber einzelne Beispiele für das Vorliegen von Zweckbetrieben festgelegt[1]. Diese Aufzählung ist nicht abschließend. Sie bietet aber eine wertvolle Auslegungshilfe für gesetzlich nicht ausdrücklich geregelte Fälle. Zweckbetriebe sind danach in folgenden Fällen anzunehmen:

7.1 Wohlfahrtspflege

Leistungen für körperlich, geistig oder seelisch hilflose Menschen sind im Rahmen des Zweckbetriebs erbracht, auch wenn sie entgeltlich erfolgen. Es dürfen aber nicht in erster Linie eigenwirtschaftliche Zwecke verfolgt werden.

Beispiel:
Ein Verein zur Förderung krebskranker Kinder ermöglicht es den betroffenen Eltern, in unmittelbarer Nähe ihrer im Krankenhaus liegenden Kinder zu wohnen. Auch wenn ein Entgelt für die Wohngelegenheit verlangt wird, liegt ein Zweckbetrieb vor.

Darüber hinaus sind auch Leistungen an bedürftige Menschen begünstigt, die nur das Vier- oder Fünffache des Regelsatzes der Sozialhilfe zum Lebensunterhalt zur Verfügung haben[2]. Da hier meistens kein Entgelt verlangt wird, sind diese Fälle ohnehin unproblematisch.

7.2 Krankenhäuser

Krankenhäuser sind Zweckbetriebe, wenn sie in den Anwendungsbereich der Bundespflegesatzverordnung fallen und wenn an mindestens 40% der jährlichen Verpflegungstage für Patienten gesorgt wird, die lediglich Leistungen nach den §§ 3 ff. Bundespflegesatzverordnung in Anspruch nehmen.

---

[1] §§ 66 bis 68 Abgabenordnung
[2] § 66 in Verbindung mit § 53 Abgabenordnung

7.3 Sportliche Veranstaltungen

Auch sportliche Veranstaltungen sind ein Zweckbetrieb, **sofern kein „bezahlter Sportler" mitwirkt**[1].

Ein **Vereinsmitglied** gilt als bezahlter Sportler, wenn er für seine sportliche Betätigung von seinem Verein oder von einem Dritten Vergütungen oder andere Vorteile erhält, die über die pauschale Aufwandsentschädigung von 700 DM pro Monat oder den tatsächlichen Aufwandsersatz hinausgehen[2]. Es ist für die Annahme eines bezahlten Sportlers nicht erforderlich, daß er für eine ganz bestimmte Sportveranstaltung bezahlt wird. Schädlich wäre es auch, wenn das Vereinsmitglied als Werbeträger, d. h. unter Ausnutzung seiner Person, seines Namens, seines Bildes oder seiner sportlichen Betätigung, eine Vergütung erhält.

Beispiel:
In einem Verein der Handball-Oberliga wird ein einziger Spieler eingesetzt, der von einem Sponsor monatlich 2000 DM erhält.
Damit sind sämtliche Spiele, an denen er teilnimmt und die sein Verein ausrichtet, als wirtschaftlicher Geschäftsbetrieb zu beurteilen. Wegen § 67a Nr. 2 Abgabenordnung wäre es hier sogar unerheblich, ob er Vereinsmitglied ist oder nicht.

Es kommt für die Einordnung als Zweckbetrieb aber immer nur auf die Verhältnisse beim Verein selbst an. Es ist unerheblich, ob die vom **Spielgegner** eingesetzten Spieler den Status „bezahlter Sportler" haben.

Nimmt ein sogenannter **Spielertrainer** an einem solchen Spiel teil und erhält er für seine Tätigkeit eine Vergütung, so ist ganz entscheidend, ob man diese Vergütung aufteilen kann in die **Trainervergütung** und die **Spielerentschädigung**. Hier sollte daher vertraglich festgehalten werden, wieviel er als Trainervergütung und wieviel er als Aufwandsentschädigung erhält. Bleibt die Aufwandsentschädigung unter den Grenzen (z.B. 700 DM monatlich), so gilt der Trainer nicht als bezahlter Spieler.

---

[1] § 67a AO
[2] Bundeseinheitliche Verwaltungsanweisungen, vgl. z.B. BMF-Nachrichten 40/85 vom 10.10.1985

Es ist auch unschädlich, wenn Spieler von dritter Seite angestellt und für ihre **tatsächlich durchgeführte** Arbeit eine angemessene Vergütung erhalten, selbst wenn sie unter Lohnkürzung zum Training freigestellt werden.

Auch der Einsatz **vereinsfremder Sportler** führt zu einem wirtschaftlichen Geschäftsbetrieb, wenn er vom Verein selbst oder von einem Dritten im Zusammenwirken mit dem Verein für die Teilnahme an einer sportlichen Veranstaltung des Vereins mehr erhält als eine Aufwandsentschädigung.

> **Beispiel:**
> Ein Tennisclub veranstaltet ein offenes Turnier. Dazu wird einem bekannten Spieler vom Verein eine Teilnahmeprämie von 5 000 DM zugesagt. Die Prämie geht über die Aufwendungen des Spielers hinaus.
>
> Auch wenn sonst keine weiteren Zahlungen an andere Spieler erfolgen, ist das ganze Turnier als wirtschaftlicher Geschäftsbetrieb zu beurteilen. Andere Turniere oder Punktspiele sind aber jeweils für sich zu beurteilen.

Ein wirtschaftlicher Geschäftsbetrieb ist auch gegeben, wenn die Bezahlung des Sportlers nicht vom Verein selbst vorgenommen wird, sondern der Verein nur mit dem Sponsor des Sportlers vereinbart hat, daß dieser bei der Veranstaltung teilnehmen soll.

Auch wenn keine Startgelder sondern **Preisgelder** für den Fall des Sieges ausgesetzt werden, die über eine Aufwandsentschädigung hinausgehen, ist kein Zweckbetrieb mehr gegeben. Denn auch in diesem Fall wird der Sportler gerade für seine persönliche Leistung vom veranstaltenden Verein bezahlt.

Alle sportlichen Veranstaltungen, an denen keine bezahlten Sportler teilnehmen, sind dagegen Zweckbetriebe, wobei es seit 1986 im Gegensatz zur früheren Regelung nicht mehr auf die Höhe des gesamten Jahresüberschusses ankommt.

Der **Begriff der sportlichen Veranstaltung** umfaßt zunächst sämtliche Sportwettbewerbe, wie z. B. Punktspiele, Leichtathletikmeisterschaften oder Freundschaftsspiele, wobei es keine Rolle spielt, inwieweit Vereinsmitglieder oder Nichtmitglieder teilnehmen.

Daher sind auch „**Trimm-Dich-Veranstaltungen**" oder **Volksläufe** als Zweckbetrieb zu beurteilen und die dabei erhobenen Startgelder und Teilnahmegebühren diesem Bereich zuzuordnen.

Schwierig ist die **Abgabe von Speisen und Getränken** anläßlich von Sportveranstaltungen zu beurteilen. Es gelten folgende Grundsätze:

● Werden bei einer Sportveranstaltung **nur** aktive Teilnehmer (Sportler und Schiedsrichter) verköstigt, so ist dies noch unmittelbar Ausfluß der sportlichen Betätigung, ebenso wie z. B. die entgeltliche Gestellung von Duschen usw., und damit Zweckbetrieb. Dies gilt nicht, wenn die Versorgung durch eine vorhandene Vereinsgaststätte vorgenommen wird, insoweit ist ein wirtschaftlicher Geschäftsbetrieb gegeben.

● Werden Speisen und Getränke auch an Zuschauer verkauft, so liegt insoweit ein wirtschaftlicher Geschäftsbetrieb vor.

> **Beispiel:**
> Ein Fußballclub verlangt Eintritt für ein Punktspiel. Aus dem Annoncengeschäft in der Programmzeitschrift bezieht er Werbeeinnahmen. Außerdem werden Spieler und Zuschauer mit Imbiß und Getränken versorgt.
>
> Die Eintrittsgelder gehören zum Zweckbetrieb. Die Werbeeinnahmen und der Imbißverkauf sind zwei wirtschaftliche Geschäftsbetriebe, deren Ergebnis aber zusammengefaßt werden kann. Wenn die Verköstigung der Spieler ausgesondert werden kann, gehört dieser Bereich zum Zweckbetrieb.

Wie das Beispiel zeigt, können durchaus mehrere „Betriebe" in einer Veranstaltung zusammenfallen.

● Steht nicht der Sportwettbewerb im Mittelpunkt, sondern eine **gesellige Veranstaltung** mit einer sportlichen „Einlage" und haben fast nur Mitglieder und Freunde Zutritt, so gehört die Abgabe von Speisen und Getränken zum Zweckbetrieb „gesellige Veranstaltung".

> **Beispiel:**
> Der Verein veranstaltet eine Winterunterhaltung oder ein Sommer-
> fest, bei dem auch sportliche Darbietungen erfolgen. In diesem Fall
> ist ein Zweckbetrieb gegeben.

Wenn fremde Personen aber ungehindert Zutritt haben, liegt ein wirtschaftlicher Geschäftsbetrieb vor.

Sportunterricht ist ein Zweckbetrieb, gleichgültig, ob für Mitglieder oder
Nichtmitglieder (vgl. Stichwort Sportunterricht in Abschn. 3).

Sportreisen sind unter der Voraussetzung als „sportliche Veranstaltung"
anzusehen, daß die sportliche Betätigung wesentlicher und notwendiger
Bestandteil der Reise ist (z. B. Reise zum Wettkampfort). Reisen, bei denen die Erholung der Teilnehmer im Vordergrund steht (Touristikreisen),
zählen demgegenüber nicht dazu, selbst wenn anläßlich der Reise auch
Sport getrieben werden sollte.

Ablösesummen, die Vereine ohne bezahlte Sportler erhalten, sind Einnahmen des Zweckbetriebs, wenn sie die 5000 DM-Grenze oder den tatsächlichen Ersatz für die Ausbildungskosten nicht übersteigen. Liegen die
Zahlungen höher, so führt dies zum **Verlust der Gemeinnützigkeit insgesamt.** Nur wenn für einen bezahlten Spieler höhere Ablösesummen bezahlt werden, bleibt die Gemeinnützigkeit erhalten. Hier liegen aber Einnahmen aus einem wirtschaftlichen Geschäftsbetrieb vor.

Der **Verkauf von Leistungs- und Sportabzeichen, Medaillen bei Volksläu-
fen, Schießscheiben** und **Munition** bei Schießsportvereinen ist Zweckbetrieb. Dies gilt aber nicht mehr beim Verkauf von Sportgeräten und
Sportkleidung.

Auch der **Verkauf von Angelkarten** durch einen Sportfischereiverein ist
Zweckbetrieb.

Wegen der **Vermietung von Sportanlagen** vergleiche Stichwort „Vermietung von Sportanlagen" in Abschn. 3.

7.4 Sonstige Zweckbetriebe

Als weitere Zweckbetriebe werden in § 68 Abgabenordnung genannt:

● Alten-, Altenwohn- und Pflegeheime, Erholungsheime, Mahlzeitendienste, wenn sie in besonderem Maße[1] persönlich oder wirtschaftlich
Bedürftigen (siehe Kap. B Abschn. 4.2) dienen.

● Kindergärten, Kinder-, Jugend- und Studentenheime, Schullandheime
und Jugendherbergen,

● landwirtschaftliche Betriebe und Gärtnereien, die der Selbstversorgung von Körperschaften dienen und dadurch die sachgemäße Ernäh-
rung und ausreichende Versorgung von Anstaltsangehörigen sichern,
sowie

andere Einrichtungen, die für die Selbstversorgung von Körperschaften erforderlich sind, wie Tischlereien, Schlossereien,

wenn die Lieferungen und sonstigen Leistungen dieser Einrichtungen
an Außenstehende dem Wert nach 20% der gesamten Lieferungen und
sonstigen Leistungen des Betriebs — einschließlich der an die Körperschaft selbst bewirkten — nicht übersteigen,

● Werkstätten für Behinderte, die nach den Vorschriften des Arbeitsför-
derungsgesetzes förderungsfähig sind und Personen Arbeitsplätze bie-
ten, die wegen ihrer Behinderung nicht auf dem allgemeinen Arbeits-
markt tätig sein können, sowie Einrichtungen für Beschäftigungs- und
Arbeitstherapie, die der Eingliederung von Behinderten dienen,

● Einrichtungen, die zur Durchführung der Blindenfürsorge und zur
Durchführung der Fürsorge für Körperbehinderte unterhalten werden,

● Einrichtungen der Fürsorgeerziehung und der freiwilligen Erziehungs-
hilfe,

● von den zuständigen Behörden genehmigte Lotterien und Ausspielun-
gen, die eine steuerbegünstigte Körperschaft höchstens zweimal im
Jahr zu ausschließlich gemeinnützigen, mildtätigen oder kirchlichen
Zwecken veranstaltet,

---

[1] § 66 Abs. 3 AO

● Volkshochschulen und andere Einrichtungen, soweit sie selbst Vorträge, Kurse oder andere Veranstaltungen wissenschaftlicher oder belehrender Art durchführen; dies gilt auch, soweit die Einrichtungen den
Teilnehmern dieser Veranstaltungen selbst Beherbergung und Beköstigung gewähren.

8 Kulturelle und gesellige Veranstaltungen

Besondere Bedeutung haben die in § 68 Nr. 7 Abgabenordnung genannten Zweckbetriebe in Form von **kulturellen Einrichtungen** und **kulturellen
Veranstaltungen** sowie von **geselligen Veranstaltungen**.

Werden solche Veranstaltungen durchgeführt, so sind sie aber nur dann
Zweckbetriebe, wenn der **Überschuß** der Einnahmen über die Kosten aus
diesen oben genannten Betrieben zusammen nicht mehr als **12 000 DM im
Durchschnitt der letzten 3 Jahre** (unter Einschluß des laufenden Jahres)
beträgt und nur für satzungsmäßige steuerbegünstigte Zwecke verwendet
wird.

In der Praxis wird man am zweckmäßigsten so verfahren, daß man für
jede Veranstaltung gesondert die Einnahmen und die unmittelbar damit
zusammenhängenden Ausgaben miteinander verrechnet. Bei kulturellen
Einrichtungen und Veranstaltungen wird allerdings zugelassen, daß den
Einnahmen die **gesamten Kosten** des betreffenden Jahres, die aus diesem
kulturellen Bereich entstehen, dagegengerechnet werden dürfen.

Beispiel:
Ein Gesangverein erzielt bei einem Konzert Einnahmen in Höhe von
15 000 DM (Eintrittsgelder, Verkauf von Programmen). Die Ausgaben
anläßlich des Konzerts, wie z. B. Druckkosten, Zeitungsannonce, Blu-
menschmuck, anteiliger geschätzter Aufwand aus dem Gesamthono-
rar des Dirigenten, betragen insgesamt 3 000 DM. Die sonstigen Aufwendungen des Vereins für Noten, Saalmiete, Abschreibung für Kla-
vier, Jahreshonorar des Dirigenten, Kosten der Jugendarbeit usw. belaufen sich auf 9 000 DM.

Da bei kulturellen Veranstaltungen nicht nur die konkret mit der wirtschaftlichen Betätigung im Zusammenhang stehenden Ausgaben von 3 000 DM mit den Einnahmen verrechnet werden dürfen, sondern alle Aufwendungen, entsteht hier nur ein Überschuß von 3 000 DM (15 000 DM ./. 3 000 DM ./. 9 000 DM).

Wird von diesem Verein auch noch eine Karnevalsveranstaltung (gesellige Veranstaltung) durchgeführt, so dürfen hier den Einnahmen nur die damit unmittelbar im Zusammenhang stehenden Ausgaben entgegengesetzt werden.

Nach der Gegenüberstellung der Einnahmen und Ausgaben in den einzelnen Geschäftsbereichen ist wie folgt zu verfahren:

Gewinn/Verlust aus kulturellem Bereich	DM ...
+ Gewinn/Verlust aus geselligen Veranstaltungen	DM ...
Gesamtüberschuß/Verlust laufendes Jahr	DM ...
+ Überschuß/Verluste der beiden vorangegangenen Jahre	DM ...
= Ergebnis des Dreijahreszeitraums	DM ...
geteilt durch 3	
= durchschnittlicher Jahresüberschuß	DM ...

Merke:

1. Beträgt der durchschnittliche Jahresüberschuß aus kulturellen und geselligen Veranstaltungen nicht mehr als 12 000 DM, so ist ein Zweckbetrieb gegeben.

2. In die Durchschnittsberechnung sind neben dem laufenden Jahr, die beiden vorangegangenen Jahre einzubeziehen.

9 Rücklagenbildung nach § 68 Nr. 7 Abgabenordnung

Ergibt sich bei kulturellen und geselligen Veranstaltungen ein durchschnittlicher Überschuß von mehr als 12 000 DM, bezogen auf die letzten 3 Jahre, so würde kein Zweckbetrieb mehr vorliegen, sondern ein wirtschaftlicher Geschäftsbetrieb zu bejahen sein. Die steuerlichen Nachteile wurden schon erwähnt: 50% Körperschaftsteueraufwand auf den Überschuß, Gewerbe- und eventuell Vermögensteuer sowie volle Umsatzsteuerpflicht. Diese sehr nachteiligen Folgen können aber durch die Bildung einer **„Rücklage"** verhindert werden. D. h. die Organe des Vereins (Vorstand) legen fest, daß die Überschüsse für einen bestimmten (gemeinnützigen) Zweck zurückgelegt und dafür in den nächsten 3 Jahren verwendet werden.

Übersteigt der durchschnittliche Jahresüberschuß die 12 000 DM-Grenze, so kann er in eine Rücklage für bestimmte Zwecke eingestellt und damit die Steuerfreiheit beibehalten werden, wenn ein Rücklagennachweis nach folgendem Muster durchgeführt wird (vgl. § 68 Nr. 7 S. 3 Abgabenordnung):

Abb. 9: Rücklagennachweis

		Rücklagennachweis 31.12.1988		
Bestand aus	Bestand am 31.12.1988	Verbrauch 1988	Zugang	Bestand am 31.12.1988
1985	...	...		...*)
1986	...	...		...
1987	...	...		...
1988	—	—	...	...
Gesamt-bestand				

Anmerkung*): Soweit am 31.12.1988 noch ein Bestand aus 1985 vorhanden ist, wäre hier eine Nachversteuerung durchzuführen und zwar **für** das Jahr, **in** welchem die Rücklage gebildet wurde (hier: 1985). Es liegt insoweit ein steuerpflichtiger wirtschaftlicher Geschäftsbetrieb vor (Abschnitt 10 Abs. 3 S. 4 und 5 Körperschaftsteuer-Richtlinien 1985). Damit tritt volle Steuerpflicht für die Überschüsse des Jahres 1985 ein (nicht nur für den Rücklagenbetrag).

Beispiel:
Ein Verein hat folgende Jahresergebnisse vorzuweisen:

Verlust 1985	./. 50 000 DM
Verlust 1986	./. 20 000 DM
Überschuß 1987	+ 90 000 DM
Überschuß 1988	+ 15 000 DM

1. Für **1987** ist noch keine Rücklage erforderlich, da der durchschnittliche Jahresüberschuß unter 12000 DM liegt:
./. 50000 DM, ./. 20000 DM + 90000 DM =
+ 20000 DM;
20000 DM : 3 Jahre = 6666 DM, d.h. unter 12000 DM.

2. Für **1988** ist eine Rücklage erforderlich:
./. 20000 DM + 90000 DM + 15000 DM = 85000 DM
85000 DM : 3 Jahre = 28333 DM, d.h. über 12000 DM.

In dem obigen Beispiel kann in Höhe des Überschusses 1988 (15000 DM) eine Rücklage gebildet werden, soweit noch keine begünstigten Zwecke damit finanziert wurden. Eine Ausgabe für steuerbegünstigte Zwecke vor Feststellung der Überschußhöhe durch die Mitgliederversammlung (z. B. hier im Januar 1989) würde die Rücklagenhöhe **kürzen**[1].

Auch wenn im laufenden Jahr der Überschuß unter 12000 DM bleibt, muß er dennoch in die Rücklage eingestellt werden, wenn der Durchschnitt der letzten 3 Jahre über 12000 DM liegt.

Beispiel:

Überschuß 1986	18000 DM
Überschuß 1987	20000 DM
Überschuß 1988	5000 DM

Der Überschuß der letzten 3 Jahre beträgt 43000 DM. Pro Jahr ergibt sich daher ein Überschuß von 43000 DM: 3 Jahre = 14333 DM. Daher muß der Überschuß 1988 in Höhe von 5000 DM in eine Rücklage eingestellt, d.h. ein besonderer Verwendungszweck bestimmt werden.

Die Rücklagenbildung führt zur Beibehaltung der steuerlichen Vergünstigung bei der Gewerbesteuer (§ 3 Nr. 6 Gewerbesteuergesetz), bei der Umsatzsteuer (§ 12 Abs. 2 Nr. 8 Umsatzsteuergesetz), bei der Vermögensteuer (§ 3 Abs. 1 Nr. 12 Vermögensteuergesetz) und der Grundsteuer (§ 3 Abs. 1 Nr. 3b Grundsteuergesetz)[2].

---

[1] BMF-Schreiben vom 13.1.1982, BStBl I 1983, 300 unter I Nr. 2
[2] Abschn. II des BMF-Schreibens vom 13.1.1982, BStBl I 1983, 300

Die Rücklagenbildung mindert jedoch nicht die Überschüsse bei der Durchschnittsberechnung für den Dreijahreszeitraum gemäß § 68 Nr. 7 S. 1 und 2 Abgabenordnung.

Beispiel:

Überschuß 1985	12 000 DM
Überschuß 1986	9 000 DM
Überschuß 1987	20 000 DM
Überschuß 1988	11 000 DM

Da der Überschuß 1985 — 1987 (41 000 DM) durchschnittlich über 12 000 DM liegt, ist für 1987 eine Rücklage von 20 000 DM zu bilden.

Für 1988 sind die Gesamtüberschüsse des Dreijahreszeitraums mit 40 000 DM (9 000 DM, 20 000 DM, 11 000 DM), also einschließlich der Rücklage aus 1987, anzusetzen. Die Rücklagenbildung in 1987 in Höhe von 20 000 DM führt nicht zu einer Kürzung der ,,12 000 DM-Durchschnittsrechnung'' des maßgebenden Dreijahreszeitraums 1986 — 1988.

Andererseits zählen die in späteren Jahren aufgelösten Rücklagen nicht zu den Überschüssen des Auflösungsjahres. Sie sind vielmehr im Jahr ihrer tatsächlichen Verausgabung für die vorgesehenen Zwecke als Aufwendungen zu behandeln, die bei der Überschußregelung des betreffenden Jahres als Ausgabe zu berücksichtigen sind.

Beispiel:

1984 Einnahmen 82 000 DM, Ausgaben 70 000 DM, Überschuß 12 000 DM

1985 Einnahmen 72 000 DM, Ausgaben 60 000 DM, Überschuß 12 000 DM

1986 Einnahmen 85 000 DM, Ausgaben 60 000 DM, Überschuß 25 000 DM

1987 Einnahmen 70 000 DM, Ausgaben 68 000 DM, Überschuß 2 000 DM

1988 Einnahmen 60 000 DM, Ausgaben 52 000 DM, Überschuß 8 000 DM

Für 1986 ist eine Rücklage in Höhe von 25 000 DM zu bilden. Diese wird 1988 für den angegebenen Rücklagenzweck des Vereins wieder aufgelöst. Die **tatsächlichen** Aufwendungen für 1988 betragen 52 000 DM, wovon 25 000 DM aus der Rücklage ,,finanziert'' werden. Für die Berechnung des Überschusses 1988 sind die Gesamtausgaben von 52 000 DM den 60 000 DM gegenüberzustellen. Daher ist 1988 keine Rücklage notwendig, da der durchschnittliche Überschuß 1985 — 1988 unter 12 000 DM liegt (25 000 DM + 2 000 DM + 8 000 DM = 35 000 DM)[1].

Beachte:

Die Rücklagenbildung erfordert eine genaue Bezeichnung des beabsichtigten Verwendungszwecks. Der Verein hätte also beispielsweise festzuhalten: ,,Rücklage für Jugendraum'', ,,Rücklage für Stadionerneuerung'', ,,Rücklage für Bau eines Vereinsheims''.

Eine Verrechnung der Rücklage mit laufenden Aufwendungen eines Folgejahres ist grundsätzlich **unzulässig!**

Kann der beabsichtigte Zweck nicht innerhalb der folgenden 3 Jahre verwirklicht werden, so werden die Steuern für das Jahr, in dem die Rücklage gebildet wurde, neu festgesetzt und die ergangenen Bescheide gemäß § 175 Abs. 1 Nr. 2 Abgabenordnung geändert. Es soll aus Billigkeitsgründen gemäß § 163 Abs. 1 S. 2 Abgabenordnung zugelassen werden, daß die nunmehr erforderliche Erhöhung der Umsatz- und Gewerbesteuer trotz des Zu- und Abflußprinzips nicht erst im Jahr der entsprechenden Steuerzahlung gewinnmindernd berücksichtigt wird, sondern bereits in dem Jahr, in dem der betreffende Überschuß entstanden ist[2].

---

[1] Vgl. dazu Jost, in: Der Betrieb 1982, 1900
[2] Jost, in: Der Betrieb 1982, 1843, 1903

Merke:

1. Die Rücklage kann nur für festgelegte Maßnahmen verwendet werden. Hierfür ist regelmäßig ein Beschluß erforderlich.

2. Die Rücklage ist innerhalb von 3 Jahren bestimmungsgemäß zu verwenden.

3. Wird die Rücklage nicht entsprechend dem Beschluß verwendet, so ist der Betrag der Rücklage nachträglich in dem Jahr zu versteuern, für das die Rücklage gebildet wurde.

10 Gesellige Veranstaltungen, Einzelfälle

Gesellige Veranstaltungen sind dazu bestimmt, der Pflege des Vereinslebens zu dienen, das Zusammengehörigkeitsgefühl zu fördern und auch neue Mitglieder zu gewinnen. Dabei darf der Verein nur **sehr eingeschränkt** zu anderen Unternehmen **in Wettbewerb treten** und nur soweit, wie dies zur Erfüllung des steuerbegünstigten Zwecks erforderlich ist.

Ein Zweckbetrieb kann bei einer geselligen Veranstaltung angenommen werden, wenn Dritte **begrenzt** Zutritt haben. Dies dürfte in folgenden Fällen zutreffen:

- Silvesterveranstaltungen
- Karnevalsveranstaltungen
- Familienabende
- Sommerfeste
- Winterunterhaltungen,

soweit in diesen Fällen ein nur begrenzter Zutritt von vereinsfremden Personen möglich ist.

Kulturelle und sportliche Veranstaltungen setzen dagegen den Besuch Dritter geradezu voraus, damit der Vereinszweck entsprechend gefördert wird.

Problematisch ist aber bei geselligen Veranstaltungen die gleichzeitige Abgabe von Speisen und Getränken. Der Bundesfinanzhof scheint die hier bisher vorherrschende großzügige Auffassung nunmehr erheblich einzuschränken. Nach dem sogenannten ,,Waldfesturteil[1]'' ist eine **Eigenbewirtschaftung** durch den Verein bei Festen, zu denen Dritte unbeschränkt Zutritt haben schädlich und als wirtschaftlicher Geschäftsbetrieb einzuordnen.

Beachte:

Soweit der Verein keine Gaststättenkonzession hat, ist nach der Gaststätten-Verordnung eine sog. Gestattung notwendig. Diese wird von der Ortspolizeibehörde erteilt. Eine Durchschrift dieser Gestattung erhält das zuständige Finanzamt.

Die Vereine müssen daher einen wirtschaftlichen Geschäftsbetrieb vermeiden. Nach wie vor zulässig ist es, daß bei den oben genannten Veranstaltungen eine Bewirtschaftung durch den Verein vorgenommen wird, wenn Dritte nur eingeschränkt teilnehmen. Aber schon die Durchführung einer **einmaligen öffentlichen Jubiläumsveranstaltung** mit der Abgabe von Speisen und Getränken ist ein wirtschaftlicher Geschäftsbetrieb, da der Bundesfinanzhof in dieser einmaligen Veranstaltung eine Vielzahl von Einzeltätigkeiten sieht (Wareneinkauf, Werbung, Schaffung von Sitzgelegenheiten, Geschirr, Verkauf, Zubereitung), die zur Annahme einer **nachhaltigen** Tätigkeit führen.

Der Verkauf von Speisen und Getränken bei Sportfesten, Turnieren usw. ist auch nicht im Rahmen einer ,,geselligen Veranstaltung'' begünstigt, wenn Dritte Zutritt haben. Schädliche Veranstaltungen sind vor allem **öffentliche Tanz- und Unterhaltungsabende, Festzeltbetrieb, Teilnahme an Stadtteil- und Bürgerfesten** durch Übernahme der Bewirtung.

Hinweis:

Es ist unbedingt darauf zu achten, daß die Einnahmen und Ausgaben aus einem solchen Fest, das der Verein selbst durchführt, **getrennt** festgehalten werden (z. B. durch gesonderte Erfolgsrechnung mit sämtlichen Geschäftsvorfällen).

---

[1] BFH, Urteil vom 21.8.1985, BStBl II 1986, 92

Die Finanzverwaltung in Baden-Württemberg[1] vertritt jedoch — teilweise von den vorstehenden Grundsätzen abweichend — die nachstehende Rechtsauffassung:

Vereinsfeste sind als gesellige Veranstaltungen unter den Voraussetzungen des § 68 Nr. 7b Abgabenordnung steuerbegünstigte Zweckbetriebe. Es bedarf nicht einer Subsumierung des Sachverhaltes unter die Vorschrift des § 65 Abgabenordnung. Die Vorschrift des § 68 Abgabenordnung stellt eine übergeordnete Rechtsnorm dar und enthält die Rechtsvermutung, daß die Veranstaltungen, sofern sie die hier geforderten Voraussetzungen erfüllen, ausschließlich und unmittelbar auf die Verwirklichung der vom Verein verfolgten gemeinnützigen Zwecke ausgerichtet sind[2]. Unter geselligen Veranstaltungen sind Veranstaltungen zu verstehen, die der Pflege der vereinsinternen Geselligkeit, des Zusammengehörigkeitsgefühls der Mitglieder und der Werbung neuer Mitglieder dienen. Dies ist bei Weihnachtsfeiern, bei Veranstaltungen anläßlich der Mitgliederversammlung sowie bei Vereinsausflügen der Fall.

Veranstaltungen, bei denen Nichtmitglieder **unbegrenzten** Zutritt haben **und** die den Zuschnitt gewerblicher Veranstaltungen haben, rechnen nicht dazu[3]. Hierbei beinhaltet der unbegrenzte Zutritt von nicht zur Vereinsfamilie zu zählenden Personen **regelmäßig** zugleich den gewerblichen Zuschnitt einer Veranstaltung. Ob ein derartiger unbegrenzter Zutritt vorliegt, ist aufgrund einer umfassenden Würdigung der tatsächlichen Gegebenheiten festzustellen. Für einen unbegrenzten Zutritt spricht etwa die Werbung im Anzeigenteil einer Zeitung oder im Rundfunk, der überörtliche Aushang von Plakaten sowie der Verlauf einer Veranstaltung über mehr als zwei Tage.

Ein gewerblicher Zuschnitt ist in den Fällen zu verneinen, in denen es sich um ein herausragendes, das Vereinsleben krönendes Ereignis handelt, das von dem Gedanken der Darstellung des bisher durch die Vereinsarbeit Erreichten geprägt ist. Gesellige Veranstaltungen dieser Art sind beispielsweise die durch 10 oder 25 Jahre teilbaren Jubiläumsveranstaltungen.

---

[1] Mitgeteilt in einem Rundschreiben des Württembergischen Landessportbundes
[2] BFH-Urteil vom 30.11.1965, HFR 1966, 179
[3] AO-Kartei zu § 68 Karte 1 Nr. 13

Hinweis:

Ob sich die übrigen Bundesländer dieser Auffassung anschließen, läßt sich z. Zt. nicht absehen.

Vereinsausflüge sind grundsätzlich dem steuerbegünstigten Tätigkeitsbereich einer gemeinnützigen Körperschaft zuzuordnen. Soweit bei Vereinsausflügen ein Überschuß der Einnahmen über die Kosten erzielt wird, ergeben sich deshalb keine gemeinnützigkeitsrechtlichen Probleme. Ergibt sich für Vereinsausflüge ein **Zuschußbedarf**, bestehen keine Bedenken, jährliche Zuschußbeträge bis zu 30 DM für jedes am Vereinsausflug teilnehmende Mitglied als gemeinnützigkeitsrechtlich unschädliche Mittelverwendung anzuerkennen. Bei höheren Zuschüssen kann von einer Beanstandung abgesehen werden, wenn sich die Ausflüge nach Dauer und Zielort im üblichen Rahmen halten und der gesamte Zuschußbetrag im Jahr nicht mehr als 10% der Gesamtausgaben der Körperschaft im steuerbegünstigten Tätigkeitsbereich beträgt.

Wird in Verbindung mit dem Vereinsausflug am Zielort eine mit den eigentlichen steuerbegünstigten satzungsmäßigen Zwecken im Zusammenhang stehende Tätigkeit ausgeübt (z. B. im Rahmen von kulturellen oder sportlichen Veranstaltungen), werden insoweit unmittelbar satzungsmäßige Zwecke erfüllt. In diesem Fall liegt für die an der Zielveranstaltung mitwirkenden Mitglieder hinsichtlich der von der Körperschaft getragenen Kosten ohne Begrenzung eine gemeinnützigkeitsunschädliche Mittelverwendung im Sinne von § 55 Abs. 1 Nr. 1 Satz 1 Abgabenordnung vor.

Gestaltungsmöglichkeiten:

Die Grenze vom Zweckbetrieb zum steuerpflichtigen wirtschaftlichen Geschäftsbetrieb ist oft schnell überschritten. Zur Reduzierung der Steuerbelastung wird auf die in Abschn. 11 dargestellten Alternativen verwiesen.

11 Vereinsgaststätte

11.1 Bewirtschaftung

Will der Verein (zunächst) die Bewirtschaftung einer Vereinsgaststätte durch Mitglieder oder Angestellte vornehmen, so sind die Gewinne voll steuerpflichtig. Außerdem ist zu bedenken, daß die Begeisterung der Mitglieder zur Mitarbeit häufig nachläßt und später doch zu einer Verpachtung an Fremde übergegangen wird. Hier entsteht entweder ein oft erheblicher Aufgabegewinn mit entsprechender Steuerbelastung oder der Verein hat die Pachteinnahmen weiter zu den steuerpflichtigen gewerblichen Einkünften zu rechnen.

Es ist deshalb zu überlegen, ob man nicht einen **Bewirtschaftungsverein** einschaltet, der nur die Aufgabe hat, die Gaststätte zu betreiben. Der „Hauptverein" verpachtet an diesen Gaststättenverein den Wirtschaftsbetrieb.

Damit kann der Überschuß aus dem Wirtschaftsbetrieb des Vorschaltvereins erheblich vermindert werden, da die Pachtzahlung als Betriebsausgabe wirkt. Beim Hauptverein liegt steuerfreie Vermögensverwaltung vor. Häufig kommt auf diese Weise auch der Freibetrag des § 24 Körperschaftsteuergesetz in jedem dieser Vereine zur Anwendung.

Werden in einem Sportverein bezahlte Spieler eingesetzt und entstehen dadurch Verluste, so bedarf es eines solchen Bewirtschaftungsvereins nicht, da hier eine Verrechnung der Gaststättenüberschüsse mit diesen Verlusten erfolgen kann.

Beachte:

1. Für den Betrieb einer Vereinsgaststätte ist regelmäßig eine Gaststättenkonzession erforderlich.

2. Außerdem wird ein Unterrichtsnachweis für den Betrieb einer Gaststätte benötigt. Hierzu hat regelmäßig der 1. Vorsitzende einen Lehrgang zu besuchen, welcher von der Industrie- und Handelskammer durchgeführt wird.

3. Für Beschäftigte, welche mit tierischen Lebensmitteln umzugehen haben, gilt es zu beachten, daß diese vor der erstmaligen Aufnahme ihrer Tätigkeit ein Gesundheitszeugnis benötigen[1].

---

[1] §§ 17, 18 Bundesseuchengesetz, BGBl I 1979, 2269

11.2 Bewirtschaftung bei Vereinsfesten

Hier ist zu empfehlen, mit den Mitgliedern Arbeitsverträge zu machen und tatsächlich durchzuführen. Dazu gehört die Auszahlung der Löhne an die Mitglieder, die aber die erhaltenen Lohnzahlungen als **steuerlich abzugsfähige Spende** an den Verein zurückgeben dürfen. Auf die nachstehenden Ausführungen zum Lohnsteuerabzug und zu den Spenden wird hingewiesen.

Die Lohnzahlungen wirken als Betriebsausgaben und vermindern so den Überschuß.

Eine sehr viel aufwendigere Möglichkeit, die Steuerpflicht bei öffentlichen Veranstaltungen mit Bewirtschaftung zu verringern, besteht darin, daß der Verein die Bewirtschaftung nicht selbst durchführt, sondern das **Bewirtschaftungsrecht** entgeltlich an Dritte, insbesondere an Vereinsmitglieder, überträgt. Das Entgelt aus dieser Übertragung fällt in den steuerfreien Bereich der Vermögensverwaltung.

Wegen den gewerbepolizeilichen Besonderheiten wird auf den vorstehenden Abschn. 10 verwiesen.

Nachteil: Die pachtenden Mitglieder sind Gewerbetreibende mit den entsprechenden steuerlichen Pflichten. Dies gilt auch, wenn sie nur einmal diese Veranstaltung übernehmen, da sie wegen der Vielzahl der Tätigkeiten bereits nachhaltig tätig werden. Da Mitglieder bei der Bewirtschaftung helfen werden, müssen mit diesen Arbeitsverträge abgeschlossen werden, damit die Gewinne nicht zu hoch werden. Es ist auch nicht möglich, über eine entsprechend hohe Pachtzahlung an den Verein den Gewinn abzusaugen. Das Bewirtschaftungsrecht kann nicht so hoch bewertet und bezahlt werden, wie die Veranstaltung Gewinn abwirft.

Merke:

Empfohlene Vorgehensweise bei Vereinsfesten:

1. Sämtliche Ausgaben und Einnahmen **getrennt** vom normalen Geschäftsbetrieb aufzeichnen. **Sachspenden** der Mitglieder (z. B. Kuchen) als Ausgabe vermerken (Wert und Spender festhalten) und Gewinn entsprechend kürzen.

2. Arbeitsverträge mit Mitgliedern schriftlich abschließen. Dabei Namen und Arbeitszeit der Mitglieder in einer Arbeitszeitliste festhalten.

3. Tatsächliche Auszahlung der Löhne vornehmen; gegebenenfalls Direkteinzahlung bei der Gemeinde mit Bitte um Spendenbescheinigung.

4. Abführung der Lohnsteuer. Soweit Lohnsteuerkarte vorgelegt wird, ist ein Eintrag in diese vorzunehmen.

5. Feststellung der Vorsteuerbeträge. Hier ist vor allem auf den korrekten Umsatzsteuerausweis auf Rechnungen zu achten.

12 Kommerzielle Werbung

Hier sollte ein Anzeigenunternehmen (auch Vereinsmitglied) das Inseratengeschäft übernehmen und dem Verein dafür eine Vergütung bezahlen. Das Entgelt wird im Rahmen der steuerfreien Vermögensverwaltung erfaßt.

13 Verkauf von Waren

Häufig werden von Vereinen Waren verkauft, wie z. B. Sportartikel, Weihnachtskarten, Kalender, Bilder usw. Soweit dieser Verkauf nicht ausnahmsweise zu einem begünstigten Zweckbetrieb gehört, wie z. B. der Verkauf von Programmen oder Sportabzeichen anläßlich einer Sportveranstaltung, wird empfohlen, den Kaufpreis zu trennen in einen Mindestpreis und eine **freiwillige Spende**, deren Höhe aber durchaus vorgeschlagen werden kann.

Notwendig ist jedoch, daß den Erwerbern (z. B. durch Aufdruck auf die Kalender) deutlich erkennbar gemacht wird, welcher Betrag der Kaufpreis und daß der darüber hinaus bezahlte Betrag eine Spende ist. Das heißt, es muß letztlich in das Belieben des Erwerbers gestellt bleiben, ob er überhaupt bzw. welchen Betrag er spendet. Außerdem sind Spendenbescheinigung und Rechnung **klar** voneinander **zu trennen**, so daß zweifelsfrei deutlich gemacht wird, welcher Betrag umsatzsteuerpflichtiges Entgelt und welcher Betrag nicht der Umsatzsteuer unterliegende Spende ist (diese Trennung ist durchaus auch auf **einem** Vordruck möglich).

Dies gilt sowohl für die Umsatzsteuer als auch für den Bereich der Körperschaftsteuer.

Diese Möglichkeit läßt sich auch auf die Abgabe von Speisen und Getränken übertragen. Nur sollte vor allem hier das Risiko bedacht werden, daß
manche Festbesucher tatsächlich nur den Mindestpreis zahlen.

Wegen der Behandlung von Floh- und Weihnachtsmärkten vergleiche
Stichwort ,,Flohmarkt'' in Abschn. 3.

14 Abgrenzung ideeller Bereich, Vermögensverwaltung, Zweckbetrieb und wirtschaftlicher Geschäftsbetrieb

Wegen der unterschiedlichen steuerlichen Behandlung ist es für eine **ord-
nungsgemäße Vereinsbuchführung unabdingbar,** die oben genannten Bereiche scharf zu trennen. Zweckmäßigerweise wird bei kleineren Vereinen
diese Untergliederung in einem sogenannten Journal vorgenommen. Auf
Teil O wird verwiesen.

D Körperschaftsteuerliche Folgen bei nicht begünstigten Vereinen

1 Unbeschränkte Körperschaftsteuerpflicht

Rechtsfähige und nichtrechtsfähige Vereine, die nicht gemeinnützigen, mildtätigen oder kirchlichen Zwecken dienen, unterliegen in vollem Umfang der Körperschaftsteuer[1]. Davon sind beispielsweise betroffen:

- Kegelclubs
- Hunde-, Kaninchen-, Geflügelzuchtvereine, Kleintierzuchtvereine
- Freizeitvereine
- Studentenverbindungen
- Karnevalsvereine
- Fremdenverkehrsvereine
- Soldatenverbindungen usw.

Vereine dieser Art sind daher mit ihren sämtlichen Einkünften voll der Steuer zu unterwerfen.

2 Beginn und Ende der Körperschaftsteuerpflicht

Die Körperschaftsteuerpflicht beginnt beim nichtrechtsfähigen Verein nach Errichtung und Beschlußfassung über die Satzung. Damit ist der Verein als Körperschaftsteuersubjekt entstanden.

Dasselbe gilt auch für rechtsfähige Vereine, sofern die Eintragung in das Vereinsregister beim zuständigen Amtsgericht unverzüglich vorgenommen wird.

Die Körperschaftsteuerpflicht endet mit der Liquidation, d.h. nachdem der Verein seine Auflösung beschlossen hat und alle dazu noch erforderlichen Maßnahmen, z.B. Veräußerung des Vereinsvermögens, Bezahlung der Schulden, vorgenommen hat.

---

[1] § 1 Abs. 1 Nr. 4 Körperschaftsteuergesetz

3 Verfahren

Nach Ablauf jedes Kalenderjahres hat der Verein, vertreten durch den Vorstand, eine Körperschaftsteuer-Erklärung abzugeben. Aufgrund dieser Erklärung ermittelt das Finanzamt für dieses Jahr das zu versteuernde Einkommen und setzt dementsprechend die Körperschaftsteuer fest. Der Termin zur Erklärungsabgabe ist regelmäßig der 31. Mai des folgenden Jahres.

Auch wenn der Verein nicht zur Buchführung und Bilanzierung verpflichtet ist[1], muß er sämtliche Einnahmen und Ausgaben in geeigneter Weise festhalten. Es empfiehlt sich, daß hier die nachfolgend genannten Einkunftsarten jeweils in getrennten Spalten erfaßt werden.

4 Besteuerungsgrundsätze

Die vom Verein geschuldete Körperschaftsteuer errechnet sich aus dem zu versteuernden Einkommen. Das zu versteuernde Einkommen bemißt sich nach dem Gesamtbetrag der Einkünfte, erhöht und vermindert um bestimmte Beträge nach Maßgabe des Körperschaftsteuergesetzes[2].

Was als Einkommen gilt und wie das Einkommen bzw. die Einkünfte ermittelt werden müssen, regelt neben dem Körperschaftsteuergesetz vor allem das Einkommensteuergesetz. Das Einkommensteuergesetz findet aber nur insoweit Anwendung, als es nicht ausschließlich Gültigkeit für natürliche Personen hat. So können Vereine beispielsweise keine außergewöhnlichen Belastungen oder einen Altersfreibetrag geltend machen.

5 Abgrenzung der steuerfreien und steuerpflichtigen Einkünfte

5.1 Mitgliedsbeiträge, Spenden

Erhält ein Verein Mitgliedsbeiträge, Spenden, Schenkungen oder auch Erbschaften von seinen Mitgliedern oder Dritten, so sind diese Vermögensanfälle ertragsteuerlich nicht zu erfassen. Diese Erträge bleiben also wie beim gemeinnützigen Verein **steuerfrei**, da dieser Vermögenszuwachs unter keine Einkunftsart fällt, bzw. Einlagen der Mitglieder darstellt.

---

[1] Vgl. dazu §§ 140, 141 Abgabenordnung
[2] Vgl. § 7 Abs. 2 in Verbindung mit § 8 Abs. 1 Körperschaftsteuergesetz

Allerdings ist wegen der fehlenden steuerbegünstigten Zwecke ein **Spendenabzug nicht möglich.**

5.2 Einkünfte aus Land- und Forstwirtschaft

Betreibt ein Verein die Erzeugung pflanzlicher oder tierischer Produkte mit Hilfe von Naturkräften, so bezieht er land- und forstwirtschaftliche Einkünfte[1]. Dies trifft häufig auf alternative Gartenbaubetriebe zu, sofern keine Gesellschaft des bürgerlichen Rechts vorliegt.

Wird ein Jahresumsatz von mehr als 500000 DM, oder ein Gewinn von mehr als 36000 DM erzielt oder besteht ein Wirtschaftswert von mehr als 40000 DM, so ist der Verein zur Buchführung verpflichtet.

Ansonsten kann der Gewinn durch Einnahme-Überschuß-Rechnung ermittelt werden.

5.3 Einkünfte aus Gewerbebetrieb

Auch die nicht steuerbegünstigten Vereine werden sehr häufig Einkünfte aus Gewerbebetrieb beziehen. Darunter fallen beispielsweise neben den Erträgen aus Vereinsgaststätten auch hier die Erträge aus Vereinsfesten, Werbung usw. Weitergehend als bei den steuerbegünstigten Vereinen sind jedoch hier die Erträge aus „Zweckbetrieben" immer als gewerbliche Einkünfte einzuordnen.

Veranstaltet also ein Kegelclub z. B. eine Winterunterhaltung, zu der nur Mitglieder Zutritt haben, so ist diese gesellige Veranstaltung voll den gewerblichen Einkünften zuzurechnen. Auch die Eintrittsgelder aus Zuchtausstellungen oder öffentlichen Aufführungen sind voll steuerpflichtig.

Daher sind hier die Erträge aus sämtlichen Veranstaltungen, die ein solcher Verein unternimmt, mit den entsprechenden Ausgaben, die mit diesen Einnahmen unmittelbar zusammenhängen, zu verrechnen.

---

[1] Vgl. § 13 Einkommensteuergesetz

5.4 Einkünfte aus selbständiger Tätigkeit

Diese Einkünfte dürften bei einem Verein relativ selten vorkommen. Denkbar ist hier vor allem, daß durch Mitglieder oder Angestellte des Vereins im Namen des Vereins **Gutachten** erstellt werden, bei denen wissenschaftliche Erfahrungssätze zum Ansatz kommen[1].

5.5 Einkünfte aus Kapitalvermögen

Zu diesen Einkünften gehören vor allem Gewinnanteile (Dividenden) aus Aktien, GmbH-Anteilen oder Genossenschaftsanteilen, sowie die Einkünfte als stiller Gesellschafter und Zinsen aus Sparguthaben, Pfandbriefen, Anleihen usw.

Auch hier erfolgt die Ermittlung der Einkünfte durch Gegenüberstellung der Einnahmen und der Werbungskosten. Zu den Werbungskosten rechnen insbesondere die Kosten der Verwaltung (Depotgebühren, Kontoführungsgebühren usw.) sowie gezahlte Schuldzinsen und Kuponschneidegebühren. Aus Vereinfachungsgründen ist es zulässig, daß von den Einnahmen mindestens ein Werbungskosten-Pauschbetrag von 100 DM berücksichtigt wird[2].

Außerdem darf von diesen Einnahmen noch ein Sparerfreibetrag in Höhe von 300 DM abgezogen werden[3]. Werbungskostenpauschbetrag und Sparerfreibetrag dürfen jedoch nicht zu Verlusten führen.

Eine Besonderheit gilt bei den Dividendeneinkünften. Hier hat der empfangende Verein zunächst die sogenannte Körperschaftsteuergutschrift in Höhe von 9/16 der Dividende als Einnahme zu erfassen und zu versteuern. Er erhält jedoch diesen Betrag (zusammen mit der einbehaltenen Kapitalertragsteuer) auf seine spätere Körperschaftsteuerschuld angerechnet oder gegebenenfalls sogar erstattet.

---

[1] Wegen des Begriffs der selbständigen Tätigkeit vgl. im übrigen § 18 Einkommensteuergesetz

[2] § 9a Nr. 2 Einkommensteuergesetz

[3] § 20 Abs. 4 Einkommensteuergesetz

5.6 Einkünfte aus Vermietung und Verpachtung

Auch wenn es sich bei diesen Einnahmen um Erträge einer ordnungsgemäßen Vermögensverwaltung handelt, sind die Einnahmen — im Gegensatz zu den steuerbegünstigten Vereinen — voll der Körperschaftsteuer zu unterwerfen.

Zu den Einkünften aus Vermietung und Verpachtung gehören vor allem die Einnahmen aus der Vermietung von Grundstücken und Gebäuden, von Räumen und von beweglichem Betriebsvermögen. Aber auch das Überlassen von Werbeflächen wird man in diesen Bereich rechnen müssen, nicht jedoch das sogenannte Annoncengeschäft. Da letzteres in der Regel nachhaltig betrieben wird, gehört es zu den Einkünften aus Gewerbebetrieb.

Auch hier besteht die Möglichkeit, von den Einnahmen die damit zusammenhängenden Ausgaben (Werbungskosten) abzusetzen. Dazu gehören insbesondere die Abschreibung für Abnutzung, Reparaturaufwand, Zinsen und Geldbeschaffungskosten, Versicherungen, Grundsteuer, Kosten der Hausverwaltung usw. In der Regel sind es dieselben Kosten, die auch ein privater Eigentümer absetzen dürfte.

5.7 Sonstige Einkünfte

Diese Einkunftsart wird bei Vereinen nicht häufig vorkommen. Steuerpflichtig wären neben eventuellen Renten[1], die ein Verein bezieht, vor allem Einkünfte aus Spekulationsgeschäften.

Spekulationsgeschäfte liegen vor, wenn zwischen Erwerb und Veräußerung von Grundstücken durch den Verein nicht mehr als zwei Jahre und von anderen Wirtschaftsgütern, insbesondere von Wertpapieren, nicht mehr als 6 Monate liegen oder wenn die Veräußerung vor dem Erwerb erfolgt[2]. Eine Spekulationsabsicht ist hier nicht erforderlich.

---

[1] § 22 Einkommensteuergesetz
[2] § 23 Einkommensteuergesetz

6 Ermittlung des Einkommens

Nachdem man bei den einzelnen Einkunftsarten die Einnahmen den Ausgaben gegenübergestellt und so die Einkünfte ermittelt hat, ist es zulässig, negative Einkünfte, z. B. aus Vermietung und Verpachtung, mit positiven Einkünften, z. B. aus Kapitalvermögen, zu verrechnen (sogenannter Verlustausgleich).

Sofern Körperschaftsteuer-Vorauszahlungen oder Vermögensteuerzahlungen bzw. die Umsatzsteuer auf den Eigenverbrauch die Überschüsse gemindert haben, sind sie dem Gesamtbetrag der Einkünfte wieder hinzuzurechnen. Eventuelle Spenden des Vereins an steuerbegünstigte andere Vereine sind in beschränktem Umfang abziehbar[1].

Ist der Gesamtbetrag der Einkünfte um die nichtabziehbaren Ausgaben und die abzugsfähigen Spenden bereinigt worden, so ergibt sich das **zu versteuernde Einkommen**, das auf volle 10 DM abzurunden ist. Auf diesen Betrag wird dann der Körperschaftsteuertarif von 50% angesetzt[2]. Das bedeutet also, daß grundsätzlich die Hälfte des Überschusses an das Finanzamt abzuführen ist. Jedoch gilt auch hier die Freibetragsregelung für kleinere Körperschaften[3]. Dazu wird auf die Ausführungen in Kap. C Abschn. 5 verwiesen.

7 Überlegungen zur Vermeidung der Körperschaftsteuerpflicht

Jedem steuerlichen Berater bzw. Vorstand oder Kassier eines gemeinnützigen Vereins drängt sich zwangsläufig die Frage auf, ob nicht die Steuerpflicht im Bereich der Ertragssteuern vermieden werden kann. Dies deshalb, weil eine Belastung mit Körperschaftsteuer und Gewerbesteuer oftmals zu einer unnötigen Verminderung des Vereinsvermögens führt.

Im Vorfeld dieser Überlegungen ist immer einem Problemkreis besondere Bedeutung beizumessen, nämlich dem **Vereins- oder Clubheim**. Wird das Vereins- oder Clubheim selbst bewirtschaftet, so liegt ein Geschäftsbetrieb vor. Ist hingegen das Vereins- oder Clubheim vermietet, so gehört die Miete oder Pacht zu den Einnahmen aus der Vermögensverwaltung.

---

[1] § 9 Nr. 3 Körperschaftsteuergesetz
[2] § 23 Abs. 2 Körperschaftsteuergesetz
[3] § 24 Körperschaftsteuergesetz

Aus diesem Grund sollte immer überlegt werden, ob nicht das Vereins- oder Clubheim verpachtet werden kann. In Betracht kommt z. B. eine Gesellschaft des bürgerlichen Rechts, welche aus Vereinsmitgliedern bestehen kann, oder ein eigener Verpachtungsverein. Es ist jedoch bei dieser Gestaltung auf die gewerbepolizeilichen Besonderheiten hinzuweisen, welche für Gastwirte gelten (vgl. auch Teil C Abschn. 11).

Wird ein früher selbst bewirtschaftetes Vereinsheim nunmehr vermietet, dann scheidet dieses mit allen steuerlichen Konsequenzen aus dem Betriebsvermögen aus. Soweit ansonsten kein anderer Geschäftsbetrieb vorlag, ist dies als Betriebsaufgabe zu qualifizieren. Es ist bei dieser Problematik zu beachten, daß der Differenzbetrag zwischen Buchwert und Teilwert steuerpflichtig ist. Nachdem ein Vereinsheim regelmäßig mit großen Eigenleistungen erstellt wird, ergibt sich daher in der Praxis ein großer Wertunterschied.

Weiterhin ist im Vorfeld an **Tombolas** und **Verlosungen** zu denken. Ist nämlich eine solche Veranstaltung lotteriesteuerpflichtig — auf die Ausführungen zur Lotteriesteuer in Kap. M wird verwiesen —, dann gehören die Einnahmen aus dieser Veranstaltung zum Geschäftsbetrieb. Ist hingegen eine Lotteriesteuerpflicht zu verneinen, so gehören die Einnahmen aus der Veranstaltung zum Zweckbetrieb.

7.1 Ideeller Bereich

Vermögensvermehrungen im ideellen Bereich sind zwar grundsätzlich nicht körperschaftsteuerpflichtig. Dennoch sollte überlegt werden, ob alle Möglichkeiten für Spendenbescheinigungen ausgeschöpft wurden. Es ist daher zu fragen, ob Mitgliedern Aufwendungen entstanden sind, die vom Verein steuerfrei ersetzt werden können. Hierfür kommen insbesondere in Betracht:

● Reisekosten einschl. Verpflegungsmehraufwand
● Telefon- und Portokosten.

Des weiteren ist zu fragen, ob **Übungsleitervergütungen** bezahlt worden sind, welche beim Übungsleiter steuerfrei bleiben können[1]. Gegebenen-

---

[1] § 3 Nr. 26 Einkommensteuergesetz

falls ist durch einen Ausschußbeschluß der Rechtsanspruch für eine durch den Verein zu zahlende Übungsleitervergütung zu schaffen. Dieser Beschluß kann jedoch nur mit Zukunftswirkung steuerrechtlich beachtet werden.

Auf die späteren Ausführungen hierzu wird verwiesen, insb. auf die Möglichkeit, daß diese Beträge wieder gespendet werden können.

7.2 Zweckbetrieb

Bis einschließlich 1985 konnten Verluste aus dem sportlichen Bereich mit Erträgen aus dem geselligen und kulturellen Bereich saldiert werden. Ab 1986 ist nun diese Saldierung nicht mehr möglich. Zur Vermeidung von Gewinnen von mehr als 12 000 DM im geselligen und kulturellen Bereich ist es nur noch möglich, daß

- Arbeitslohn bezahlt wird oder
- gespendete Wirtschaftsgüter mit dem Teilwert in den Zweckbetrieb eingelegt werden.

Bei ausbezahltem Arbeitslohn kann unter den entsprechenden Voraussetzungen[1] die Lohnsteuer pauschaliert werden. Es ist auch hier erforderlich, daß das Vereinsmitglied einen Anspruch auf Entlohnung hat. Daher ist es unseres Erachtens nicht möglich, am Jahresende nach ,,Ertrag" Löhne auszubezahlen, sondern zwischen Lohnauszahlung und Arbeitsleistung muß ein enger zeitlicher und sachlicher Zusammenhang bestehen (vgl. auch Teil E und F Abschn. 9).

7.3 Wirtschaftlicher Geschäftsbetrieb

Hier können teilweise steuerliche Nachteile durch geschickte Gestaltung vermieden werden.

- **Werbung**

Es ist z. B. möglich, die Werbung auf ein unabhängiges Unternehmen zu verlagern. Dann liegen regelmäßig Einnahmen im Bereich der Vermögensverwaltung vor (vgl. Teil C Abschn. 12).

---

[1] § 40a Einkommensteuergesetz

● **Begründung von Personengesellschaften**

Die Gewinnanteile aus Beteiligungen eines Vereines an einer Personengesellschaft, z. B. wenn zwei Vereine zusammen in der Rechtsform einer Gesellschaft des bürgerlichen Rechts eine oder mehrere Veranstaltungen durchführen, sind grundsätzlich beim Verein zu erfassen. Diese Gewinnanteile fließen im Rahmen des Geschäftsbetriebs zu, sie sind daher nicht der Vermögensverwaltung zuzuordnen.

Aus diesem Grund dürfte es sich oftmals empfehlen, daß diese Veranstaltungen von einer besonderen Personengesellschaft durchgeführt werden, an welcher der Verein nicht beteiligt ist. Allerdings sind die Gewinnanteile dann bei den Mitunternehmern der Personengesellschaft steuerpflichtig.

Bezüglich der Umsatzsteuer gilt es außerdem zu beachten, daß in diesen Fällen kein Organschaftsverhältnis vorliegt, somit können oftmals auch die aus § 19 Umsatzsteuergesetz resultierenden Vorteile aufgrund des Kürzungsbetrags in Anspruch genommen werden.

● **Arbeitslohn**

Eine Möglichkeit zur Reduzierung der Erträge besteht darin, den Helfern Arbeitslohn zu bezahlen. Hierbei ist auf die Möglichkeit der Pauschalierung der Lohnsteuer und der Rückspende des Auszahlungsbetrags hinzuweisen (vgl. Teil E und F Abschn. 9).

Merke:

Es gibt durchaus Möglichkeiten, eine Körperschaftsteuerpflicht sowohl im Zweckbetrieb als auch im Geschäftsbetrieb zu vermeiden. Hierzu bietet sich oftmals nur die Auszahlung von Arbeitslohn an. Wird jedoch Arbeitslohn ausbezahlt, so sind die steuerrechtlichen und sozialversicherungsrechtlichen Vorschriften zu beachten.

8 Betriebsaufspaltung

Eine sog. Betriebsaufspaltung liegt vor, wenn ein Verein eine **wesentliche Betriebsgrundlage** — z. B. eine Vereinsgaststätte — an eine GmbH verpachtet und er bei der GmbH die **Mehrheit der Stimmen** hat. In einem solchen Fall stellt die Pacht, welche die GmbH an einen begünstigten Verein zahlt, keine Einnahme aus Vermögensverwaltung dar, sondern es liegen gewerbliche Einkünfte aus dem wirtschaftlichen Geschäftsbetrieb vor. Dies deshalb, weil das Rechtsinstitut der Betriebsaufspaltung verhindern soll, daß durch die Ausgliederung einer beherrschten GmbH vermögensverwaltende Einnahmen geschaffen werden können[1].

Merke:

Einkünfte aus Vermögensverwaltung können bei einem begünstigten Verein nicht dadurch erzielt werden, daß eine vom Verein beherrschte GmbH die gewerbliche Tätigkeit ausübt. Im Fall einer Betriebsaufspaltung gehören die Mieten und Pachten zu den Einnahmen aus dem wirtschaftlichen Geschäftsbetrieb.

Ist eine Betriebsaufspaltung anzunehmen, so bedeutet dies unseres Erachtens nicht, daß nunmehr der gesamte Verein gewerbesteuerpflichtig ist. Vielmehr sind nur die Mieten und Pachten, welche von der GmbH an den Verein bezahlt werden, dem wirtschaftlichen Geschäftsbetrieb zuzuordnen. Dies entspricht auch der Intention des Rechtsinstituts der Betriebsaufspaltung, wonach nur verhindert werden soll, daß Einnahmen der Gewerbesteuer entzogen werden können.

Es wurden von Vereinen teilweise GmbHs gegründet, welche **Werbemaßnahmen** auf eigene Rechnung durchführen. In einem solchen Fall sind unseres Erachtens die Voraussetzungen der Betriebsaufspaltung nicht erfüllt, weil das zweite Kriterium zur Annahme einer Betriebsaufspaltung, nämlich die Verpachtung einer wesentlichen Betriebsgrundlage, regelmäßig nicht gegeben ist.

Ähnliches gilt wohl auch für die Fälle, in denen von Vereinen mit Profi-Abteilung eine GmbH zur Vermeidung des Verlusts der Gemeinnützigkeit gegründet wurde. Aufgrund der Vorschrift des § 67a Abgabenordnung entfällt jedoch diese Problematik ab dem Jahre 1986, so daß die Gründung einer GmbH aus diesem Beweggrund in Zukunft nicht mehr in Betracht kommen dürfte.

---

[1] Wegen der Entstehung und der Begründung der Theorie der Betriebsaufspaltung wird auf Neufang in INF 1986, 340 verwiesen

E Der Verein als Arbeitgeber

1 Allgemeines

Sehr oft schon wurde bei Vorträgen die Frage gestellt, ob ein Verein Arbeitnehmer beschäftigen kann. Diese Frage muß grundsätzlich bejaht werden. Beschäftigt ein Verein Personen, die zu dem Verein in einem Dienstverhältnis stehen und daraus Arbeitslohn beziehen, so ist der Verein als Arbeitgeber anzusehen. Für die steuerliche Behandlung ist es dabei ohne jegliche Bedeutung, ob diese Personen bei einem steuerbegünstigten Verein im eigentlichen gemeinnützigen Bereich, im Zweckbetrieb oder im wirtschaftlichen Geschäftsbetrieb eingesetzt sind. Diese Grundsätze gelten auch dann, wenn die betreffende Person Mitglied dieses Vereins ist.

Beachte:

Jeder Verein kann Arbeitgeber i.S. des Lohnsteuerrechts sein. Er hat daher die steuerrechtlichen und sozialversicherungsrechtlichen Vorschriften, welche für Arbeitnehmer und Arbeitgeber gelten, zu beachten.

Eine Definition des steuerrechtlichen Arbeitnehmerbegriffs enthält der § 1 Lohnsteuer-Durchführungsverordnung. Danach sind Arbeitnehmer alle Personen, die z.B. aus einem gegenwärtigen **Dienstverhältnis** Arbeitslohn beziehen. Indizien für ein Dienstverhältnis sind

● die persönliche Weisungsgebundenheit und
● die Eingliederung in eine Organisation.

Es gibt also keine starren Kriterien zu der Frage, ob ein Arbeitnehmerverhältnis vorliegt.

Als Arbeitnehmer eines Vereines sind regelmäßig die fest angestellten Personen anzusehen, wie z.B. hauptberufliche Trainer, Platzwarte, Zeugwarte, Tierpfleger, Geschäftsführer, Büroangestellte, Angestellte in einem selbst bewirtschafteten Vereinsheim, Bedienungen im Vereinslokal bzw. bei Vereinsfesten. Die Beispiele zeigen deutlich auf, daß viele Vereine Arbeitgeber sind und damit die Pflichten zu erfüllen haben, welche ihnen das Steuer- bzw. Sozialversicherungsrecht auferlegt hat.

2 Nebenberufliche Übungsleiter

Nebenberufliche Übungsleiter, Dirigenten usw. sind regelmäßig dann keine Arbeitnehmer des Vereins, wenn sie nicht mehr als 6 Stunden wöchentlich für den Verein tätig sind. Diese Personen üben dann insoweit eine
freiberufliche Tätigkeit i.S. von § 18 Einkommensteuergesetz aus. Dies
gilt jedoch in den Ausnahmefällen nicht, in denen ausdrücklich ein **Arbeitsvertrag** mit Urlaubsvereinbarung, Lohnfortzahlung im Krankheits-
fall usw. abgeschlossen wurde.

Ist dieser Ausnahmefall nicht gegeben und ist der Übungsleiter nicht regelmäßig mehr als 6 Stunden wöchentlich für den Verein tätig, so hat er
die Einkünfte selbst im Rahmen einer Einkommensteuerveranlagung zu
versteuern. Diese Grundsätze gelten auch dann, wenn der Übungsleiter
bei mehreren Vereinen nebenberuflich tätig ist.

Die Praxis hat jedoch gezeigt, daß die Übungsleiter — insbesondere Trainer, Dirigenten und Chorleiter — auf dem Standpunkt stehen, der Verein
habe die Entgelte zu versteuern. Zur Vermeidung von Streitigkeiten sollte
daher z.B. im Trainervertrag die wöchentliche Stundenzahl ausdrücklich
vereinbart sein.

Überschreitet der Übungsleiter die vorstehend genannte Wochenstundenzahl, dann ist er Arbeitnehmer des Vereins. Es stellt sich dann immer die
Frage, ob der zwischen dem Verein und dem Übungsleiter geschlossene
Vertrag — welcher keiner besonderen Form bedarf — nicht eine **Netto-
lohnvereinbarung** darstellt. Wäre eine solche anzunehmen, dann kämen
auf den Verein beträchtliche Steuerlasten zu. Gleiches gilt auch für die
Sozialversicherung.

Trainer von Tennisvereinen sind regelmäßig keine Arbeitnehmer des Vereins, weil der Verein gegenüber dem Trainer keinerlei Weisungsrecht hat.
Hier stellt regelmäßig der Verein nur den Platz zur Verfügung, während
das Mitglied die Trainingszeit und das Entgelt mit dem Trainer vereinbart. Gleiches gilt analog für Reitlehrer und Golftrainer.

Für das allgemeine Mannschafts- und Jugendtraining gelten jedoch die
vorstehenden Ausführungen dann nicht, wenn der Trainer unmittelbar
vom Verein das Entgelt bekommt. Es stellt sich dann die Frage, ob der
Trainer insoweit nicht nebenberuflich für den Verein als Arbeitnehmer
tätig wird, wenn die Wochenstundenzahl von 6 Stunden überschritten ist.

Hierbei gilt es zu beachten, daß eine Person durchaus gleichzeitig selbständig sein kann und daneben als Arbeitnehmer beschäftigt ist. Gegen eine Arbeitnehmerstellung spricht u. E., daß

— es sich nicht um eine Tätigkeit einfacher Art handelt,

— ein Unternehmerrisiko gegeben ist, denn bei einem Mißerfolg besteht die Gefahr einer ,,Kündigung'',

— nur kurze Berührungspunkte zum Verein als solchen bestehen,

— bei persönlicher Verhinderung keine Einnahmen erzielt werden können[1].

Eine selbständige Tätigkeit liegt jedenfalls dann vor, wenn der Jugend- oder Mannschaftsspieler sein normales Entgelt für die Trainerstunde an den Trainer bezahlt und lediglich vom Verein einen Zuschuß für sein persönliches Training erhält.

Beachte:

1. Arbeitnehmer des Vereins sind diejenigen Übungsleiter, welche mehr als 6 Stunden wöchentlich entgeltlich für den Verein tätig werden. Ansonsten ist bei einer entgeltlichen Tätigkeit regelmäßig keine Arbeitnehmerstellung anzunehmen; vielmehr hat der Übungsleiter die Beträge selbst zu versteuern (§ 18 Einkommensteuergesetz).

2. Ist der Übungsleiter als Arbeitnehmer zu behandeln, dann ist auch regelmäßig eine Sozialversicherungspflicht anzunehmen.

3. Zur Vermeidung von Streitigkeiten sollten Übungsleiter- bzw. Trainerverträge schriftlich abgefaßt werden. In der Vereinbarung ist festzulegen, ob die Tätigkeit mehr oder weniger als 6 Stunden wöchentlich beträgt.
   Beträgt die Tätigkeit weniger als 6 Stunden, so empfiehlt es sich, darauf hinzuweisen, daß der Übungsleiter die Beträge selbst zu versteuern hat.

---

[1] Vgl. BFH-Urteile vom 14.6.1985, BStBl II 1985, 661 und vom 9.7.1986, BStBl II 1986, 851

3 Übrige Arbeitnehmer

Sehr oft führen Vereine Veranstaltungen wie Sportfeste, Turniere, Vereinsbälle, „Hocketsen" u.ä. durch. Hilft ein Vereinsmitglied unentgeltlich bei einer solchen Veranstaltung mit, so steht dieses Mitglied nicht in einem Dienstverhältnis zum Verein. Dies gilt auch dann, wenn das Mitglied dafür einen Kostenersatz erhält. Ein Kostenersatz für Verpflegungsmehraufwand ist jedoch dann nicht möglich, wenn das Vereinsmitglied bei der Veranstaltung durch den Verein beköstigt wird, so wie es wohl die Praxis bei Turnieren, geselligen Veranstaltungen u.ä. sein dürfte.

Bedienungen, welche z.B. bei einer Vereinsveranstaltung im Zelt oder in einer Halle bedienen, sind Arbeitnehmerinnen des Vereins. Dies gilt selbst dann, wenn ihr Lohn ein Anteil am Umsatz ist. Die Trinkgelder sind jedoch insoweit steuerfrei, als sie 1 200 DM im Kalenderjahr nicht übersteigen[1].

Werden für die Veranstaltung eines ideellen Vereins Musiker verpflichtet, dann sind diese regelmäßig nicht Arbeitnehmer des Vereins.

Beachte:

1. Alle übrigen Personen, die bei Vereinsveranstaltungen gegen Entgelt mitarbeiten, sind Arbeitnehmer.

2. Bei Bedienungen gehören die sog. Trinkgelder zum Arbeitslohn. Trinkgelder bis zu 1 200 DM im Kalenderjahr sind steuerfrei.

3.1 Vorstandsmitglieder

Vergütungen an Mitglieder des Vorstands sind kein Arbeitslohn, wenn nur die dadurch entstandenen tatsächlichen Kosten ersetzt werden. Als ersetzbare Kosten kommen z.B. in Betracht

● Fahrtkosten,
● Reisekosten,
● Portokosten,

---

[1] § 3 Nr. 51 Einkommensteuergesetz

- Telefongebühren,
- Sitzungsgelder.

Merke:

Solange nur der tatsächliche Vermögensabfluß entschädigt wird, liegt kein Arbeitslohn vor.

Erhält jedoch ein Vorstandsmitglied hohe pauschale Vergütungen und wird dadurch nicht nur der Aufwand ersetzt, sondern auch der Arbeitseinsatz vergütet, so ist grundsätzlich Arbeitslohn anzunehmen. In diesem Fall kann jedoch das Vorstandsmitglied seine tatsächlichen Aufwendungen als Werbungskosten absetzen.

Von der Finanzverwaltung wurde zwar ein typisierender allgemeiner Freibetrag für Vorstandsmitglieder gemeinnütziger Vereine abgelehnt, dennoch dürften Einzelaufzeichnungen der Aufwendungen als überzogen und nicht praxisgerecht angesehen werden. Soweit ein Einzelnachweis der tatsächlichen Kosten nicht möglich ist — dies dürfte z. B. bei den Telefonkosten in der Praxis immer der Fall sein —, sollten diese geschätzt werden. Es dürfte frei von Bedenken sein, wenn man besonders aktiven Funktionären den vorstehenden Aufwand mit jährlich pauschal 600 DM ersetzt.

Beachte:

Für Personen, die nach den vorstehenden Grundsätzen als Arbeitnehmer anzusehen sind, hat der Verein die Lohnsteuer anzumelden und abzuführen. Das gleiche gilt grundsätzlich auch für die Sozialversicherung. Es ist für eine Arbeitnehmerstellung völlig unbeachtlich, ob ein Arbeitsvertrag abgeschlossen ist oder nicht.

3.2 Festangestellte Personen

Häufig sind im wirtschaftlichen Geschäftsbetrieb Personen fest angestellt — z. B. Platzwarte, Hausmeister usw. —. Es empfiehlt sich, in einem solchen Fall den Tätigkeitsbereich genau festzulegen, denn eine solche Person kann in einem anderen Bereich — z. B. ideeller Bereich oder Zweckbetrieb — durchaus unentgeltlich mitarbeiten.

4 Sind Spieler Arbeitnehmer des Vereins?

Auch die Zuwendungen an Spieler sind nach den vorstehenden Grundsätzen zu beurteilen. Wird also nur der tatsächliche Aufwand ersetzt, so liegt kein Arbeitsverhältnis vor. Soweit darüber hinausgehende Beträge vergütet werden, kann ein Arbeitsverhältnis vorliegen[1]. Für ein Arbeitsverhältnis spricht immer ein vereinbarter Anspruch auf Urlaubs- und Krankengeld.

Es gilt hier zu beachten, daß die in Bezug auf den § 67a AO geltende Vergütungsgrenze von 700 DM monatlich hier nicht herangezogen werden kann (vgl. Teil C Abschn. 7.3). Nach lohnsteuerrechtlichen Grundsätzen ist nämlich ein pauschaler Auslagenersatz stets als Arbeitslohn zu behandeln. Für die Anerkennung eines Auslagenersatzes ist grundsätzlich die **Einzelabrechnung** der vom Arbeitnehmer verauslagten Beträge erforderlich. Ein pauschaler Auslagenersatz ist nach lohnsteuerrechtlichen Grundsätzen nur bei kleineren Beträgen möglich. Es sind daher die Aufwendungen nachzuweisen bzw. glaubhaft zu machen.

Unschädlich sind die Entschädigungen für den Ersatz der Reisekosten, des Verpflegungsmehraufwands, Kosten für den Kauf, die Reinigung und die Pflege der Sportkleidung, und Umzugskosten im Rahmen der steuerlichen Regelung.

Nach Verwaltungsauffassung können als Verpflegungsmehraufwand bezahlt werden:

> 8 DM pro Spiel oder Training am Ort,
> 24 DM je Auswärtsspiel bei mehr als 12 Stunden Abwesenheit,
> 21 DM bei 6—12 Stunden Abwesenheit und
> 18 DM je Übernachtung.

Diese Begrenzung und Abweichung von den allgemeinen Reisekostensätzen ist jedoch weder sachlich gerechtfertigt noch plausibel. Es ist nicht einzusehen, warum bei Sportlern nicht die allgemeinen Reisekostengrundsätze angewandt werden können.

---

[1] Die Abgrenzungskriterien zwischen nichtselbständiger und selbständiger Tätigkeit sind z. B. im BFH-Urteil vom 14.6.1985, BStBl II 1985, 661 umfassend dargestellt

Die Zahlung von Verdienstausfall, z. B. wenn ein Spieler wegen eines Auswärtsspiels Urlaub nehmen muß, ist steuerpflichtiges Entgelt. Etwas anderes gilt nur dann, wenn der Verein dem Arbeitgeber des Spielers den Lohnaufwand ersetzt.

Es war bisher herrschende Auffassung, daß auch Amateursportler Arbeitnehmer des Vereins sein können. Diese Auffassung ist nach der neuesten Rechtsprechung nicht mehr haltbar[1].

Im Streitfall war zu entscheiden, ob aktive Ringer — es handelte sich um einen Fall der Ringerbundesliga — Arbeitnehmer des Vereins sind. Den Ringern wurden 0,36 DM/km für Fahrtkosten, 20 DM Verpflegungsgeld und 3 DM Wäschegeld pro Trainingstag bezahlt. Die Erstattung dieser Beträge erfolgte nach den Richtlinien des Landessportbundes. Unstreitig lagen die Beträge über den steuerlich zulässigen Beträgen, z. B. steuerlich nur 0,18 DM/km je Fahrtkilometer.

Das Finanzgericht hat es abgelehnt, die Sportler als Arbeitnehmer anzusehen. Dabei hat es ausdrücklich darauf hingewiesen, daß für die Fußballbundesliga und den Profitennissport andere Grundsätze gelten. Folgende Gründe sprechen nach Ansicht des Finanzgerichts gegen eine Arbeitnehmerstellung:

— Keine Weisungsgebundenheit des Sportlers, dieser habe nur eine moralische Verpflichtung gegenüber dem Verein,
— die Zahlungen erfolgten nicht regelmäßig,
— es bestand kein Rechtsanspruch des Sportlers auf Zahlung, z. B. bei der Erringung eines Titels.

Beachte:

Nach der neuesten Rechtsprechung sind Amateursportler regelmäßig nicht Arbeitnehmer des Vereins.

---

[1] Finanzgericht Rheinland-Pfalz, (rechtskräftiges) Urteil vom 10.3.1986, EFG 1986, 494

5 Berechnung und Abführung der Lohnsteuer

Wie bereits dargestellt, hat der Verein die allgemeinen Arbeitgeberpflichten, soweit er Arbeitnehmer beschäftigt. Er hat daher die **Lohnsteuer** zu erheben und an das Finanzamt abzuführen[1]. Er muß also grundsätzlich von seinen Arbeitnehmern eine Lohnsteuerkarte verlangen. Kommt der Arbeitnehmer diesem Verlangen schuldhaft nicht nach, so ist die Lohnsteuer nach der Steuerklasse VI einzubehalten.

Es gilt gleichfalls zu beachten, daß der Verein für jeden Arbeitnehmer und für jedes Kalenderjahr ein Lohnkonto zu führen hat[2].

Unter Verzicht auf die Vorlage einer Lohnsteuerkarte kann ein Arbeitgeber **pauschal** die Lohnsteuer mit 10% des Arbeitslohns erheben[3], wenn der Arbeitnehmer

● nur kurzfristig oder
● in geringem Umfang und gegen geringen Arbeitslohn

beschäftigt ist.

▶ Eine kurzfristige Beschäftigung liegt vor, wenn der Arbeitnehmer gelegentlich, nicht regelmäßig wiederkehrend beschäftigt wird, die Dauer der Beschäftigung 18 zusammenhängende Arbeitstage nicht übersteigt und

● der Arbeitslohn während der Beschäftigungsdauer 42 DM durchschnittlich je Arbeitstag nicht übersteigt oder

● die Beschäftigung zu einem unvorhersehbaren Zeitpunkt sofort erforderlich wird.

Bei Vereinen dürfte hier insbesondere die Grenze von 42 DM je Arbeitstag zu beachten sein.

▶ Eine Beschäftigung in geringem Umfang und gegen geringen Arbeitslohn liegt vor, wenn der Arbeitnehmer bei einem Arbeitgeber laufend beschäftigt wird, die Tätigkeit jedoch während der Beschäftigungsdauer 20 Stunden und der Arbeitslohn 120 DM wöchentlich nicht übersteigt.

---

[1] § 38 Einkommensteuergesetz
[2] Vgl. § 41 Einkommensteuergesetz
[3] § 40a Einkommensteuergesetz

Es gilt sowohl bei der kurzfristigen Beschäftigung als auch bei der geringen Beschäftigung zu beachten, daß der **Stundenarbeitslohn** durchschnittlich 12 DM je Arbeitsstunde nicht übersteigen darf.

Für die Berechnung der vorstehenden Grenzen bleiben steuerfreie Zuschläge für Sonntags-, Feiertags- und Nachtarbeit[1] außer Ansatz. Nach diesen Grundsätzen wird man auch bei steuerfreien Aufwandsentschädigungen für eine Nebentätigkeit verfahren können (vgl. nachstehend Abschn. 6); d.h. es ist nur der Teil zu besteuern, welcher 2400 DM oder bei monatlicher Berechnung 200 DM übersteigt. Daneben können auch Aufwendungen für Fahrten zwischen Wohnung und Betrieb mit den steuerlich zulässigen Sätzen erstattet werden (0,36 DM je Doppel-km).

Im Fachhandel sind Vordrucke für die Fälle einer geringfügigen und einer kurzfristigen Beschäftigung erhältlich. Diese Vordrucke müssen ordnungsgemäß ausgefüllt werden und der Arbeitnehmer muß, soweit die Beträge nicht über Bank dem Arbeitnehmer überwiesen werden, den Empfang des Geldes bescheinigen.

Im **Sozialversicherungsrecht** gelten andere Grundsätze. Nach den in 1987 geltenden Vorschriften, ist Arbeitslohn nur dann nicht sozialversicherungspflichtig, wenn er 430 DM im Monat nicht übersteigt. Dabei werden alle Arbeitsverhältnisse des Arbeitnehmers zusammengerechnet.

Die Lohnsteuer ist spätestens am 10. Tage nach Ablauf eines Lohnsteueranmeldungszeitraums[2] anzumelden und abzuführen. Lohnsteueranmeldungszeitraum ist

● das Kalenderjahr, wenn die abzuführende Lohnsteuer des vergangenen Kalenderjahrs nicht mehr als 600 DM betragen hat,

● das Kalendervierteljahr, wenn die abzuführende Lohnsteuer des vergangenen Kalenderjahrs mehr als 600 DM, aber nicht mehr 6000 DM betragen hat,

● der Kalendermonat in den übrigen Fällen.

---

[1] Vgl. § 3b Einkommensteuergesetz
[2] Vgl. § 41a Einkommensteuergesetz

Beachte:

1. Beschäftigt ein Verein Arbeitnehmer, so hat er die Lohnsteuer anzumelden und abzuführen.

2. Gleiches gilt für die Sozialversicherung.

6 Steuerfreie Aufwandsentschädigungen für eine Nebentätigkeit

Aufwandsentschädigungen für bestimmte nebenberufliche Tätigkeiten können steuerfrei ausbezahlt werden[1]. Begünstigt in diesem Sinne ist die Tätigkeit als

● Übungsleiter,
● Ausbilder,
● Erzieher oder
● für eine vergleichbare Tätigkeit z. B. als Betreuer, Jugendleiter, Ferienhelfer usw.

Es ist weiterhin Voraussetzung, daß die Tätigkeit ausgeübt wird zur Förderung gemeinnütziger, mildtätiger und kirchlicher Zwecke im Dienst oder Auftrag einer inländischen juristischen Person des öffentlichen Rechts oder von gemeinnützigen Körperschaften.

Gemeinnützige Körperschaften sind z. B. die als gemeinnützig anerkannten Sport-, Kunst-, Musik-, Gesangvereine und ähnliche Vereine. Daher ist das Entgelt des nebenberuflichen Rot-Kreuz-Helfers genauso befreit, wie das des nebenberuflichen Chorleiters eines Gesangvereins oder auch wie die Vergütung eines nebenberuflichen Fußballtrainers einer Amateurmannschaft.

Juristische Personen des öffentlichen Rechts sind beispielsweise die Rundfunk- und Fernsehanstalten, die Berufsgenossenschaften, die Industrie- und Handelskammer, die Handwerkskammern, die Innungen, Ärzte-, Rechtsanwalts-, Notar- und Steuerberaterkammern, die Sparkassen- und Giroverbände, bestimmte Religionsgemeinschaften, Universitäten und die Gebietskörperschaften, wie Bund, Länder, Landkreise und Gemeinden.

---

[1] § 3 Nr. 26 Einkommensteuergesetz

Unterrichtet daher z. B. jemand an der Volkshochschule, so kann dafür die Befreiung des § 3 Nr. 26 Einkommensteuergesetz in Betracht kommen.

Weitere Voraussetzung für die Vergünstigung ist, daß die Nebentätigkeit unmittelbar die gemeinnützigen, mildtätigen oder kirchlichen Zwecke fördert. Deswegen fällt die Vergütung für die Tätigkeit von Funktionären nicht unter diese Vorschrift. Gleichfalls ist nicht befreit die Tätigkeit in der Alten- und Krankenpflege oder der Hilfe von Behinderten. Dies gilt auch dann, wenn der Verein als mildtätig oder gemeinnützig anerkannt ist[1]. Aufgrund der Rechtsprechung kann jedoch die dem Leiter einer Volkshochschule bezahlte Vergütung auch dann steuerfrei bleiben, wenn dieser Leiter selbst nur in geringem Umfang Unterricht gibt[2].

6.1 Was bedeutet der Begriff Nebentätigkeit?

Eine Nebenberuflichkeit im vorstehenden Sinn liegt immer dann vor, wenn es sich **nicht** um eine Tätigkeit handelt, aus der hauptsächlich der Lebensunterhalt bestritten wird. Daher können auch Hausfrauen, Studenten, Rentner und Arbeitslose nebenberuflich tätig sein. Eine Nebenberuflichkeit liegt jedoch nach der Rechtsprechung jedenfalls dann nicht mehr vor, wenn die daraus erzielten Einkünfte die Bestreitung des Lebensunterhalts ermöglichen[3]. Eine nebenberufliche Tätigkeit liegt jedenfalls dann vor, wenn die Tätigkeit nicht mehr als 15 Wochenstunden ausmacht[4].

Für die Inanspruchnahme des § 3 Nr. 26 Einkommensteuergesetz ist es ohne jegliche Bedeutung, ob die Tätigkeit als Arbeitnehmer ausgeübt wird oder ob eine freiberufliche Tätigkeit anzunehmen ist.

6.2 Umfang der steuerfreien Entgelte

Nach § 3 Nr. 26 Einkommensteuergesetz können die Entgelte nur insoweit steuerfrei bleiben, als sie **2 400 DM** im Kalenderjahr **nicht übersteigen**. Dieser Betrag ist ein Jahresbetrag, so daß er auch dann gilt, wenn die Bezüge nicht das ganze Jahr über bezogen wurden.

---

[1] So BMF-Nachrichten 15/85 vom 14.5.1985
[2] BFH-Urteil vom 23.1.1986, BStBl II 1986, 398
[3] Finanzgericht München vom 6.5.1983, EFG 1984, 62
[4] Finanzgericht Rheinland-Pfalz vom 4.7.1985, EFG 1986, 9

Es ist jedoch zu beachten, daß die Anwendung des § 3 Nr. 26 EStG den Abzug von tatsächlichen Werbungskosten oder Betriebsausgaben ausschließt[1].

Beispiel:

Die Einnahmen aus einer selbständigen Tätigkeit als Übungsleiter bei einem Sportverein belaufen sich auf jährlich 6 000 DM. Im Zusammenhang mit dieser Tätigkeit sind Aufwendungen angefallen von

a) 2 000 DM
b) 3 000 DM.

a) Die Anwendung des § 3 Nr. 26 Einkommensteuergesetz ist hier günstiger als der tatsächliche Abzug der Betriebsausgaben. Daher sind der Besteuerung nur 3 600 DM zu unterwerfen. Mit dem Ansatz des § 3 Nr. 26 Einkommensteuergesetz sind jedoch die tatsächlichen Betriebsausgaben abgegolten.

b) In diesem Fall ist der Ansatz der tatsächlichen Betriebsausgaben günstiger. Es werden dann nur 3 000 DM der Besteuerung unterworfen. Zu beachten ist jedoch, daß die Betriebsausgaben entsprechend nachgewiesen werden müssen.

Beachte:

1. Aufwandsentschädigungen bis zur Höhe von 2 400 DM sind steuerfrei, wenn das Entgelt für eine Tätigkeit im eigentlichen begünstigten Zweck bezahlt wird.

2. Die Begünstigung ist unabhängig davon, ob eine Arbeitnehmerstellung gegeben ist oder eine selbständige Tätigkeit i. S. von § 18 Einkommensteuergesetz vorliegt.

3. Die Befreiung des § 3 Nr. 26 Einkommensteuergesetz und der Abzug der tatsächlichen Aufwendungen als Betriebsausgaben bzw. Werbungskosten schließen sich gegenseitig aus.

---

[1] BFH-Urteil vom 30.1.1986, BStBl II 1986, 401

6.3 Besonderheiten bei Arbeitnehmern

Bei Vorliegen eines Dienstverhältnisses kann die Steuerfreiheit von Aufwandsentschädigungen nach § 3 Nr. 26 Einkommensteuergesetz bereits beim Lohnsteuerabzug voll berücksichtigt werden. Besteht das Arbeitsverhältnis nur zeitweise, so kann trotzdem von einer Aufteilung abgesehen werden, weil es sich beim § 3 Nr. 26 Einkommensteuergesetz um einen Jahresbetrag handelt.

Eine Eintragung der steuerfrei ausbezahlten Beträge auf der Lohnsteuerkarte ist nicht erforderlich und auch nicht vorgesehen. Da jedoch ein Steuerpflichtiger den § 3 Nr. 26 Einkommensteuergesetz nur einmal beanspruchen kann, muß der **Arbeitnehmer** in diesen Fällen dem Verein (Arbeitgeber) schriftlich bestätigen, daß er die Steuerbefreiung nicht noch in einem anderen Arbeits- oder Dienstverhältnis geltend macht.

Diese schriftliche Bestätigung mag zwar als unnötige Bürokratie verstanden werden, jedoch haben die Erfahrungen der Praxis gezeigt, daß dies notwendig ist. Es gibt genügend Fälle, in denen z.B. ein Dirigent, ein Chorleiter oder auch ein Trainer in mehreren Vereinen tätig ist.

Neben den nach § 3 Nr. 26 Einkommensteuergesetz steuerfrei belassenen Beträgen können bei Arbeitnehmern noch steuerfreie Aufwendungen nach § 3 Nr. 12, 13, 16 (Reisekosten und Verpflegungsmehraufwand) und Nr. 50 Einkommensteuergesetz (Auslagenersatz) steuerfrei bezahlt werden[1].

Nach Auffassung der Finanzverwaltung soll der Arbeitgeber im Hinblick auf die Nebentätigkeit dann nicht mehr von der Vorschrift des § 3 Nr. 26 Einkommensteuergesetz Gebrauch machen, wenn die nebenamtliche Tätigkeit mehr als 6 Stunden in der Woche übersteigt. Die endgültige Entscheidung, ob eine Nebentätigkeit vorliegt, soll dann erst im Rahmen der Einkommensteuer-Veranlagung bzw. des Lohnsteuer-Jahresausgleichs gefällt werden.

---

[1] So auch Hartz/Meeßen/Wolf, LSt-ABC, Aufwandsentschädigungen C 11, Heinicke in Schmidt, EStG, 5. Auflage, § 3 EStG, Übungsleiter und ähnliche Berufe

Ist ein Steuerpflichtiger ansonsten nicht als Arbeitnehmer tätig, z. B. weil er selbständig ist, so kann er neben dem § 3 Nr. 26 Einkommensteuergesetz noch den Werbungskosten-Pauschbetrag mit 564 DM[1], den Arbeitnehmerfreibetrag mit 480 DM[2] und den Weihnachtsfreibetrag mit 600 DM[3] beanspruchen.

Im Lohnkonto ist in den Fällen der steuerfreien Auszahlung der steuerfrei belassene Betrag ausdrücklich zu vermerken.

Beachte:

1. § 3 Nr. 26 Einkommensteuergesetz kann auch beim Lohnsteuerabzug angewandt werden.

2. Der Arbeitnehmer muß jedoch dem Verein schriftlich bestätigen, daß er den § 3 Nr. 26 Einkommensteuergesetz nicht noch bei einem anderen Verein beansprucht.

3. Neben dem gem. § 3 Nr. 26 Einkommensteuergesetz steuerfrei gebliebenen Arbeitslohn können noch steuerfreie Aufwendungen ausbezahlt werden, wie Reisekosten, Verpflegungsmehraufwand und Aufwandsentschädigungen.

4. Bei Arbeitnehmern kann außerdem noch der Werbungskosten-Pauschbetrag, der Weihnachtsfreibetrag und der Arbeitnehmerfreibetrag steuerfrei belassen werden, soweit der Übungsleiter nicht noch in einem weiteren Arbeitsverhältnis steht.

7 Betriebssport

7.1 Aufwendungen für den Betriebssport als Arbeitslohn

Unstreitig stellen die Aufwendungen des Arbeitgebers für allgemeine Sportarten keinen Arbeitslohn dar, wenn das Angebot nicht nur einer bestimmten Berufsgruppe gemacht wurde. Dies deshalb, weil hier der Ar-

---

[1] § 9a Nr. 1 Einkommensteuergesetz
[2] § 19 Abs. 4 Einkommensteuergesetz
[3] § 19 Abs. 3 Einkommensteuergesetz

beitgeber ein überwiegend betriebliches Interesse hat, nämlich die Förderung der Gesundheit und das Zusammengehörigkeitsgefühl der Mitarbeiter.

Soweit Leschus[1] diese Auffassung bei den Individualsportarten — Tennis, Squash usw. — in Frage stellt oder gar verneint, kann dieser Auffassung nicht gefolgt werden. Auch bei einer solchen Sportart ist u. E. ein überwiegend eigenbetriebliches Interesse gegeben.

7.2 Beiträge an Sportvereine

Übernimmt der Arbeitgeber die Mitgliedsbeiträge in Vereinen, so ist regelmäßig Arbeitslohn gegeben[2].

Zahlungen an einen Sportverein für die Benutzung von Sportstätten stellen jedoch keinen Arbeitslohn dar[3], weil auch hier ein eigenbetriebliches Interesse gegeben ist.

7.3 Betriebssportveranstaltungen

Ob Fahrten zu Betriebssportveranstaltungen Kosten der Lebensführung oder Werbungskosten sind, ist als strittig anzusehen. Nach unserer Auffassung sind entsprechend den vorstehenden Grundsätzen der Werbungskosten zu bejahen[4].

Merke:

Die Rechtslage im Bereich des Betriebssports ist als nicht gesichert anzusehen. Zur Vermeidung von Nachteilen ist es u. U. empfehlenswert, eine sog. Anrufungsauskunft[5] einzuholen.

---

[1] DB 1987, 249
[2] Hartz/Meeßen/Wolf, LSt-ABC, Sportverein, a. A. BFH im Urteil vom 20.9.1985, BStBl II 1985, 718 bei einem Industrieclub
[3] EFG 1967, 38
[4] Analog FG München vom 10.2.1984, EFG 1984, 451; a. A. Hessisches Finanzgericht vom 13.1.1981, EFG 1981, 285
[5] Vgl. § 42e Einkommensteuergesetz

8 Steuerabzug

8.1 Unbeschränkt Steuerpflichtige

Für unbeschränkt Steuerpflichtige hat ein Verein Steuern nur einzubehalten, soweit er Arbeitnehmer beschäftigt. Insoweit wird auf die vorstehenden Ausführungen verwiesen (vgl. Abschn. 5).

8.2 Beschränkt Steuerpflichtige

8.2.1 Arbeitnehmer

Hat ein Arbeitnehmer des Vereins keinen Wohnsitz bzw. gewöhnlichen Aufenthalt[1] — gewöhnlich bei mehr als einem halben Jahr Aufenthalt im Inland —, so ist die Steuer nach den nachstehenden Grundsätzen — vgl. § 50a Abs. 4 Einkommensteuergesetz — im Abzugswege zu erheben.

8.2.2 Selbständig Tätige

Das Abzugsverfahren gilt nicht nur für Einzelsportler, sondern auch für Gruppen, z. B. Mannschaften. Die Rechtsvorschrift hierfür ist gleichfalls der § 50a Abs. 4 Einkommensteuergesetz, welcher bei Selbständigen erstmals ab dem 1.1.1986 anzuwenden ist.

8.3 Steuerabzug

8.3.1 Steuersatz

Der Steuerabzugsbetrag beträgt

● 15%, wenn die Tätigkeit im Inland ausgeübt wird,
● 25% in den übrigen Fällen.

Dies bedeutet, daß bei Sportveranstaltungen 15% einzubehalten sind. Bei einer inländischen Verwertung — dies ist z. B. der Fall, wenn ein ausländischer Sportler für eine inländische Firma wirbt — beträgt der Steuersatz 25%.

Der Steuersatz ist auf die Einnahmen anzuwenden. Daher kommt ein Abzug von Betriebsausgaben und Werbungskosten nicht mehr in Betracht.

---

[1] Vgl. §§ 8, 9 Abgabenordnung

8.3.2 Steuererhebung

Die Erhebung erfolgt im Abzugsverfahren. Bezogen auf einen Verein bedeutet dies, daß vom Verein die Steuer einzubehalten ist.

Hierzu ist nach § 73d Einkommensteuerdurchführungs-Verordnung folgendes aufzuzeichnen:

● Name und Wohnsitz des ausländischen Sportlers
● Höhe der Vergütungen in DM
● Tag der Vergütung
● Höhe und Zeitpunkt der Abführung der einbehaltenen Steuer.

Wird die Steuer nicht vom Verein einbehalten, so kann gegen den Verein ein sog. Haftungsbescheid erlassen werden[1]. Wird ein Verein aufgrund eines Haftungsbescheids in Anspruch genommen, stellt der ausbezahlte Betrag einen sog. Nettobetrag dar, d.h. der Steuersatz ist höher (17,64 bzw. 33,33%).

Die Abzugssteuer ist vom Schuldner (Verein) bis zum 10. Tag des dem Kalendervierteljahr folgenden Monats beim Finanzamt anzumelden und abzuführen[2].

8.3.3 Doppelbesteuerungsabkommen

In einem Doppelbesteuerungsabkommen kann festgelegt sein, daß die Einkünfte nicht oder mit einem niedrigeren Steuersatz zu besteuern sind[3]. Hierzu wird jedoch eine Bescheinigung des Bundesamts für Finanzen benötigt. Liegt eine solche Bescheinigung nicht vor, so gelten die allgemeinen Grundsätze.

---

[1] § 73g Einkommensteuerdurchführungs-Verordnung
[2] Vgl. § 73e Einkommensteuerdurchführungs-Verordnung
[3] Vgl. § 73h Einkommensteuerdurchführungs-Verordnung

Merke:

1. Zur Vermeidung einer Haftung sollte unbedingt abgeklärt werden, ob der Sportler unbeschränkt einkommensteuerpflichtig ist.

2. Liegt eine unbeschränkte Steuerpflicht vor, so gilt es weiterhin abzuprüfen, ob ein Doppelbesteuerungsabkommen durchgreift.

3. Ist ein Sportler beschränkt steuerpflichtig und sind die Entgelte aufgrund eines Doppelbesteuerungsabkommens nicht befreit, so ist die Steuer im Abzugsverfahren zu erheben.

F Abzugsfähigkeit von Spenden und Beiträgen als Sonderausgaben

1 Allgemeines

Spenden und Beiträge sind beschränkt als Sonderausgaben steuerlich abzugsfähig[1]. Sie wirken sich daher nur insoweit aus, als sie nicht insgesamt 5% des Gesamtbetrags der Einkünfte übersteigen. Spenden und Beiträge für wissenschaftliche und als besonders förderungswürdig anerkannte kulturelle Zwecke sind bis zur Höhe von 10% des Gesamtbetrags der Einkünfte abzugsfähig[2].

Grundsätzliche Voraussetzung für die Abzugsfähigkeit als Spende ist, daß die Zahlung freiwillig und ohne Gegenleistung erfolgt. Es kommt hierbei jedoch nicht darauf an, daß den Spender uneigennützige Motive zu der Ausgabe veranlassen.

2 Mitgliedsbeiträge

Sehr oft wird in der Praxis die Auffassung vertreten, daß Mitgliedsbeiträge nicht als Sonderausgaben abzugsfähig sind. Diese Auffassung ist jedoch nicht in jedem Fall richtig. Ist z.B. ein Verein selbst unmittelbar zum Empfang von steuerbegünstigten Zuwendungen berechtigt (vgl. Teil B Abschn. 4.1), so können auch die Mitgliedsbeiträge abgesetzt werden.

Dies trifft auch für die in Abschn. 111 Abs. 2 Einkommensteuer-Richtlinien aufgeführten Vereine zu. Darunter fällt z.B. der Deutsche Alpenverein. Es gilt hierbei jedoch zu beachten, daß Zuwendungen an die Sektionen des Deutschen Alpenvereins nur dann begünstigt sind, wenn diese Beträge namens und im Auftrage des Deutschen Alpenvereins entgegengenommen werden.

Es gilt weiterhin zu beachten, daß nur in 10 der insgesamt 24 als besonders förderungswürdig anerkannten Zwecke der Empfänger eine juristische Person des öffentlichen Rechts sein muß. Dies ist nach der Anlage 7 zu den Einkommensteuer-Richtlinien in folgenden Fällen erforderlich:

---

[1] § 10b Einkommensteuergesetz
[2] Der Begriff des Gesamtbetrags der Einkünfte ist in § 2 Abs. 3 Einkommensteuergesetz geregelt

— Förderung des Sports (Tz. 3);

— Förderung kultureller Zwecke (Tz. 4); hierunter fällt die ausschließliche und unmittelbare Förderung der Kunst, die Förderung der Pflege und Erhaltung von Kulturwerten sowie die Förderung der Denkmalpflege;

— Förderung der Heimatpflege und Heimatkunde (Tz. 7);

— Förderung des Naturschutzes und der Landschaftspflege (Tz. 18);

— Förderung der Verbundenheit der Bevölkerung von Berlin (West) mit der Bevölkerung im übrigen Bundesgebiet (Tz. 19);

— Förderung der Wiedervereinigung in Frieden und Freiheit (Tz. 20);

— Förderung des Zivilschutzes (Tz. 21);

— Förderung der Entwicklungshilfe (Tz. 22);

— Förderung des Umweltschutzes (Tz. 24);

— Förderung der Gleichberechtigung von Männern und Frauen (Tz. 26).

Daher muß bei Zuwendungen zur Förderung des Sports der vertragsgemäße Empfänger eine Körperschaft des öffentlichen Rechts sein. Folglich sind die Mitgliedsbeiträge an Sport-, Musik- und Gesangvereine nicht als Sonderausgaben abzugsfähig. Auf die Ausführungen in Teil B Abschn. 4.1 wird verwiesen.

Ist jedoch ein Verein z. B. im Rahmen der Förderung internationaler Gesinnung[1] als besonders förderungswürdig anerkannt — z. B. ein sog. Dritte-Welt-Laden — so sind die satzungsmäßigen Mitgliedsbeiträge als Sonderausgaben abzugsfähig. Dies gilt jedoch nur insoweit, als es sich um echte Mitgliedsbeiträge handelt. Unechte Mitgliedsbeiträge, die nicht als Sonderausgaben abzugsfähig sind, sind dann anzunehmen, wenn die Leistung der Mitglieder Entgelt für eine Leistung des Vereins darstellt.

Für die Abzugsfähigkeit der Mitgliedsbeiträge ist allerdings erforderlich, daß der Verein eine Spendenbescheinigung erteilt.

Die gleichen Grundsätze gelten auch für **Aufnahmegebühren**. Daher sind z. B. Aufnahmegebühren für die Aufnahme in einen Tennis- oder auch Golfclub nicht als Sonderausgaben abzugsfähig. Dies gilt auch dann, wenn die Aufnahmegebühr zuerst der Gemeinde zugeleitet wird.

---

[1] Anlage 7 zu Abschn. 111 Abs. 1 Einkommensteuer-Richtlinien, Tz. 12

Vereine, die der Volksbildung dienen

Die vorstehenden Vereine, wie z. B. Kunstvereine, fallen nicht unter die Nr. 5 der Anlage 7 Einkommensteuer-Richtlinien. Ein solcher Verein ist daher zur Erteilung von Spendenbescheinigungen nicht berechtigt.

Zu den Spenden an Kommunen hat Vogt in Zeitschrift für Kommunalfinanzen 1984, 182 in ABC-Form Stellung bezogen. Auf diese Ausführungen wird verwiesen.

Beachte:

1. Ist ein Verein zur Erteilung von Spendenbescheinigungen berechtigt, so sind auch Mitgliedsbeiträge als Sonderausgaben abzugsfähig. Dies gilt jedoch nur für echte Mitgliedsbeiträge.

2. Bei Sport-, Musik-, Gesang- und ähnlichen Vereinen sind Mitgliedsbeiträge steuerlich nicht abzugsfähig. Dies gilt auch für Aufnahmegebühren.

3 Spendenabzug

Soweit ein Verein nicht zur Erteilung von Spendenbescheinigungen berechtigt ist, dies sind z. B. Sport-, Musik-, Gesangvereine usw., sind die Spenden nur dann abzugsfähig, wenn der Empfänger eine Körperschaft des öffentlichen Rechts ist. Als Körperschaft des öffentlichen Rechts ist z. B. die Gemeinde anzusehen. Daher sind die Spenden der Gemeinde zuzuleiten. Diese hat dann die gespendeten Beträge an den jeweiligen Verein zur satzungsgemäßen Verwendung weiterzuleiten.

Für die Abzugsfähigkeit als Sonderausgabe ist jedoch eine Spendenbescheinigung nicht immer erforderlich. Bei Beträgen von nicht mehr als 100 DM kann auf die Vorlage einer Spendenbescheinigung verzichtet werden[1]. Hieraus darf jedoch nicht geschlossen werden, daß bis zu 100 DM an den Verein direkt gespendet werden kann. Empfänger muß auch in diesem Fall eine Körperschaft des öffentlichen Rechts sein. Eine andere Regelung gilt nur für die Fälle, in denen der Verein selbst zur Erteilung von Spendenbescheinigungen berechtigt ist.

---

[1] Abschn. 111 Abs. 5 Nr. 2 Einkommensteuer-Richtlinien

Aufgrund innerdienstlicher Weisungen können die Finanzämter bis zu einer bestimmten Höhe auf die Vorlage der Spendenbescheinigung verzichten. Auf diese Verwaltungspraxis kann sich jedoch im Einzelfall ein Steuerpflichtiger nicht berufen.

Beachte:

1. Für die steuerliche Abzugsfähigkeit wird eine Spendenbescheinigung benötigt.
2. Dies gilt nicht für Spenden bis zur Höhe von 100 DM.

4 Form der Geldspende an Vereine, die nicht zur Erteilung von Spendenbescheinigungen berechtigt sind

Wie bereits ausgeführt, muß oftmals der Empfänger eine Körperschaft des öffentlichen Rechts sein. In der Praxis wird hierzu der Weg der sog. Durchlaufspende gewählt, d.h. der Spender wendet den Betrag der Gemeinde zu und diese leitet diesen Betrag an den gemeinnützigen Verein zur satzungsgemäßen Verwendung weiter.

Leisten Mitglieder von Sportvereinen anstelle ihrer geschuldeten echten Vereinsbeiträge Leistungen an Sportspitzenverbände, so sind diese Beträge nicht als Spenden abzugsfähig, wenn der Spitzenverband diese Zahlung an die örtlichen Vereine weiterleitet. Dies entspricht nicht nur der Auffassung der Finanzverwaltung, sondern auch der der Finanzgerichte.

Neben der sog. Durchlaufspende wird auch von der Finanzverwaltung die Umwegspende anerkannt[1]. Für die Anerkennung der sog. Umwegspende ist jedoch wie folgt zu verfahren:

● Der Verein nimmt die baren und unbaren Mittel direkt von den Spendern entgegen und zahlt diese auf ein Konto ein, das ausschließlich für Spendeneinnahmen bestimmt ist. Dies bedeutet, der Verein muß ein weiteres Konto anlegen.

---

[1] BMF-Schreiben vom 16.12.1985, Der Betrieb 1986, 202

● Die auf dem Spendenkonto angesammelten Beträge werden zu bestimmten Zeitabständen unter Beifügung einer Spenderliste an die Gemeinde überwiesen. Hierbei muß sichergestellt sein, daß alle Beträge ausnahmslos an die Gemeinde überwiesen werden und der Verein keinesfalls in anderer Weise über das Konto verfügen kann.

● Nach Ausstellung der Spendenbescheinigungen durch die Gemeinde überweist diese die Spendenbeträge auf ein allgemeines Konto des Vereins zurück.

Diese sog. Umwegspende ist von der Finanzverwaltung vor allem für die Fälle geschaffen worden, in denen Spender spontan dem Verein Beträge zuwenden. In der Praxis kann dieses Problem auch dadurch gelöst werden, daß der Verein die Beträge mit einer Postbaranweisung der Gemeinde im Namen des Spenders überweist. Dadurch wird der Aufwand, der mit einem zusätzlichen Konto verbunden ist, vermieden.

Beachte:

Ist ein Verein zur Erteilung von Spendenbescheinigungen nicht berechtigt, so ist der zu spendende Betrag regelmäßig der Gemeinde zuzuleiten. Diese gibt die Beträge an den Verein zur satzungsgemäßen Verwendung weiter.

5 Behandlung von Werk- und Dienstleistungen

Nach der Rechtsprechung sind entstandene tatsächliche Aufwendungen (wie z. B. Fahrtkosten, Verpflegungsmehraufwand) als Spenden abzugsfähig[1]. Diese Rechtsprechung gilt jedoch nur für die Fälle, in denen ein Vermögensabfluß vorliegt. Es gilt bei diesem Urteil weiterhin zu beachten, daß es sich im Streitfall um einen Übungsleiter der DLRG handelte. Die DLRG ist in Abschn. 111 Abs. 2 Einkommensteuer-Richtlinien aufgeführt, damit zur Erteilung von Spendenbescheinigungen berechtigt.

Das Urteil ist daher nicht auf Vereine übertragbar, die nicht zur Erteilung von Spendenbescheinigungen berechtigt sind. In diesen Fällen muß der

---

[1] BFH-Urteil vom 28.4.1978, BStBl II 1979, 297

Verein den entstandenen Aufwand ersetzen, der Empfänger kann dann diesen Betrag an die Gemeinde als Spende weiterleiten.

Nach einem neueren Urteil[1] soll es nicht mehr erforderlich sein, daß der Verein die Beträge tatsächlich auszahlt und diese vom Empfänger wieder gespendet werden. Ebenso soll es nicht mehr erforderlich sein, daß ein Rechtsanspruch auf Auszahlung besteht. Vielmehr genüge es, wenn dem Verein Aufwendungen im satzungsmäßigen Bereich erspart werden, d.h. der Verein im begünstigten Bereich bereichert wird. Dieses Urteil wird jedoch nicht über den entschiedenen Fall hinaus angewandt[2].

Ansprüche, die bereits aus rechtlichen Gründen verfallen sind, können dem Verein nicht mehr durch Verzicht zugewendet werden[3].

Erstellt z.B. ein Architekt die Baupläne zum Bau einer vereinseigenen Tennishalle, so ist zu überlegen, ob eine Spendenbescheinigung im Wert der Planungsleistungen beansprucht werden soll. Hierzu wäre erforderlich, daß an den Verein eine Rechnung gestellt wird. Auf die Bezahlung der Rechnung wird verzichtet.

Andererseits ist denkbar, daß der Architekt völlig unentgeltlich tätig wird, denn Leistungen können ohne weiteres unentgeltlich erbracht werden.

Wird eine **Spendenbescheinigung** beansprucht, so hat ein Leistungsaustausch zwischen dem Architekten und dem Verein stattgefunden. Dieser Leistungsaustausch ist nach den allgemeinen Grundsätzen umsatzsteuerpflichtig. In der erlassenen Forderung ist buchhalterisch eine Privatentnahme zu sehen, weil ein Erlaß aus privaten Gründen gegeben ist.

Bei Steuerpflichtigen, welche gewerbliche Einkünfte haben, gilt es zu beachten, daß die entgeltliche Leistung außerdem noch der Gewerbesteuer zu unterwerfen ist.

Wird man dagegen **unentgeltlich** für einen Verein tätig, so kann dies nur umsatzsteuerliche — im Bereich des sog. Eigenverbrauches — Auswirkungen haben.

---

[1] BFH-Urteil vom 24.9.1985, BStBl II 1986, 726
[2] BMF-Schreiben vom 27.8.1986, BStBl I 1986, 479
[3] Finanzgericht Hamburg vom 17.1.1983, EFG 1983, 282

Eine unentgeltliche **Lieferung** führt jedoch stets zu einer Privatentnahme in Höhe des Teilwerts. Damit ist in diesen Fällen zwingend ein Leistungsaustausch anzunehmen. Dies gilt z. B. dann, wenn ein Unternehmer Waren aus seinem Betrieb liefert.

Für Zwecke des Nachweises der Kosten der Baumaßnahme für die Bezuschussung durch sog. Lotto- und Totomittel, welche beim zuständigen Landessportbund beantragt werden können, dürfen jedoch die geplanten Kosten (d. h. einschl. den unentgeltlichen Leistungen) angesetzt werden. Damit ist letztlich auch ein Zuschuß für die unentgeltlichen Leistungen möglich.

Beachte:

1. Werk- und Dienstleistungen können gespendet werden, soweit ein Vermögensabfluß vorliegt.

2. Erfolgt eine Leistung aus dem unternehmerischen Bereich, dann hat zuerst eine Entnahme zu erfolgen.

6 Arbeitsleistung, die vom Verein gefordert wird

Oftmals wird bei besonderen Anlässen, z. B. beim Bau eines Vereinsheims erwartet, daß Vereinsmitglieder eine gewisse Stundenzahl arbeiten. Wird diese Erwartung nicht erfüllt, dann kann das Vereinsmitglied die nichterbrachte Leistung durch eine Geldleistung ausgleichen. Nun stellt sich die Frage, ob die Werkleistung eine Spende darstellt. Mangels eines Vermögensabflusses ist dies zu verneinen.

Wird hingegen Geld zugewendet, so ist wohl zu fragen, ob Mitgliedsbeitrag oder eine Spende vorliegt. Besteht eine Verpflichtung zur Ableistung von Arbeitsstunden und kann diese Verpflichtung durch einen Geldbetrag abgelöst werden, so ist unseres Erachtens Mitgliedsbeitrag anzunehmen.

7 Bausteine u. ä. Anreize zu Spenden

Oftmals werden beim Bau von sportlichen Anlagen zur Finanzierung bei geselligen Veranstaltungen sogenannte Bausteine zum Verkauf angeboten. Bei einem Erwerb von solchen Bausteinen o. ä. Anreizen zur Spende stellt sich die Frage, ob diese Beträge als Spende abzugsfähig sind. Auch hier ist zu unterscheiden, ob der Verein unmittelbar zur **Erteilung von Spendenbescheinigungen** berechtigt ist oder nicht.

Ist der Verein zur Erteilung von Spendenbescheinigungen berechtigt, so kann über den hingegebenen Betrag eine Spendenbescheinigung erteilt werden.

Ein solches Verfahren ist jedoch bei Sport-, Gesang-, Musikvereinen usw. nicht möglich, weil diese zur Erteilung von Spendenbescheinigungen nicht berechtigt sind. Somit scheidet in einem solchen Fall die Abzugsfähigkeit als Spende aus. Für einen solchen Fall bietet sich dann die sogenannte Umwegspende an, d. h. die Gelder, welche aus den Bausteinen erzielt werden, werden auf einem sog. Spenderkonto angelegt. Der Verein überweist dann entsprechend den in Abschn. 4 dargestellten Grundsätzen den gesamten Betrag unter Beifügung einer Spenderliste an die Gemeinde. Durch eine solche Maßnahme können die Spender in den Genuß einer Spendenbescheinigung kommen. Dieses Verfahren gilt jedoch nicht in den Fällen, in denen sich das Vereinsmitglied durch die Spende ein unmittelbares Recht schafft. Die Grundsätze zum unechten Mitgliedsbeitrag sind hier entsprechend heranzuziehen.

8 Sachspenden

Neben Werk- bzw. Dienstleistungen können auch Sachen aus dem Betriebsvermögen oder Privatvermögen an einen Verein gespendet werden. Wegen der steuerlichen Behandlung von Sachspenden gilt es zu unterscheiden, ob der Verein selbst zur Erteilung von Spendenbescheinigungen berechtigt ist oder nicht.

▶ Zu den nicht zur Erteilung von Spendenbescheinigungen berechtigten Vereinen gehören, wie bereits dargestellt, Sport-, Gesang-, Musikvereine usw. Bei diesen Vereinen gilt der Grundsatz, daß die Sache zunächst einer Körperschaft des öffentlichen Rechts — im Regelfall der Gemeinde — zu übereignen ist, die Sache dann von der Körperschaft des öffentlichen Rechts an den begünstigten Verein zur satzungsgemäßen Verwendung weitergegeben wird. Ist eine Übereignung an die Gemeinde nicht zumutbar, z. B. bei Lebensmitteln, so läßt die Finanzverwaltung folgendes Verfahren zu:

Der körperliche Gegenstand wird unmittelbar dem Verein übergeben. Dieser stellt der Gemeinde zur Ausstellung einer Spendenbescheinigung folgende Unterlagen zur Verfügung, die von der Gemeinde als Beleg aufzubewahren sind:

1. Eine Bestätigung des Spenders über
   — den Zeitpunkt der Sachspende,
   — die genaue Bezeichnung des gespendeten Gegenstands
   — und den Wert des gespendeten Gegenstands.

2. Unternehmer haben außerdem anzugeben, ob
   — die Spende aus dem Privat- oder Betriebsvermögen stammt
   — und in den Fällen der Entnahme aus dem Betriebsvermögen, ob sie mit dem Teilwert oder Buchwert bewertet wurde.

3. Eine Bestätigung des Vereins über
   — den Empfang der Sachspende
   — und über die ausschließliche Verwendung der Spende zu steuerbegünstigten Zwecken des Vereins.

Die Gemeinde muß sich außerdem

● vor Ausstellung der Spendenbescheinigung versichern, ob der Verein vom Finanzamt als gemeinnützig anerkannt worden ist, und ob die von ihm verfolgten Zwecke allgemein als besonders förderungswürdig anerkannt sind;

● die Art des Gegenstands bezeichnen und dessen Wert zu beziffern, hierbei ist anzugeben, ob es sich um den gemeinen Wert, Teilwert oder Buchwert handelt.

Vielfach haben die Gemeinden für die Behandlung von Sachspenden Vordrucke entwickelt, welche von der Gemeinde beschafft werden können.

Wird eine Sachspende aus dem Betriebsvermögen entnommen, so gilt es zu beachten, daß die Entnahme nach § 6 Abs. 1 Nr. 4 Einkommensteuergesetz mit dem Teilwert zu erfolgen hat. Der Teilwert entspricht regelmäßig den sog. Wiederbeschaffungskosten und ist ein Nettopreis. Lediglich dann, wenn der Verein unmittelbar wissenschaftlichen Zwecken oder der Förderung der Erziehung, Volks- und Berufsausbildung dient, kommt eine Entnahme zum Buchwert in Betracht.

Nachdem das vorstehende Verfahren mit umfangreichen bürokratischen Hürden versehen ist, sollte überlegt werden, ob nicht in der Praxis in solchen Fällen der Verein die entsprechende Sache kauft und der Käufer den tatsächlich bezahlten Kaufpreis spendet.

▶ **Ist der Verein zur Erteilung von Spendenbescheinigungen berechtigt,** so muß nicht der Umweg über die Gemeinde gewählt werden. Vielmehr kann der Verein entsprechend den vorstehend dargestellten Grundsätzen selbst eine Spendenbescheinigung erstellen.

Beachte:

Sachspenden sind regelmäßig zuerst der Gemeinde zuzuwenden. Ist dies nicht möglich, dann kann die Sache direkt dem Verein zugewendet werden.

9 Rückzahlung von Aufwandsentschädigungen, Kostenersatz, Arbeitslohn und Betriebseinnahmen an den Verein

Die Rückzahlung von Beträgen, die der Verein an ein Mitglied leistet, stellt keinen Gestaltungsmißbrauch[1] dar, wenn das Vereinsmitglied frei entscheiden kann, ob es den Betrag zurückspenden will oder nicht. Zur Vermeidung eines nicht zumutbaren Aufwands und im Interesse einer Vereinfachung des Verfahrens kann wie nachstehend dargestellt vorgegangen werden:

Es wird vom Verein eine Liste gefertigt, in welcher der Auszahlungsbetrag aufgeführt ist. In dieser Liste bescheinigt das Vereinsmitglied durch seine Unterschrift, daß der jeweilige Betrag an ihn ausbezahlt wurde.

---

[1] § 42 Abgabenordnung

Abb. 10: Liste ausbezahlter Beträge

FC Schienbein 04
Kassier

Die nachstehenden Personen bestätigen den Erhalt der unten genannten Beträge:

Hans Maier	54,— DM	Unterschrift/Datum
Paul Schulz	42,— DM	Unterschrift/Datum
usw.		

In einer zweiten Liste wird eine Person bevollmächtigt, die in der Liste genannten Beträge im Namen der Entgeltsempfänger als Spende bei einer Körperschaft des öffentlichen Rechts einzuzahlen. Die Bevollmächtigung sollte zur Vermeidung von Schwierigkeiten auf der Liste schriftlich erteilt werden.

Abb. 11: Spendenliste

Die nachstehenden Personen bevollmächtigen Herrn Hans Maier zur Einzahlung der nachstehenden Beträge bei der Gemeinde Kuhdorf zur Weiterreichung an den FC Schienbein 04 zur satzungsgemäßen Verwendung:

Paul Schulz	42,— DM	Unterschrift/Datum
usw.		

Beachte:

Es ist grundsätzlich möglich, daß ein Vereinsmitglied erhaltene Entschädigungen oder ausbezahlten Arbeitslohn an den Verein zurückspendet. Dies gilt auch für Vergütungen, welche gem. § 3 Nr. 26 Einkommensteuergesetz steuerfrei sind.

Nach unseren Erfahrungen ist es zur Motivation von Vereinsmitgliedern dringend geboten, daß das Vereinsmitglied tatsächliche Vermögensabflüsse durch eine Spendenbescheinigung „honoriert" bekommt. Dies wird durch die tatsächliche Auszahlung und die Rückspende der Beträge an den Verein erreicht. Nützt ein Verein diese legale Möglichkeit aus, so zeigt er u. E. seinen aktiven Mitgliedern, daß er ihre persönliche Leistung anerkennt.

10 Widerruf der Gemeinnützigkeit und die Auswirkung auf den Spendenabzug

Es ist nicht nur Theorie, sondern es kommt in der Praxis tatsächlich vor, daß ein Finanzamt dem Verein die Steuerbefreiung aufgrund seines tatsächlichen Gebarens rückwirkend entzieht. In einem solchen Fall ist der Abzug einer Durchlaufspende als Sonderausgabe nicht wieder rückgängig zu machen[1], wenn der Spender bei der Hingabe der Spende hinsichtlich der Steuerbegünstigung gutgläubig war. D.h., konnte der Spender von der satzungswidrigen Verwendung von Geldern keine Kenntnis haben, so ist ihm nachträglich ein Spendenabzug nicht zu versagen.

U.E. handeln jedoch Vorstandsmitglieder nicht gutgläubig, wenn sie vom satzungswidrigen Vereinsgebaren Kenntnis hatten[2].

Die Spenden können auch dann abgesetzt werden, wenn der Finanzamtsvorsteher zunächst die Abzugsfähigkeit zusicherte, tatsächlich aber die Voraussetzungen für einen Spendenabzug aufgrund der Vereinssatzung nicht vorlagen[3].

Auf die Ausführungen in Teil B Abschn. 2.2 wird verwiesen.

11 Tilgung von Vereinsschulden durch den Vorstand

Es ist grundsätzlich möglich, daß ein Vereinsvorstand für widerrechtliche und schuldhafte Schädigung eines Dritten zu haften hat. Es handelt sich dabei um Schadensersatz wegen unerlaubter Handlung[4].

Gleichfalls kommt eine Haftung in Betracht, wenn ein Vorstandsmitglied „in Ausführung der ihm zustehenden Verrichtung" einen Arbeitsunfall vorsätzlich oder grob fahrlässig herbeiführt. Es haftet dann dem Träger der Unfallversicherung auf Schadensersatz[5] neben dem Verein.

---

[1] BFH, Urteil vom 18.7.1980, BStBl II 1981, 52
[2] Diese Auffassung wird vom Finanzgericht Münster im Urteil vom 3.9.1985, EFG 1985, 627 geteilt
[3] Finanzgericht Köln vom 7.7.1985, EFG 1986, 39
[4] § 823 Bürgerliches Gesetzbuch
[5] § 640 Reichsversicherungsordnung

Schließlich kann eine Haftung in Betracht kommen, wenn der Verein überschuldet ist und der Vorstand die Eröffnung des Konkurs- oder Vergleichsverfahrens verschleppt.

Vor allem kommt nach der Abgabenordnung eine Haftung für nicht bezahlte Steuern in Betracht.

Wird ein Vereinsvorstand in Haftung genommen, so stellen seine Zahlungen zivilrechtlich Tilgungsbeträge des Vereines dar.

Nach einem Urteil des Finanzgerichts Köln[1] sind die von einem Vereinsvorstand eines nichtrechtsfähigen Vereines getätigten Schuldentilgungen nicht als außergewöhnliche Belastungen abzugsfähig. Dies gilt wohl auch bei einem eingetragenen Verein.

---

[1] Urteil vom 10.11.1982, EFG 1983, 411

G Grundsteuer

Grundsätzlich sind Sportanlagen nach § 3 Abs. 1 Nr. 1 Grundsteuergesetz von der Grundsteuer befreit. Sind einem Sportverein die Anlagen nur zur Benutzung überlassen, so greift die Befreiung nur dann durch, wenn die Überlassung ausschließlich und unmittelbar zu gemeinnützigen Zwecken erfolgt[1].

Die Befreiung von der Grundsteuer bezieht sich grundsätzlich bei gemeinnützigen Sportvereinen auf die gesamten sportlichen Anlagen einschließlich der Zuschauerflächen, wie z.B. Tribünenaufbauten. Eine Befreiung kommt jedoch nicht in Betracht, wenn die Anlagen überwiegend dem wirtschaftlichen Geschäftsbetrieb dienen[2].

Wird jedoch von einem privaten Eigentümer einem gemeinnützigen Sportverein Grundbesitz zur Benutzung für sportliche Zwecke verpachtet, so unterliegt dieser Grundbesitz grundsätzlich der Grundsteuer. Handelt es sich dabei um öffentliche Sportplätze, so hat die Gemeinde die Grundsteuer zu erlassen, wenn die jährlichen Kosten den Rohertrag übersteigen. Ist dies nicht der Fall, dann kann die Gemeinde im Wege einer Billigkeitsmaßnahme von der Erhebung der Grundsteuer absehen bzw. die Grundsteuer nach § 227 Abgabenordnung erlassen.

Zu den sportlichen Anlagen rechnen auch

● Unterrichts- und Ausbildungsräume,
● Übernachtungsräume für Trainingsmannschaften,
● Umkleide-, Bade-, Dusch- und Waschräume
● sowie Räume zur Aufbewahrung von Sportgeräten,

auch wenn sie für diesen Zweck an Vereinsmitglieder ganz oder teilweise vermietet sind.

Sportliche Anlagen in diesem Sinne sind auch Unterkunfts- und Schutzhütten von Bergsteiger-, Ski- und Wandervereinen.

---

[1] § 3 Abs. 1 Nr. 3 GrStG
[2] BMF, Schreiben vom 15.3.1984, BStBl I 1984, 323

Die Grundsteuerbefreiung erstreckt sich auf kleinere, einfach ausgestattete Räume, die der Erfrischung der Sporttreibenden dienen. Dies kann z. B. ein Aufenthaltsraum mit Getränkeautomaten sein.

Nicht grundsteuerbegünstigt sind jedoch solche Räume, die überwiegend der Erholung oder der Geselligkeit dienen, weil insoweit eine unmittelbare Nutzung zu gemeinnützigen Zwecken nicht gegeben ist. Daher unterliegen z. B. die Räume der Vereinsgaststätte der Grundsteuer. Gleiches gilt für Platzwartwohnungen bei Sportanlagen.

Grundbesitz, den ein eingetragener Verein seinen Mitgliedern zum Sportfischen zur Verfügung stellt, ist nicht von der Grundsteuer befreit[1].

---

[1] BFH vom 31.7.1985, BStBl II 1985, 632

H Vermögensteuer

Gemeinnützige Vereine sind grundsätzlich nicht vermögensteuerpflichtig, soweit nicht ein wirtschaftlicher Geschäftsbetrieb anzunehmen ist[1].

Ist ein wirtschaftlicher Geschäftsbetrieb gegeben, so ist für diesen Geschäftsbetrieb ein Einheitswert des Betriebsvermögens festzustellen. Dieser Einheitswert umfaßt alle Wirtschaftsgüter, welche dem wirtschaftlichen Geschäftsbetrieb dienen. Es sollte hierbei jedoch nicht verkannt werden, daß Gebäude und Grundstücke sowie die dazugehörenden Gebäudeteile lediglich mit dem Einheitswert erhöht um den Zuschlag von 40%[2] zu erfassen sind. Ansonsten sind die Wirtschaftsgüter mit dem Teilwert in der Vermögensaufstellung anzusetzen. Wegen der Frage, ob ein Gebäudeteil vorliegt, wird auf die späteren Ausführungen zur Abgrenzung von Gebäuden bzw. Außenanlagen zu den Betriebsvorrichtungen hingewiesen.

Die Problematik der Vermögensteuerpflicht hat jedoch seit dem 1.1.1984 ihren Schrecken verloren, denn nunmehr kann sich ein steuerpflichtiges Vermögen nur dann ergeben, wenn der Einheitswert 125000 DM übersteigt. Der 125000 DM übersteigende Betrag ist außerdem nur mit 75% anzusetzen[3] (Teil K).

Außerdem ist ein steuerpflichtiges Vermögen nur dann anzusetzen, wenn das Gesamtvermögen mindestens 20000 DM beträgt[4]. Das Gesamtvermögen entspricht bei Vereinen dem Einheitswert des Betriebsvermögens, gemindert um die Kürzung nach § 117a Bewertungsgesetz. Beträgt der den Freibetrag von 125000 DM übersteigende Betrag, gemindert um weitere 25 v.H., nicht mehr als 20000 DM, so ergibt sich keine Vermögensteuerpflicht.

Bei der Vermögensteuer wird regelmäßig nur eine Veranlagung im Turnus von 3 Jahren durchgeführt. Man spricht hier von der sog. Vermögensteuer-Hauptveranlagung. Die aktuellste Hauptveranlagung erfolgt zur

---

[1] § 3 Abs. 1 Nr. 12 Vermögensteuergesetz
[2] § 121a Bewertungsgesetz
[3] § 117a Bewertungsgesetz
[4] § 9 Nr. 1 Buchst. b Vermögensteuergesetz

Zeit auf den 1.1.1986, so daß die nächste Hauptveranlagung voraussichtlich auf den 1.1.1989 durchgeführt wird. Treten zwischenzeitlich Wertveränderungen ein, die bestimmte Grenzen[1] übersteigen, so wird eine Neuveranlagung durchgeführt.

Merke:

1. Ein gemeinnütziger Verein kann nur vermögensteuerpflichtig sein, soweit er einen Geschäftsbetrieb unterhält.

2. Ist ein Geschäftsbetrieb anzunehmen, so führt dies nicht zwangsläufig zu einer Vermögensteuerpflicht, denn es sind die Vorschriften der § 117a Bewertungsgesetz und § 9 Vermögensteuergesetz zu beachten. Eine Vermögensteuerpflicht ergibt sich folglich nur dann, wenn der Einheitswert des Betriebsvermögens mehr als 151 000 DM beträgt.

---

[1] § 16 Abs. 1 Nr. 1 Vermögensteuergesetz

I Gewerbesteuer

Bei der Gewerbesteuer ergibt sich grundsätzlich die gleiche Problematik wie bei der Vermögensteuer. Dies bedeutet, eine Gewerbesteuerpflicht tritt nur dann ein, wenn der steuerbegünstigte Verein einen wirtschaftlichen Geschäftsbetrieb unterhält[1].

Unterhält ein Verein einen wirtschaftlichen Geschäftsbetrieb, so ist er regelmäßig gewerbesteuerpflichtig. Die Gewerbesteuer berechnet sich aus zwei Wertgrößen, nämlich dem Gewerbeertrag und dem Gewerbekapital.

▶ Der **Gewerbeertrag** entspricht grundsätzlich dem körperschaftsteuerlichen Einkommen des Vereines. Dieses Einkommen ist jedoch nach den §§ 8 und 9 Gewerbesteuergesetz zu korrigieren.

Zur Ermittlung des Gewerbeertrags sind z.B. die Hälfte der sog. Dauerschuldzinsen dem körperschaftsteuerlichen Einkommen hinzuzurechnen. Dauerschuldzinsen sind Zinsen aufgrund langfristiger Darlehen. Diese sind z.B. anzunehmen, wenn zum Bau eines selbstbewirtschafteten Vereinsheims ein Darlehen aufgenommen wurde.

Als Kürzung kommt nach § 9 Nr. 1 Gewerbesteuergesetz ein Betrag in Höhe von 1,2% des Einheitswerts des zum Betriebsvermögen gehörenden Grundbesitzes in Betracht.

Außerdem wird bei Vereinen ein Steuermeßbetrag dann nicht festgesetzt, wenn der Gewerbeertrag 5000 DM nicht übersteigt[2].

▶ Zweite Berechnungsgrundlage für die Gewerbesteuer ist das **Gewerbekapital**. Für die Berechnung der Steuer vom Gewerbekapital ist vom Einheitswert des Betriebsvermögens auszugehen. Es gilt jedoch zu beachten, daß beim Gewerbekapital die Kürzung des § 117a Bewertungsgesetz (vgl. Teil H) nicht zum Tragen kommt.

Auch hier gibt es Hinzurechnungen bei den sog. Dauerschulden. Eine Hinzurechnung unterbleibt jedoch nach § 12 Abs. 2 Nr. 1 Gewerbesteuergesetz, wenn die Dauerschulden nicht mehr als 50000 DM betra-

---

[1] Vgl. § 2 Abs. 3 Gewerbesteuergesetz
[2] § 11 Abs. 5 Gewerbesteuergesetz

gen. Übersteigen die Dauerschulden den Freibetrag von 50000 DM, so ist nur die Hälfte des 50000 DM übersteigenden Betrags dem Einheitswert hinzuzurechnen.

Abzurechnen sind vom Einheitswert nach § 12 Abs. 3 Nr. 1 Gewerbesteuergesetz die Summe der Einheitswerte der Betriebsgrundstücke.

Eine Steuer vom Gewerbekapital fällt nur an, wenn das Gewerbekapital 120000 DM übersteigt. Übersteigt das Gewerbekapital den Freibetrag von 120000 DM[1], so ist nur der übersteigende Betrag gewerbesteuerpflichtig.

Aus Gewerbeertrag und Gewerbekapital wird ein sog. **Steuermeßbetrag** ermittelt. Auf diesen Meßbetrag wird dann ein Hebesatz angewandt, welcher von Gemeinde zu Gemeinde unterschiedlich hoch ist. Die Höhe des Hebesatzes wird von der Gemeinde für alle gewerblichen Betriebe ihres Gemeindegebiets einheitlich bestimmt.

Da die Gewerbesteuer eine Gemeindesteuer ist, stellt sich durchaus die Frage, ob sie nicht im Einzelfall nach § 227 Abgabenordnung erlassen werden kann. Die Erfahrungen der Vergangenheit haben gezeigt, daß Gemeinden bei gemeinnützigen Vereinen durchaus geneigt sind, von einer Erhebung der Steuer im Wege des Erlasses abzusehen.

Merke:

1. Ein steuerbegünstigter Verein kann nur mit dem sog. wirtschaftlichen Geschäftsbetrieb gewerbesteuerpflichtig sein.

2. Eine Steuer kann nur dann entstehen, wenn
   a) der Gewerbeertrag 5000 DM übersteigt und/oder
   b) das Gewerbekapital mehr als 120000 DM ausmacht.

3. Entsteht nach den vorstehenden Grundsätzen eine Gewerbesteuer, so empfiehlt es sich in der Praxis, an die Gemeinde mit der Bitte heranzutreten, den festzusetzenden Betrag zu erlassen.

---

[1] § 13 Abs. 1 Gewerbesteuergesetz

K Abgrenzung der Betriebsvorrichtungen von Gebäuden und Außenanlagen

1 Auswirkungen der Abgrenzung

Die Abgrenzung zwischen Gebäude und Betriebsvorrichtung ist insbesondere bei der Gewerbesteuer und der Grundsteuer von Bedeutung. Es gilt nämlich der Grundsatz, daß Gebäude und Gebäudeteile der Grundsteuer und nicht der Gewerbesteuer zu unterwerfen sind. Hieraus ergibt sich, daß die Abgrenzung bei Vereinen nur dann steuerrechtlich relevant ist, wenn sie einen wirtschaftlichen Geschäftsbetrieb unterhalten.

Unmittelbare Auswirkung hat die Problematik jedoch bei Vereinen immer dann, wenn zur Umsatzsteuer optiert werden soll. Auf die Ausführungen zur Umsatzsteuer (Teil N) wird verwiesen.

2 Rechtsgrundlage für die Abgrenzung

Die Abgrenzung erfolgt im Rahmen der Einheitsbewertung des Grundstücks[1]. Für die Abgrenzung ist in folgende Fallgruppen zu unterscheiden:

● Erfüllt das Bauwerk die Gebäudemerkmale?

● Kann ein wesentlicher Bestandteil oder ein Zubehör eines Gebäudes als Betriebsvorrichtung angesehen werden?

● Liegen Außenanlagen oder Betriebsvorrichtungen vor?

3 Die Abgrenzung der Gebäude zu den Betriebsvorrichtungen

Zunächst ist zu überprüfen, ob ein Bauwerk den Gebäudebegriff erfüllt, denn ein Gebäude kann keine Betriebsvorrichtung sein. Ein Bauwerk ist dann nicht als Betriebsvorrichtung anzusehen, wenn es die nachstehenden fünf Voraussetzungen erfüllt:

● Es muß Schutz gegen Witterungseinflüsse durch räumliche Umschließung gewähren,
● den Aufenthalt von Menschen ermöglichen,

---

[1] Im einzelnen vgl. die umfangreichen Ausführungen von Neufang in INF 1985, 529

● fest mit dem Grund und Boden verbunden sein.
● Das Bauwerk muß von einiger Beständigkeit sein.
● Die Standfestigkeit des Bauwerkes muß gegeben sein.

Im einzelnen wird auf die Textziffern 4—9 des sog. Abgrenzungserlasses vom 31.3.1967 verwiesen, welcher sowohl in den Vermögensteuer-Richtlinien als auch in den Richtlinien zur Bewertung des Grundvermögens abgedruckt ist. Ist ein Bauwerk als Gebäude anzusehen, so können trotzdem Teile dieses Gebäudes als Betriebsvorrichtungen behandelt werden.

Entsprechend diesen Grundsätzen dürfte z.B. das Olympia-Stadion in München als Gebäude zu behandeln sein, weil es durch die Dimensionierung seines Daches Schutz gegen äußere Einflüsse gewährt und außerdem zweifelsfrei die übrigen Gebäudemerkmale erfüllt. Diese Grundsätze gelten auch für allgemeine Überdachungen von Zuschauerflächen.

4 Abgrenzung der wesentlichen Bestandteile oder des Zubehörs eines Gebäudes von den Betriebsvorrichtungen

Nachdem ein Gebäude keine Betriebsvorrichtung sein kann, stellt sich diese Frage jedoch sehr wohl bei den wesentlichen Bestandteilen oder dem Zubehör von Gebäuden.

▶ Wesentlicher Bestandteil sind alle zur Herstellung eingefügten Sachen[1]. Hierbei kommt es auf die Art der Verbindung zum Gebäude und die Zweckbestimmung nicht an. Für die Annahme eines wesentlichen Bestandteils reicht eine lose Verbindung bereits aus, das bloße Hineinstellen in ein Gebäude macht die Sache jedoch noch nicht zum wesentlichen Bestandteil.

Diesen Grundsätzen entsprechend gehören z.B. Spülen, Schranktrennwände, Saunas usw. zu den wesentlichen Bestandteilen des Gebäudes. Sie sind daher im Einheitswert des Grundstücks und damit auch im Einheitswert des Betriebsvermögens enthalten, soweit nicht eine Betriebsvorrichtung anzunehmen ist.

---

[1] § 94 Abs. 2 Bürgerliches Gesetzbuch

▶ Zubehör sind bewegliche Sachen, welche dem Gebäude zu dienen bestimmt sind. Es ist als Gebäudeteil zu behandeln[1]. Folglich gehört z. B. der Heizölvorrat des selbst bewirtschafteten Vereinsheims zu den Gebäudeteilen und ist daher nicht nochmals in der Vermögensaufstellung als besonderes Wirtschaftsgut zu erfassen.

▶ **Der Begriff Betriebsvorrichtung** setzt Gegenstände voraus, die in gleicher Weise wie Maschinen einem bestimmten Gewerbe zu dienen bestimmt sind. Nachdem der Begriff der Betriebsvorrichtung final geprägt ist, sind dies nur Gegenstände, durch die das Gewerbe unmittelbar betrieben wird. Als Betriebsvorrichtungen sind z. B. bei einer selbst bewirtschafteten Vereinsgaststätte anzusehen, die Stühle, Tische, Bänke usw. Beleuchtungsanlagen, wie z. B. Lampen an der Decke, sind hingegen keine Betriebsvorrichtungen, weil sie unmittelbar der Gebäudenutzung dienen. Folglich ist auch eine Heizungsanlage, welche überwiegend der Raumbeheizung dient, nicht als Betriebsvorrichtung zu behandeln.

5 Abgrenzung der Außenanlagen von den Betriebsvorrichtungen

Außenanlagen sind bewertungsrechtlich im Einheitswert des Grundstücks enthalten. Gleichwohl können diese Außenanlagen ertragsteuerrechtlich oftmals gesondert abgeschrieben werden. Dies trifft z. B. bei Vereinen für Parkplätze vor dem selbst bewirtschafteten Vereinsheim zu. Diese sind bewertungsrechtlich im Einheitswert des Grundstücks enthalten, obwohl sie ertragsteuerrechtlich abgeschrieben werden können.

---

[1] § 97 Bürgerliches Gesetzbuch

6 Einzelfälle

	Betriebsvorrichtung ja	nein
1. Sportplätze und Sportstadien		
Größere Tribünenüberdachungen		x
Allgemeine Beleuchtungsanlagen		x
Einfriedungen, Zäune		x
Wege und Platzbefestigungen		x
Nicht transportable Kartenhäuschen		x
Kioske		x
Umkleideräume		x
Duschen im Gebäude		x
Toiletten		x
Saunas		x
Unterrichts- und Ausbildungsräume		x
Übernachtungsräume für Trainings- mannschaften		x
Spielfelder (Rasen, Hartplatzauflage, Drainage, Rasenheizung usw.)	x	
Laufbahnen	x	
Sprunggruben	x	
Zuschauerwälle	x	
Zuschauertribünen (mit Ausnahme von größeren Überdachungen)	x	
Spezielle Beleuchtungsanlagen, wie z.B. Flutlicht	x	
Abgrenzungszäune und Sperrgitter zwischen Spielfeld und Zuschaueranlagen	x	
Anzeigetafeln	x	
Schwimm- und Massagebecken	x	
Küchen- und Ausschankeinrichtungen		x
2. Schwimmbäder		
Größere Überdachungen von Zuschauer- flächen		x
Nicht transportable Kassenhäuschen		x

Kioske		x
Wege und Platzbefestigungen		x
Duschräume		x
Toiletten		x
Technische Räume		x
Allgemeine Beleuchtungsanlagen		x
Emporen		x
Galerien		x
Schwimmbecken	x	
Sprunganlagen	x	
Duschen im Freien und im Gebäude	x	
Rasen von Liegewiesen	x	
Kinderspielanlagen	x	
Umkleidekabinen	x	
Zuschauertribünen (Ausnahme größere Überdachungen)	x	
Technische Ein- und Vorrichtungen	x	
Einrichtungen der Saunas	x	
Solarien	x	
Wannenbäder	x	
Spezielle Beleuchtungsanlagen wie Flutlicht	x	
Bestuhlung der Empore und Galerien	x	

3. **Tennisplätze und Tennishallen**

Größere Überdachungen von Zuschauerflächen		x
Open-Air-Hallen		x
Allgemeine Beleuchtungsanlagen		x
Duschen		x
Umkleideräume		x
Toiletten		x
Spielfelder (Sand, Asche, Drainage, Bewässerungsanlagen, Teppichauflagen, Asphalt u. ä. bei Hartplätzen, Netz, Haltevorrichtungen, Schiedsrichterstühle)	x	
Freistehende Übungswände	x	
Zuschauertribünen (soweit nicht größere Überdachungen gegeben sind)	x	

Einfriedungen der Spielplätze x
Zuschauerabsperrungen x
Brüstungen x
Traglufthallen x
Flutlichtanlagen x
Ballfangnetze x
Ballfanggardinen x
Platzbeheizung in Hallen, z. B. durch
Münzeinwurf x

4. Schießstände
Allgemeine Einfriedungen x
Anzeigevorrichtungen x
Zielscheibenanlagen x
Schutzvorrichtungen x
Einfriedungen als Sicherheitsmaßnahmen x

5. Kegelbahnen
Allgemeine Beleuchtungsanlagen x
Bahnen x
Kugelfangeinrichtungen x
Kugelrücklaufeinrichtungen x
Automatische Kegelaufstellungen x
Automatische Anzeigeeinrichtungen x
Spezielle Beleuchtungsanlagen x
Schallisolierungen x

6. Squash-Hallen
Zuschauertribünen x
Allgemeine Beleuchtungsanlagen x
Umkleideräume x
Duschräume x
Toiletten x
Trennwände zur Aufteilung in Boxen
(soweit nicht tragende Wände) x
Spielwände (besondere Herrichtung) x
Ballfangnetze x
Schwingböden x
Bestuhlung der Zuschauertribünen x
Flutlicht und spezielle Beleuchtungsanlagen x

7. Reithallen

Stallungen (einschl. Boxenaufteilung, Futterraufen)		x
Futterböden		x
Nebenräume		x
Allgemeine Beleuchtungsanlagen		x
Galerien		x
Emporen		x
Spezieller Hallenreitboden	x	
Befeuchtungseinrichtung für den Hallenboden	x	
Bande an den Außenwänden	x	
Spezielle Beleuchtungsanlagen	x	
Tribünen	x	
Richterstände	x	
Pferdesolarium	x	
Pferdewaschanlage	x	
Schmiede (techn. Einrichtungen)	x	
Futtersilos	x	
Automatische Pferdebewegungsanlage	x	
Sonstiges Zubehör wie Hindernisse, Spiegel, Geräte zur Aufarbeitung des Bodens, Markierungen u. ä.	x	

8. Turn-, Sport- und Festhallen (Mehrzweckhallen)

Galerien		x
Emporen		x
Schwingböden in Mehrzweckhallen		x
Allgemeine Beleuchtungsanlagen		x
Duschen		x
Umkleidekabinen und Umkleideräume		x
Toiletten		x
Saunas		x
Bewegliche Trennwände		x
Zuschauertribünen	x	
Schwingböden in reinen Turn- und Sporthallen	x	

Turngeräte   x
Bestuhlung der Tribünen, Galerien und
Emporen   x
Spezielle Beleuchtungsanlagen   x
Kücheneinrichtungen   x
Ausschankeinrichtungen   x
Bühneneinrichtungen   x
Kühlsystem (bei Nutzung für Eissport-
zwecke)   x

9. **Eissportstadien, -hallen, -zentren**
Unterböden von Eislaufflächen, Eisschnell-
laufbahnen und Eisschießbahnen   x
Unterböden der Umgangszonen und des
Anschnallbereichs   x
Allgemeine Beleuchtungsanlagen   x
Klimaanlagen im Hallenbereich   x
Duschräume   x
Toiletten   x
Umkleideräume   x
Regieraum   x
Werkstatt   x
Massageräume   x
Sanitätsraum   x
Duschen   x
Heizungs- und Warmwasserversorgungs-
anlagen   x
Größere Überdachungen von Zuschauer-
flächen   x
Emporen und Galerien   x
Nicht transportable Kassenhäuschen   x
Kioske   x
Allgemeine Wege- und Platzbefestigungen   x
Einfriedungen   x
Ver- und Entsorgungsleitungen   x
Oberböden von Eislaufflächen, Eisschnell-
laufbahnen und Eisschießbahnen   x
Schneegruben   x

Kälteerzeuger	x	
Schlittschuhschonender Bodenbelag	x	
Oberbelag des Anschnallbereichs	x	
Spezielle Beleuchtungsanlagen	x	
Lautsprecheranlagen	x	
Spielanzeige	x	
Uhren	x	
Anzeigetafeln	x	
Abgrenzungen	x	
Sicherheitseinrichtungen	x	
Sperrgitter zwischen Spielfeld und Zuschauerbereich	x	
Massagebecken	x	
Trafo und Schalteinrichtungen	x	
Notstromaggregat	x	
Zuschauertribünen	x	
Emporen und Galerien	x	
Küchen- und Ausschankeinrichtungen	x	

10. Golfplätze

Einfriedungen, soweit sie keine Schutzvorrichtungen sind		x
Allgemeine Wege- und Platzbefestigungen		x
Clubräume		x
Wirtschaftsräume		x
Büros		x
Aufenthaltsräume		x
Umkleideräume		x
Duschräume		x
Toiletten		x
Verkaufsräume		x
Caddyräume		x
Lager- und Werkstatträume		x
Driving Range	x	
Spielbahnen, Roughs, Greens, Putting Greens	x	
Spielbahnhindernisse	x	
Übungsflächen ohne Grund und Boden	x	

Einfriedungen, soweit sie Schutz-vorrichtungen sind	x
Abgrenzungseinrichtungen zwischen den Spielbahnen und Zuschauern	x
Anzeige- und Markierungseinrichtungen oder -gegenstände	x
Unterstehhäuschen	x
Küchen- und Ausschankeinrichtungen	x
Bewässerungsanlagen einschl. Brunnen und Pumpen	x
Drainagen, wenn sie ausschl. der Unterhaltung der für das Golfspiel notwendigen Rasenflächen dienen	x

L Grunderwerbsteuer

Nach dem vor 1983 geltenden Recht war der Erwerb von Grundbesitz, welcher unmittelbar gemeinnützigen oder mildtätigen Zwecken diente, von der Besteuerung ausgenommen. Im neuen Grunderwerbsteuergesetz, welches seit dem 1.1.1983 gilt, ist eine Befreiung der Grundstückserwerbe von gemeinnützigen und mildtätigen Vereinen nicht mehr enthalten. Dies wiederum bedeutet, daß nunmehr auch Grundstückserwerbe durch gemeinnützige Vereine der Grunderwerbsteuer unterliegen. Die Grunderwerbsteuer beträgt 2% des Kaufpreises.

M Lotteriesteuer

Grundsätzlich sind auch Lotterien oder Ausspielungen von steuerbegünstigten Vereinen lotteriesteuerpflichtig. Die Lotteriesteuer beträgt grundsätzlich 16 2/3% des Nennwerts der Lose.

Die bei Vereinen weit verbreitete Form der Tombola ist jedoch steuerfrei, wenn

● der Gesamtpreis der Lose 1 200 DM nicht übersteigt und keine Bargeldgewinne ausgeschüttet werden oder

● eine Ausspielung, die von der zuständigen Behörde genehmigt ist, ausschließlich gemeinnützigen, mildtätigen oder kirchlichen Zwecken dient und der Gesamtpreis der Lose 75 000 DM nicht übersteigt.

Die vorstehenden Grenzen beziehen sich auf den Verein insgesamt und auf ein Kalenderjahr. Dies gilt es insbesondere bei größeren Vereinen mit mehreren Abteilungen zu beachten.

Die Genehmigung einer Lotterie erfolgt durch das jeweilige Regierungspräsidium (vgl. Abb. 12). Die notwendigen Vordrucke liegen bei den Gemeinden vor. Eine Genehmigung ist jedoch für höchstens zwei Veranstaltungen im Jahr möglich.

Soweit nach den vorstehenden Grundsätzen eine Lotteriesteuer nicht anfällt, liegen Leistungen im sog. Zweckbetrieb vor, welche mit dem ermäßigten Steuersatz der Umsatzsteuer zu unterwerfen sind.

Sind jedoch die Lotterien und Ausspielungen der Lotteriesteuer zu unterwerfen, ist ein wirtschaftlicher Geschäftsbetrieb anzunehmen. Die Beträge bleiben dann zwar nach § 4 Nr. 9 b Umsatzsteuergesetz steuerfrei. Die eigentliche Problematik liegt jedoch im Bereich der Körperschaftsteuer. Es ist nämlich in diesen Fällen ein wirtschaftlicher Geschäftsbetrieb anzunehmen, der durchaus körperschaftsteuerrechtliche Nachteile mit sich bringen kann.

Merke:

1. Tombolas u. ä. Ausspielungen sind u. U. lotteriesteuerpflichtig. Soweit die Entgelte der Lotteriesteuer zu unterwerfen sind, liegt ein wirtschaftlicher Geschäftsbetrieb vor. Dies wiederum bewirkt eine Körperschaftsteuerpflicht.

2. Kleinere Tombolas und Ausspielungen sind von der Lotteriesteuer befreit, somit ist insoweit ein Zweckbetrieb anzunehmen. Die Umsätze unterliegen umsatzsteuerrechtlich dann dem ermäßigten Steuersatz.

3. Größere Lotterien oder Ausspielungen können von der zuständigen Behörde genehmigt werden, so daß ein Geschäftsbetrieb nicht entsteht. Vordrucke hierzu liegen oftmals bei den Gemeinden aus.

Abb. 12: Allgemeine Erlaubnis für öffentliche Lotterien und Ausspielungen

Bekanntmachung des Regierungspräsidiums Karlsruhe betreffs Allgemeine Erlaubnis für öffentliche Lotterien und Ausspielungen vom 15.4.1985

I.

Aufgrund von § 8 des Gesetzes über Lotterien und Ausspielungen (Lotteriegesetz — LoG) vom 04.05.1982 (GBl. S. 139) wird Organisationen auf Gemeinde-, Stadtkreis- oder Landkreisebene (örtliche Ebene), insbesondere

— Organisationen der freien Wohlfahrtspflege,
— Organisationen der Jugendhilfe und Jugendpflege,
— Kirchengemeinden und Religionsgemeinschaften,
— Organisationen von politischen Parteien,
— gewerkschaftlichen Organisationen,
— Feuerwehren,
— Sportvereinen,
— sonstigen rechtsfähigen Vereinen,
— Stiftungen,
— juristischen Personen des öffentlichen Rechts,

die allgemeine Erlaubnis für Veranstaltungen von öffentlichen Lotterien und Ausspielungen auf ihrer örtlichen Ebene erteilt,

1. die sich nicht über das Gebiet eines Stadt- oder Landkreises hinaus erstrecken,
2. deren Spielplan einen Reinertrag von mindestens einem Drittel des Spielkapitals vorsieht,
3. bei denen der Gesamtpreis der Lose den Wert von 30 000,— DM nicht übersteigt und
4. bei denen der Losverkauf die Dauer von drei Wochen nicht überschreitet.

II.

Der Reinertrag der Veranstaltung ist dazu zu verwenden, ausschließlich und unmittelbar bestimmte gemeinnützige, mildtätige oder kirchliche Zwecke zu fördern.

Im Zusammenhang mit der Veranstaltung darf keine Wirtschaftswerbung betrieben werden, die über die Ausstellung von Sachgewinnen hinausgeht.

III.

Es werden hiermit Ausnahmen von § 2 Abs. 2 Satz 2 und Abs. 4, § 3 Nr. 1 Buchstabe b und Nr. 6, § 4 Abs. 1 und 2 sowie § 5 Abs. 1 und 6 des Lotteriegesetzes zugelassen.

Im übrigen sind die Vorschriften des Lotteriegesetzes zu beachten.

IV.

Der Widerruf dieser allgemeinen Erlaubnis sowie die nachträgliche Aufnahme, Änderung oder Ergänzung einer Auflage bleiben vorbehalten.

V.

Die steuerlichen Pflichten nach §§ 31 und 32 der Ausführungsbestimmungen zum Rennwett- und Lotteriegesetz sind zu beachten. Danach ist für eine Lotterie oder Ausspielung rechtzeitig vor Beginn bei dem für Baden-Württemberg zuständigen Finanzamt Karlsruhe-Durlach, Postfach 41 03 26, 7500 Karlsruhe 41, eine Lotteriesteueranmeldung abzugeben. Darin sind insbesondere die Anschrift des Veranstalters, der Ort und der Zeitraum der Veranstaltung, die Zahl der Lose und der Lospreis mitzuteilen.

VI.

Diese allgemeine Erlaubnis tritt am 01.07.1985 in Kraft. Sie tritt mit Ablauf des 31.12.1987 außer Kraft.

Abb. 13: Steueranmeldung

Name und Anschrift des Anmeldenden, ggf. auch des Zustellungsvertreters

**Durchschrift für den
Anmeldenden**

Finanzamt Karlsruhe-Durlach
Postfach 41 03 26

7500 Karlsruhe 41

**Anmeldung der
Lotterie oder Ausspielung**
(Steueranmeldung)

1. Angaben zur **Veranstaltung** (Lotterie, Ausspielung):
   Art (z. B. Tombola)   Ort/Gebiet   Zeitraum

2. Angaben zu den **Spielausweisen:**
   Art (z. B. Losbriefe, Röllchenlose, Eintrittskarten, Teilnehmerscheine)   Gesamtzahl   Einzelpreis

   Werden mit dem Preis für den Spielausweis noch andere Leistungen abgegolten (z. B. Teilnahmeberechtigung an einer

   Vergnügungsveranstaltung)?   ☐ ja   ☐ nein

   Falls ja, Teilbetrag des Einzelpreises, der auf die Lotterie oder Ausspielung entfällt: _____

3. **Gesamtwert aller Gewinne oder Preise** der Veranstaltung:_____

4. Angaben zur **Genehmigung*** der Veranstaltung:
   Ist Einzelgenehmigung erteilt worden?   ☐ ja   ☐ nein

   Falls ja:
   Genehmigungsbehörde   Datum der Genehmigung   Höhe des genehmigten Spielkapitals

   Die Genehmigung wurde erteilt an:
   (Name und Anschrift des Veranstalters, ggf. auch des Zustellungsvertreters)

5. **Anträge**
   (z. B. auf Steuerbefreiung, Stundung der Steuer, Genehmigung zum Druck von Lotterielosen unter Angabe des Namens und der Anschrift der für den Druck vorgesehenen Druckerei):

6. Nur auszufüllen, wenn Steuerbefreiung nach § 18 Nr. 2 Buchst. a Rennwett- und Lotteriegesetz (siehe Rückseite) beantragt wird
   Voraussichtliche Höhe der **Unkosten** der Lotterie oder Ausspielung (der Wert gespendeter Gewinne oder Preise gehört nicht dazu):

   Vorgesehener **Verwendungszweck des Reinertrags** der Lotterie oder Ausspielung:

* Wegen der Allgemeinerlaubnis siehe Rückseite   **Bitte wenden**
S 4 – 735 b

Ich versichere, daß ich die umseitigen Angaben wahrheitsgemäß nach bestem Wissen und Gewissen gemacht habe.
Ort, Datum   Unterschrift

Hinweis: Die mit dieser Anmeldung angeforderten Daten werden nach §§ 149 ff. Abgabenordnung erhoben.

Rennwett- und Lotteriegesetz
vom 8. 4. 1922 in der am 1. 1. 1985 geltenden Fassung
— Auszug —

§ 18

Von der Besteuerung ausgenommen sind

1. Ausspielungen,
   a) bei denen Ausweise nicht erteilt werden
   oder
   b) bei denen der Gesamtpreis der Lose einer Ausspielung den Wert von 1.200 Deutsche Mark nicht übersteigt, es sei denn, daß der Veranstalter ein Gewerbetreibender oder Reisegewerbetreibender im Sinne des Gewerberechts ist oder daß die Gewinne ganz oder teilweise in barem Geld bestehen;

2. von den zuständigen Behörden **genehmigte** Lotterien und Ausspielungen, bei denen der Gesamtpreis der Lose einer Lotterie oder Ausspielung
   a) bei Lotterien und Ausspielungen zu ausschließlich gemeinnützigen, mildtätigen oder kirchlichen Zwecken den Wert von 75.000 Deutsche Mark,
   b) in allen anderen Fällen den Wert von 200 Deutsche Mark
   nicht übersteigt.

Allgemeine Erlaubnis
des Regierungspräsidiums Karlsruhe vom 15. 4. 1985, Az: 11-27/3001/88
für öffentliche Lotterien und Ausspielungen *
— Auszug —

I.

Aufgrund von § 8 des Gesetzes über Lotterien und Ausspielungen (Lotteriegesetz — LoG) vom 4. Mai 1982 (GBl. S. 139) wird Organisationen auf Gemeinde-, Stadtkreis- oder Landkreisebene (örtliche Ebene), insbesondere

- Organisationen der freien Wohlfahrtspflege,
- Organisationen der Jugendhilfe und Jugendpflege,
- Kirchengemeinden und Religionsgemeinschaften,
- Organisationen von politischen Parteien,
- gewerkschaftlichen Organisationen,

- Feuerwehren,
- Sportvereinen,
- sonstigen rechtsfähigen Vereinen,
- Stiftungen,
- juristischen Personen des öffentlichen Rechts,

die allgemeine Erlaubnis für Veranstaltungen von öffentlichen Lotterien und Ausspielungen auf ihrer örtlichen Ebene erteilt,
1. die sich nicht über das Gebiet eines Stadt- oder Landkreises hinaus erstrecken,
2. deren Spielplan einen Reinertrag von mindestens einem Drittel des Spielkapitals vorsieht,
3. bei denen der Gesamtpreis der Lose den Wert von DM 30.000,— nicht übersteigt und
4. bei denen der Losverkauf die Dauer von drei Wochen nicht überschreitet.

II.

1. Der Reinertrag der Veranstaltung ist dazu zu verwenden, ausschließlich und unmittelbar bestimmte gemeinnützige, mildtätige oder kirchliche Zwecke zu fördern.
2. Im Zusammenhang mit der Veranstaltung darf keine Wirtschaftswerbung betrieben werden, die über die Ausstellung von Sachgewinnen hinausgeht.

III.

Es werden hiermit Ausnahmen von § 2 Abs. 2 Satz 2 und Abs. 4, § 3 Nr. 1 Buchst. b und Nr. 6, § 4 Abs. 1 und 2 sowie § 5 Abs. 1 und 6 des Lotteriegesetzes zugelassen. Im übrigen sind die Vorschriften des Lotteriegesetzes zu beachten.

* Die allgemeine Erlaubnis gilt für ganz Baden-Württemberg und ist zunächst bis zum 31. 12. 1987 befristet.

N Umsatzsteuer

1 Unternehmereigenschaft des Vereins

Der rechtsfähige, wie auch der nichtrechtsfähige Verein muß umsatzsteuerlich dann als Unternehmer behandelt werden, wenn er nachhaltig zur Erzielung von **Einnahmen** tätig wird. Eine Gewinnerzielungs**absicht** ist nicht erforderlich[1]. Nachhaltige Tätigkeiten eines Vereines im obigen Sinne sind z. B.:

- Vermietungsumsätze (auch wenn nach dem Gemeinnützigkeitsrecht eine Vermögensverwaltung vorliegt, vgl. Teil C Tz. 2.3)
- entgeltliche Leistungen an Mitglieder (sog. Sonderleistungen)
- Speisen- und Getränkeverkauf bzw. Verkauf sonstiger Waren (auch wenn dies nur jährlich einmal erfolgt, vgl. auch Teil C Tz. 10 und Tz. 13)
- Lotterieveranstaltungen (vgl. Teil M)
- Sportveranstaltungen (vgl. Teil C Tz. 7.4)
- kulturelle und gesellige Veranstaltungen (vgl. Teil C Tz. 8).

Merke:

Aufgrund dieses weiten Unternehmerbegriffs kann davon ausgegangen werden, daß fast jeder Verein Unternehmer ist.

Es ist jedoch zu beachten, daß der Verein umsatzsteuerrechtlich in zwei Bereiche aufgegliedert werden muß, nämlich in einen außerunternehmerischen (ideellen) und in einen unternehmerischen Bereich[2]. Nur die Leistungen, die im Rahmen des **unternehmerischen** Bereichs erbracht werden, sind steuerbar und können letztlich zu einer Umsatzsteuerpflicht führen.

Leistungen im Rahmen des ideellen Bereichs sind dagegen nichtsteuerbar. Für diese Leistungen dürfen somit keine Rechnungen mit gesondertem Umsatzsteuerausweis erstellt werden. Wird dennoch für diese im ideellen

---

[1] § 2 Abs. 1 Umsatzsteuergesetz
[2] Vgl. Abschn. 22 Abs. 1 Umsatzsteuer-Richtlinien

Bereich bewirkten Leistungen Umsatzsteuer gesondert ausgewiesen, so muß der Verein diese Umsatzsteuer an das Finanzamt abführen[1]. Ein Leistungsempfänger — z. B. ein Käufer[2] — ist in diesem Fall nicht zum Vorsteuerabzug berechtigt.

Wurde vom Verein aufgrund eines Irrtums die Umsatzsteuer unberechtigterweise gesondert ausgewiesen, besteht evtl. die Möglichkeit, daß die Finanzverwaltung aus sachlichen Billigkeitsgründen eine Rechnungsberichtigung gestattet[3].

Werden Gegenstände bzw. sonstige Leistungen vom unternehmerischen in den außerunternehmerischen ideellen Bereich entnommen, ist der Steuertatbestand des Eigenverbrauchs[4] zu prüfen.

Beachte:

Vorsteuern können vom Verein grundsätzlich nur dann geltend gemacht werden, wenn die Eingangsleistung an den unternehmerischen Vereinsbereich erbracht worden ist.

1.1 Abgrenzung des unternehmerischen vom außeruntenehmerischen Vereinsbereich

Zum unternehmerischen Bereich des Vereins gehören sämtliche Tätigkeiten des Vereins, für die er ein gesondertes Leistungsentgelt berechnet. Es ist zweckmäßig, den unternehmerischen Bereich des Vereins in wirtschaftliche Geschäftsbetriebe, Zweckbetriebe, Vermögensverwaltungen und sonstige nachhaltige Tätigkeiten zu untergliedern. Die Umsätze aus diesen Bereichen sind teilweise steuerbefreit. Weiterhin gibt es unterschiedliche Steuersätze.

Einnahmen aus Spenden, Aufnahmegebühren, echten Mitgliederbeiträgen sowie Zuschüssen zur Erfüllung der satzungsmäßigen Aufgaben sind dem außerunternehmerischen Bereich zuzurechnen. Der Vorgang ist des-

---

[1] § 14 Abs. 3 Umsatzsteuergesetz
[2] Vgl. Abschn. 22 Abs. 2 Umsatzsteuer-Richtlinien
[3] Vgl. Abschn. 190 Abs. 3 Umsatzsteuer-Richtlinien
[4] § 1 Abs. 1 Nr. 2 a) und b) Umsatzsteuergesetz

halb nicht steuerbar. Diese Einnahmen müssen somit **nicht** in den Umsatzsteuer-Voranmeldungen und Umsatzsteuer-Jahreserklärungen angemeldet werden. Dort sind nur die steuerbaren Umsätze zu erfassen.

Abb. 14: Graphische Darstellung des unternehmerischen und außerunternehmerischen Bereichs

Verein	
Unternehmensbereich	außerunternehmerischer Bereich
wirtschaftliche Geschäftsbetriebe	Erfüllung satzungsmäßiger Aufgaben (Vereinszweck)
Zweckbetriebe	— Spenden
Vermögensverwaltungen	— Beiträge — Aufnahmegebühren
sonstige nachhaltige Tätigkeiten zur Erzielung von Einnahmen (z. B. Sonderleistungen an Mitglieder)	— Zuschüsse

1.2 Organschaft bei Vereinen

1.2.1 Allgemeines

Der rechtsfähige Verein ist dann nicht Unternehmer im umsatzsteuerrechtlichen Sinn, wenn er als Organgesellschaft behandelt werden muß[1]. Eine solche Organgesellschaft liegt dann vor, wenn der rechtsfähige Verein

● finanziell
● wirtschaftlich
und
● organisatorisch

in das Unternehmen eines anderen Unternehmers (Organträger) eingegliedert ist. Organträger kann dabei jeder Unternehmer (auch natürliche Personen, andere Vereine bzw. Personengesellschaften) sein. Organschaft liegt jedoch nur dann vor, wenn alle 3 Eingliederungsmerkmale nebenein-

---

[1] § 2 Abs. 2 Nr. 2 Umsatzsteuergesetz

ander gegeben sind. Beim Fehlen eines einzigen Merkmals ist die Organschaft bereits ausgeschlossen. Liegt dagegen ein Eingliederungsmerkmal nur vage, das andere Eingliederungsmerkmal um so eindeutiger vor, ist grundsätzlich Organschaft anzunehmen[1].

1.2.2 Finanzielle Eingliederung

Eine finanzielle Eingliederung liegt vor, wenn der Organträger mehr als 50% der Stimmrechte am Verein hat, d.h. wenn der Organträger **verhindern** kann, daß beim Verein anderweitige nicht seinem Willen entsprechende Beschlüsse gefaßt werden können. Da beim rechtsfähigen Verein jedes Mitglied nur eine Stimme hat, ist eine solche finanzielle Eingliederung nur dann gegeben, wenn der Organträger eine Gesellschaft oder ebenfalls ein Verein ist und die Gesellschafter bzw. Mitglieder des Organträgers zu mehr als 50% Mitglieder des als Organgesellschaft zu behandelnden Vereins sind[2].

1.2.3 Wirtschaftliche Eingliederung

Es muß ein betriebswirtschaftlich vernünftiger Zusammenhang zwischen Organ (rechtsfähiger Verein) und Organträger vorliegen. Ein Kriterium für die wirtschaftliche Eingliederung liegt bereits dann vor, wenn die Tätigkeit des Organs (rechtsfähiger Verein) und des Organträgers demselben Zweck dienen.

Wirtschaftliche Eingliederung liegt auch vor, wenn sich der Organträger mit seiner Tätigkeit z.B. auf die Verwaltung des an den rechtsfähigen Verein vermieteten Anlagevermögens beschränkt. Dies gilt auch dann, wenn das Kündigungsrecht bezüglich des Pachtverhältnisses für beide Seiten für einen längeren Zeitraum ausgeschlossen ist[3].

---

[1] Vgl. BFH vom 2.2.1967, BStBl III 1967, 499 und Abschn. 21 Umsatzsteuer-Richtlinien
[2] Vgl. hierzu BStBl III 1964, 346
[3] Vgl. BFH vom 24.10.1963, HFR 1964, 143

1.2.4 Organisatorische Eingliederung

Eine organisatorische Eingliederung liegt vor, wenn der Organträger direkt bzw. indirekt die Geschäftsführung beim rechtsfähigen Verein ausübt. Eine organisatorische Eingliederung wird aber bereits dann angenommen, wenn

— vom Organträger beim rechtsfähigen Verein eine Vertrauensperson als Vorstand eingesetzt wird

— bzw. der Vorstand beim Organträger und beim rechtsfähigen Verein identisch sind.

Ist der Verein als Organgesellschaft zu behandeln, kann dies vor allem negative Auswirkungen auf den Vorsteuerabzug haben.

Beispiel zur Organschaft:
Der gemeinnützige Verein für bessere Bildung (VbB) e. V. benötigt zum Zwecke der Fortbildung von Erwachsenen geeignete Schulräume. Der VbB e. V. hat den Status einer Ersatzschule und tätigt mit seiner Fortbildung steuerfreie Umsätze nach § 4 Nr. 21 Umsatzsteuergesetz. Zum Zwecke der Errichtung eines Schulgebäudes wird neben dem VbB e. V. ein weiterer Verein zur Förderung des VbB e. V. (Förderverein) gegründet, dessen Aufgabe u. a. darin besteht, eine Schule als Bauherr zu erstellen und die fertige Schule an den VbB e. V. zu vermieten. Der Förderverein möchte dabei die aus den Baukosten angefallene Vorsteuer geltend machen.

Nach der vorliegenden Satzung befinden sich im Förderverein 70% der Mitglieder des Vereins VbB e. V. Der Vorstand ist in beiden Vereinen identisch.

Stellungnahme: Es ist zu prüfen, ob der Verein VbB e. V. als Organgesellschaft in den Unternehmensbereich des Fördervereins eingeordnet und der Förderverein insoweit als Organträger zu behandeln ist.

a) Finanzielle Eingliederung
Der Förderverein beherrscht indirekt über seine Mitglieder den Verein VbB e. V., weil 70% der Vereinsmitglieder des Fördervereins ebenfalls Mitglieder im Verein VbB e. V. sind. Die finanzielle Eingliederung ist daher zu bejahen.

b) **Wirtschaftliche Eingliederung**
Durch die Vermietung des Schulgebäudes vom Förderverein an den
VbB e.V. liegt eine enge wirtschaftliche Verflechtung vor, welche
zu einer wirtschaftlichen Eingliederung führt.

c) **Organisatorische Eingliederung**
Auf Grund der Identität der Vorstände ist auch eine organisatorische Eingliederung gegeben.

Ergebnis:
Der Verein VbB e.V. ist als Organgesellschaft des Fördervereins (Or-
ganträger) zu behandeln und somit dem Unternehmensbereich des
Fördervereins zuzuordnen. Die beim Förderverein angefallenen Vor-
steuerbeträge stehen in unmittelbarem Zusammenhang mit den vom
,,Organ'' ausgeführten steuerfreien vorsteuerschädlichen Umsätzen.
Nach § 4 Nr. 21 Umsatzsteuergesetz und gem. § 15 Abs. 2 Umsatz-
steuergesetz sind die Vorsteuerbeträge daher nicht abzugsfähig.

2 Leistungen vom Verein an seine Mitglieder

2.1 Leistungen im außerunternehmerischen Bereich an Mitglieder

Leistungen im außerunternehmerischen Bereich an Mitglieder liegen vor,
wenn der Verein zur satzungsmäßigen Erfüllung der allgemeinen **im Ge-
samtinteresse aller Mitglieder** liegenden Gemeinschaftsaufgaben tätig
wird. Die dafür erhobenen Mitgliedsbeiträge stehen dabei nicht im konkreten Sachzusammenhang mit diesen Leistungen. Somit fällt auch keine
Umsatzsteuer an[1].

Voraussetzung für die Annahme echter Mitgliederbeiträge ist, daß die
Beiträge gleich hoch sind oder nach einem für alle Mitglieder verbindli-
chen Maßstab gleichmäßig errechnet werden. Die Gleichheit ist auch
dann gewahrt, wenn die Beiträge nach einer für alle Mitglieder einheitlichen Staffel erhoben werden oder die Höhe der Beiträge nach persönli-
chen Merkmalen der Mitglieder, z.B. Lebensalter, Stand, Vermögen,
Einkommen, Umsatz, abgestuft wird[2]. Es ist jedoch darauf hinzuwei-

---

[1] Vgl. BStBl III 1969, 302
[2] Vgl. RFH-Urteile vom 27.4.1931, BStBl 1932, 362; vom 31.10.1941, RStBl 1942, 4

sen, daß allein aus der Gleichheit oder aus einem gleichen Maßstab nicht auf die Eigenschaft der Zahlungen als echte Mitgliederbeiträge geschlossen werden kann[1].

Ebenso fällt für Zuschüsse, Spenden und Aufnahmegebühren zur Erfüllung des Vereinszwecks für die Belange **sämtlicher Mitglieder keine** Umsatzsteuer an.

Die Abgabe von Druckerzeugnissen an die Vereinsmitglieder ist dann als im ideellen Bereich erbrachte nichtsteuerbare Leistung anzusehen, wenn es sich um Informationen und Nachrichten aus dem Leben des Vereins handelt[2]. Steuerbare, im unternehmerischen Bereich erbrachte Sonderleistungen liegen jedoch vor, wenn es sich um **Fachzeitschriften** handelt, die das Mitglied andernfalls gegen Entgelt im freien Handel beziehen müßte.

Beachte:

Eine Vereinszeitschrift fällt in den ideellen Bereich, daher fällt Umsatzsteuer nicht an.

2.2 Leistungen im unternehmerischen Bereich an Mitglieder

Führt ein Verein dagegen eine Tätigkeit aus, die im **Interesse des einzelnen Mitglieds** liegt und steht diese Tätigkeit im Zusammenhang mit dem

— wirtschaftlichen Geschäftsbetrieb,
— Zweckbetrieb,
— Vermögensverwaltung oder
— einer sonstigen nachhaltigen Tätigkeit zur Erzielung von Einnahmen

so liegt i. d. R. eine Leistung des Vereins im unternehmerischen Bereich an das betreffende Mitglied vor. Steht dieser Leistung ein Sonderentgelt (ein zusätzlich neben dem Mitgliedsbeitrag nach der tatsächlichen oder vermuteten Inanspruchnahme zu zahlendes Entgelt) gegenüber, handelt es sich i. d. R. um eine steuerbare Leistung, die bei Nichtvorliegen von Steuerbefreiungen auch steuerpflichtig ist.

---

[1] Vgl. RFH-Urteil vom 5.10.1924, RStBl 1935, 621 und Abschn. 4 Abs. 2 Umsatzsteuer-Richtlinien
[2] Abschn. 4 Abs. 4 Umsatzsteuer-Richtlinien

Eine entgeltliche Leistung vom unternehmerischen Bereich an das Mitglied liegt auch dann vor, wenn zwar die Leistung sich aus dem Vereinszweck ergibt, die Leistung aber speziell als **Sonderleistung** an ein einzelnes Mitglied erbracht wird und dafür ein besonderes Entgelt entrichtet wird (vgl. hierzu nachstehend bei Werbegemeinschaften).

Beitragszahlungen, die Mitglieder einer Interessenvereinigung der Lohnsteuerzahler, z. B. Lohnsteuerhilfevereine, erbringen, um deren in der Satzung vorgesehene Hilfe in Lohnsteuersachen in Anspruch nehmen zu können, sind Entgelte für steuerbare Sonderleistungen dieser Vereinigung. Dies gilt auch dann, wenn ein Mitglied im Einzelfall trotz Beitragszahlung auf die Dienste der Interessenvereinigung verzichtet, weil die Bereitschaft der Interessenvereinigung für dieses Mitglied tätig zu werden, eine Sonderleistung ist[1].

Bewirkt ein Verein Leistungen, die zum Teil den Einzelbelangen, zum Teil den Gesamtbelangen der Mitglieder dienen, so sind die Beitragszahlungen in Entgelte für steuerbare Leistungen und in echte Mitgliederbeiträge **aufzuteilen**[2].

Ein solcher Fall ist beispielsweise bei den Haus- und Grundeigentümervereinen und bei den Mietervereinen gegeben. Nach Verwaltungsregelung sind hierbei 20% der **Beitragseinnahmen** — gekürzt um die an die übergeordneten Verbände abzuführenden Beiträge — als steuerbare und steuerpflichtige Sonderleistungen zu behandeln. Soweit neben den Mitgliedsbeiträgen noch zusätzlich ein Sonderentgelt erhoben wird (z. B. für Prozeßvertretungen u. ä.), ist dieses ebenfalls als Entgelt den steuerbaren und steuerpflichtigen sonstigen Leistungen des Vereins hinzuzurechnen.

Beispiel:
Der Tennisverein T e. V. erhebt von seinen aktiven Mitgliedern monatlich einen Beitrag von 50 DM und von seinen passiven Mitgliedern von 10 DM. Einen Hallenplatz in einer vom Verein angemieteten Tennishalle dürfen die aktiven Mitglieder nur benutzen, wenn sie hierfür pro Stunde einen Betrag von 10 DM bezahlen.

---

[1] Vgl. BFH-Urteil vom 9.5.1974, BStBl II 1974, 530 und Abschn. 4 Abs. 3 Umsatzsteuer-Richtlinien
[2] Vgl. BFH-Urteil vom 22.11.1963, BStBl III 1964, 147

Stellungnahme: Die durch den aktiven Mitgliedsbeitrag abgedeckte Benutzungsmöglichkeit der Anlagen des Vereins stellt eine Leistung im außerunternehmerischen Bereich dar, die nicht steuerbar ist. Der Verein verfolgt mit dieser Leistung primär seinen eigenen Satzungszweck. Den Sonderinteressen der Mitglieder wird daher nur mittelbar gedient. Die sowohl von den aktiven als auch von den passiven Mitgliedern erhobenen Beiträge sind echte Mitgliedsbeiträge und unterliegen damit nicht der Umsatzsteuer.

Hinsichtlich der zusätzlichen Nutzungsmöglichkeit in der Tennishalle tätigt der Verein eine Sonderleistung an das einzelne Mitglied, welche **unmittelbar** dem **Sonderinteresse** des Mitglieds dient. Diese Sonderleistung erfolgt aus dem unternehmerischen Bereich heraus und ist steuerbar, da ihr ein konkretes Entgelt gegenübersteht. Die Leistung, die in der Vermietung eines Tennisplatzes besteht, ist jedoch zum Teil steuerfrei gem. § 4 Nr. 12a Umsatzsteuergesetz (vgl. hierzu die nachstehenden Ausführungen zu Vermietung von Grundstücken). Der steuerpflichtige Anteil unterliegt gem. § 12 Abs. 2 Nr. 8 Umsatzsteuergesetz dem ermäßigten Steuersatz (näheres hierzu vgl. Tz. 4.3).

Beispiel:
Der Reitverein R e.V. erhebt von seinen Mitgliedern

a) Mitgliedsbeiträge von 60 DM/Monat,
b) für die Teilnahme an Leistungsprüfungen 100 DM pro Pferd,
c) für die Erteilung von Reitunterricht pro Stunde 40 DM,
d) für die Pflege von Reitpferden (Pensionsgewährung) 200 DM/Monat,
e) Vermietung von Reitpferden 30 DM/Stunde.

Stellungnahme: Bei a) handelt es sich um nichtsteuerbare Leistungen vom außerunternehmerischen Vereinsbereich (echte Mitgliedsbeiträge); bei b)—c) um entgeltliche Sonderleistungen vom unternehmerischen Vereinsbereich.

zu b): Sofern ein Zweckbetrieb vorliegt, ist der Umsatz jedoch steuerfrei nach § 4 Nr. 22b Umsatzsteuergesetz (näheres hierzu Tz. 3.4.5).

Zu c): Liegt ein Zweckbetrieb vor, dann ist der Unterricht steuerfrei nach § 4 Nr. 22 a Umsatzsteuergesetz. Ansonsten greift der Regelsteuersatz durch (z. Zt. 14%).

Zu d): Steuerpflichtige sonstige Leistung, die aber gem. § 12 Abs. 2 Nr. 3 Umsatzsteuergesetz dem ermäßigten Steuersatz unterliegt (näheres hierzu Tz. 4.2).

Zu e): Steuerpflichtige sonstige Leistung, die gem. § 12 Abs. 2 Nr. 2 Umsatzsteuergesetz dem ermäßigten Steuersatz unterliegt.

Beispiel:
Die Gewerbetreibenden aus den verschiedenen Branchen und Wirtschaftsgruppen einer Stadt schließen sich zu einer Werbegemeinschaft in Form eines eingetragenen Vereins zusammen. Zweck des Vereins ist die Förderung der gemeinsamen Werbung für die dem Verein angehörenden Mitglieder, sowie die Organisation überbetrieblicher Öffentlichkeitsarbeit.

Die vom Verein organisierte Werbung wird **ausdrücklich** im Namen der einzelnen Mitglieder betrieben, welche namentlich auf den Werbeplakaten erscheinen. Die Mitgliederbeiträge werden gestaffelt nach der Art und Größe des Betriebs erhoben. Bei der Höhe der Beiträge darf aus sachlichen Gründen differenziert werden.

Der Verein berechnete seinen Mitgliedern für die bezahlten Mitgliedsbeiträge Umsatzsteuer. Die in den Rechnungen und Mitgliedsbeiträgen enthaltene Umsatzsteuer wurde vom Verein als Vorsteuer geltend gemacht.

Stellungnahme: Nach der bisherigen Auffassung der Verwaltung war im vorstehenden Fall **kein Leistungsaustausch** zwischen dem Verein und seinen Mitgliedern gegeben. Dies wurde damit begründet, daß die Werbung den Gesamtbelangen aller Mitglieder diente, somit ein Leistungsaustausch nicht vorliegen würde. Diese Auffassung führte zur Verneinung der Unternehmereigenschaft beim Verein und somit zur Versagung des Vorsteuerabzugs aus den Werbekosten beim Verein. Weiterhin hatte der Verein, soweit er seinen Mitgliedern bezüglich der weiterberechneten anteiligen Werbekosten Umsatzsteuer gesondert be-

rechnet hatte, diese Umsatzsteuer gem. § 14 Abs. 3 Umsatzsteuergesetz an das Finanzamt abzuführen.

Der BFH[1] widersprach der vorstehenden Verwaltungsmeinung in einem gleichgelagerten Fall. Die Auffassung der Verwaltung, daß ein
Leistungsaustausch nur dann angenommen werden kann, wenn die
Tätigkeit des Vereins primär sich an das einzelne Mitglied richte, und
daß er dann versagt werden muß, wenn die Tätigkeit entsprechend
dem satzungsmäßigen Gemeinschaftszweck den Gesamtbelangen aller
Mitglieder diene, kann nach Auffassung des BFH unter dem Gesichts-
punkt des § 2 Abs. 1 S. 3 Umsatzsteuergesetz so nicht mehr aufrecht
erhalten werden.

Nach der BFH-Rechtsprechung wird die Annahme eines Leistungsaustausches und somit die Unternehmereigenschaft eines Vereins nicht
dadurch ausgeschlossen, daß die Tätigkeit lediglich den satzungsmäßigen Zweck des Vereins erfüllt. Ein Leistungsaustausch wird auch dadurch nicht ausgeschlossen, daß die Leistung des Vereins an alle Mitglieder gleich ist. Der BFH bezieht sich hierbei auf seine Entscheidung
zu den Lohnsteuerhilfevereinen[2], wonach ebenfalls die Vereine gegenüber den einzelnen Mitgliedern gleichartige Leistungen (Beratungs-
leistungen) erbringen und dennoch ein Leistungsaustausch angenommen wurde.

Entscheidend für die Frage, ob ein Leistungsaustausch vorliegt, ist
vielmehr die Auswirkung der Tätigkeit beim einzelnen Mitglied.
Kommt die Tätigkeit primär dem einzelnen Mitglied und nicht vorrangig der Gemeinschaft der Mitglieder zugute, kann ein Leistungsaustausch zwischen Mitglied und Verein angenommen werden. Das Mitglied ist in diesem Fall auch nur in einem diesem Interesse entsprechenden Umfang bereit, Zahlungen an den Verein zu leisten.

Die Annahme eines Leistungsaustausches zwischen den Mitgliedern
der Werbegemeinschaft und dieser ist auch dann nicht ausgeschlossen,
wenn nur für die Gemeinschaft der Mitglieder und nicht individuell
für die einzelnen Mitglieder geworben wird.

---

[1] Urteil vom 4.7.1985, BStBl II 1986, 153
[2] Urteil vom 9.5.1974, BStBl II 1974, 530

Werden die Umlagen nach der Laden- bzw. Verkaufsfläche der einzelnen Mitglieder gestaffelt und nicht konkret abgerechnet, führt dies dennoch nicht zur Annahme eines echten Mitgliedsbeitrags. Auch in diesem Fall stehen die Umlagen noch in der erforderlichen Wechselbeziehung und gegenseitigen Abhängigkeit zur Leistung. Es genügt hierfür, daß sich die Höhe der Umlagen nach den für die Durchführung der Werbemaßnahmen erforderlichen Aufwendungen richten und entsprechend dem vermuteten Eigennutzen der Mitglieder bemessen werden[1].

Aufgrund der obigen BFH-Entscheidung ist der Werbeverein mit seiner Gemeinschaftswerbung unternehmerisch tätig. Er erbringt hierbei steuerpflichtige sonstige Leistungen an seine Mitglieder und kann ihnen hierüber zu Recht Rechnungen mit gesondertem Umsatzsteuerausweis ausstellen.

2.2.1 Unentgeltliche Leistungen vom unternehmerischen Bereich an Mitglieder

Erbringt der Verein eine unentgeltliche Leistung aus dem **unternehmerischen Bereich** an ein Mitglied oder an eine dem Mitglied nahestehende Person, kann aufgrund der BFH-Rechtsprechung[2] entweder ein Eigenverbrauch oder ein Fall des § 1 Abs. 1 Nr. 3 Umsatzsteuergesetz angenommen werden. Erfolgt die unentgeltliche Leistung aus unternehmensfremden Gründen, hat die Behandlung als Eigenverbrauch Vorrang[3]. Der Vorgang ist also steuerbar und — sofern keine Steuerfreiheit eingreift — auch steuerpflichtig. Voraussetzung für das Vorliegen eines solchen Tatbestands ist jedoch, daß es sich um eine Sonderleistung handelt, die den Einzelbelangen des Mitglieds dient.

Als Bemessungsgrundlage kommen sowohl im Fall der Annahme eines Eigenverbrauchs als auch eines „§ 1 Abs. 1 Nr. 3-Umsatzes" folgende Werte in Betracht[4]:

---

[1] Vgl. auch Meier, UR 1986, 317
[2] BFH vom 3.11.1983, BStBl II 1984, 169
[3] Abschn. 11 Abs. 1 Umsatzsteuerrichtlinien
[4] § 10 Abs. 4 Umsatzsteuergesetz

a) **Im Fall einer Lieferung** bzw. Entnahme eines Gegenstands: der **gemeine Wert** des Gegenstands

b) Im Fall **einer sonstigen Leistung** bzw. Entnahme einer sonstigen Leistung: die aufgrund der sonstigen Leistung angefallenen **Kosten**.

Beispiel:
Der Sportverein S e. V. nimmt in seine Bandenwerbung das Produkt eines Mitglieds auf. Dem Mitglied wird hierfür nichts berechnet, weil es öfters dem Verein Geldbeträge spendet.

Stellungnahme: Die Bandenwerbung stellt eine sonstige Leistung (Werbeleistung) dar, die im Rahmen des wirtschaftlichen Geschäftsbetriebs des Vereins bewirkt wird, wenn der Verein die Werbung in eigener Regie betreibt. Somit erfolgt die sonstige Leistung unzweifelhaft vom unternehmerischen Vereinsbereich an das betreffende Mitglied. Zwar steht dieser Leistung kein konkretes Entgelt gegenüber, dieses wird jedoch aufgrund der Vorschrift des § 1 Abs. 1 Nr. 3 Umsatzsteuergesetz durch ein fiktives Entgelt ersetzt. Es kann aber auch eine Entnahme der sonstigen Leistung vom unternehmerischen Bereich in den außerunternehmerischen Bereich des Vereins und somit ein Eigenverbrauch gem. § 1 Abs. 1 Nr. 2b Umsatzsteuergesetz angenommen werden. Das Ergebnis ist in beiden Fällen dasselbe.

Besteht jedoch zwischen der Hingabe der Spende und der Bandenwerbung ein Zusammenhang, so liegt eine entgeltliche Werbeleistung vor (vgl. Teil C Tz. 12). Die Spende stellt eine Steuerumgehung i. S. von § 42 Abgabenordnung dar.

Als Bemessungsgrundlage sind nach § 10 Abs. 4 Nr. 2 Umsatzsteuergesetz die aufgrund der Bandenwerbung beim Verein anfallenden **anteiligen Kosten** anzusetzen. Dazu gehört auch der Teil (i. d. R. 25%) der Sportveranstaltungskosten, die mit den Einnahmen aus der Bandenwerbung verrechnet werden dürfen[1].

Der maßgebende Kostenanteil muß mit 14% der Umsatzsteuer unterworfen werden.

---

[1] Vgl. FinMin-Erlaß vom 12.12.1985, S 0183 — 1/78, DB 1986, 525

Beispiel:
Der Sportverein S e. V. gewährt seinen Mitgliedern bei Wettkampfturnieren kostenlosen Eintritt. Nichtmitglieder müssen Eintrittsgelder bezahlen.

Stellungnahme: Wie vorstehendes Beispiel, soweit der Verein seinen Mitgliedern kostenlosen Zutritt gewährt, entnimmt er aus dem unternehmerischen Vereinsbereich (Sportveranstaltungen) sonstige Leistungen, die entweder nach § 1 Abs. 1 Nr. 3 Umsatzsteuergesetz oder als Eigenverbrauch gem. § 1 Abs. 1 Nr. 2b Umsatzsteuergesetz zu besteuern sind. Bemessungsgrundlage sind wiederum die aufgrund der Sportveranstaltungen entstandenen anteiligen Kosten. Bezüglich des Steuersatzes beim Eigenverbrauch vgl. Tz. 4.7.

2.2.2 Verbilligte Leistungen vom unternehmerischen Bereich an Mitglieder

Erbringt ein Verein aus dem unternehmerischen Bereich entgeltliche Leistungen an seine Mitglieder und ist das von den Mitgliedern zu zahlende Entgelt niedriger als das von Dritten zu zahlende Entgelt, muß geprüft werden, ob nicht nach § 10 Abs. 5 Nr. 1 Umsatzsteuergesetz die Mindestbemessungsgrundlage eingreift und ein Mindestwert gem. § 10 Abs. 4 Nr. 1 bzw. 2 Umsatzsteuergesetz anzusetzen ist. Dies ist grundsätzlich dann der Fall, wenn das vom Mitglied zu zahlende Entgelt

● **bei einer Lieferung:** niedriger als der **gemeine Wert** des Liefergegenstandes ist (§ 10 Abs. 4 Nr. 1 Umsatzsteuergesetz),

● bei **einer sonstigen Leistung:** niedriger als die angefallenen Kosten ist (§ 10 Abs. 4 Nr. 2 Umsatzsteuergesetz).

Diese strikte Anwendung der Mindestbemessungsgrundlage gilt aber grundsätzlich nur für die **nicht** als gemeinnützig anerkannten Vereine[1].

Bei den als gemeinnützig anerkannten Vereinen kann nach Verwaltungsmeinung grundsätzlich davon ausgegangen werden, daß die Entgelte der Mitglieder, an die Sonderleistungen erbracht worden sind, dann zumin-

---

[1] Vgl. Abschn. 158 Abs. 1 Beispiel 3a Umsatzsteuerrichtlinien

dest kostendeckend sind, wenn bei der Körperschaftsteuer-Veranlagung des Vereins festgestellt wird, daß der Verein alle Mittel (Mitgliederbeiträge, Spenden, Zuschüsse u. ä.) ausschließlich für satzungsmäßige Zwecke verwendet hat. In diesem Fall greift nach Verwaltungsmeinung die Mindestbemessungsgrundlage nicht ein[1].

Beispiel:
Der gemeinnützige Tennisverein T e. V. erhebt von seinen Mitgliedern für die Benutzung der vereinseigenen Tennishalle geringere Platzgebühren (neben Mitgliedsbeiträgen) als von Gästen.

Die Benutzungsgebühr für Vereinsmitglieder beträgt z. B. 18,— DM je Stunde, für Gäste 24,— DM je Stunde.

Stellungnahme: Nach der Vereinfachungsregelung in Abschn. 158 Abs. 1 Beispiel 3 Buchst. b Umsatzsteuerrichtlinien wird für die umsatzsteuerrechtliche Behandlung eines Vereins auf die gemeinnützigkeitsrechtliche Behandlung abgestellt. Führt ein gemeinnütziger Verein Sonderleistungen an seine Mitglieder gegen Entgelt aus, so werden diese Umsätze nach dem tatsächlich gezahlten Entgelt bemessen. Voraussetzung ist jedoch die **körperschaftsteuerrechtliche Feststellung,** daß der Verein alle Mittel (Mitgliedsbeiträge, Spenden, Zuschüsse usw.) ausschließlich für seine satzungsmäßigen Zwecke verwendet hat.

Im ideellen Bereich und im Bereich von Zweckbetrieben (hier: Vermietung von Hallenplätzen an Mitglieder) ist es im Gegensatz zu den Geschäftsbetrieben und der Vermögensverwaltung gemeinnützigkeitsrechtlich unschädlich, wenn die Kosten für Sonderleistungen an Mitglieder teilweise durch Zuschüsse, Spenden, Mitgliederbeiträge anderer Mitglieder und Vermögenserträge gedeckt werden, weil insoweit kein Verstoß gegen das Gebot ausschließlicher Verwendung der Mittel für gemeinnützige Zwecke (§ 55 Abgabenordnung) vorliegt. Aus der Sicht des Gemeinnützigkeitsrechts besteht in diesen Fällen kein Anlaß, evtl. vereinnahmte Sonderentgelte wegen mangelnder Kostendeckung zu korrigieren oder die Gemeinnützigkeit des betreffenden Vereins zu verneinen. Hier sind „Verbilligungen" von Leistungen zwar möglich,

---

[1] Abschn. 158 Abs. 1 Beispiel 3 b Umsatzsteuerrichtlinien

Umsatzsteuerrechtliche Bemessungsgrundlage für diese Leistungen sind gleichwohl — entsprechend der bestehenden Vereinfachungsregelung in Abschn. 158 Abs. 1 Beispiel 3 b Umsatzsteuerrichtlinien — nur die tatsächlich vereinnahmten Sonderentgelte[1].

Dies bedeutet, sofern die Gemeinnützigkeit des Vereins anerkannt ist, wird von der Verwaltung nicht geprüft, ob die tatsächlichen anteiligen Kosten der Tennishalle höher sind als die zu zahlenden Platzgebühren der Mitglieder.

Eine solche Prüfung wird jedoch von der Verwaltung bei den nicht als gemeinnützig anerkannten Vereinen durchgeführt. Würden hierbei die anteiligen Hallenkosten höher sein als die von den Mitgliedern entrichteten Entgelte, müßte der Verein diese höheren Kosten gem. § 10 Abs. 5 Nr. 1 Umsatzsteuergesetz der Umsatzsteuer unterwerfen.

Bezüglich des Steuersatzes (vgl. Tz. 4.3) muß geprüft werden, ob der steuerpflichtige Vermietungsanteil im Rahmen eines wirtschaftlichen Geschäftsbetriebs i. S. von § 14 Abgabenordnung (vgl. Teil C Tz. 2.4) oder im Rahmen eines Zweckbetriebs gem. § 68 Nr. 7 b Abgabenordnung (vgl. Teil C Tz. 6) erfolgt. Sofern die steuerpflichtige Vermietung im Rahmen eines Zweckbetriebs erfolgt, fällt der betreffende Entgeltsanteil gem. § 12 Abs. 2 Nr. 8 Umsatzsteuergesetz unter den ermäßigten Steuersatz. Dies wäre bei einem gemeinnützigen Verein bei der Vermietung der Tennishalle an die Vereinsmitglieder der Fall, da hier die steuerpflichtige Vermietung im Rahmen eines Zweckbetriebs erfolgt. Dagegen ist die Vermietung an Nichtmitglieder dem Regelsteuersatz unterlegen, weil insoweit ein wirtschaftlicher Geschäftsbetrieb angenommen werden muß.

---

[1] Vgl. auch Erlaß des FinMin Nordrhein-Westfalen vom 9.7.1986, BB 1986 S. 2325 und vom 28.7.1986, UR 10/87, 27

3 Steuerfreie Vereinsumsätze

3.1 Grundstücksumsätze

3.1.1 Allgemeines

Grundstücksumsätze sind umsatzsteuerrechtlich nur dann relevant, wenn das betreffende Grundstück dem Unternehmensbereich (wirtschaftlicher Geschäftsbetrieb, Zweckbetrieb oder Vermögensverwaltung) des Vereins zuzuordnen ist. Bisher wurde von der Verwaltung im Zusammenhang mit Grundstücken die Auffassung vertreten, daß Grundstücke einheitliche nicht aufteilbare Gegenstände sind. Dies hat dazu geführt, daß Grundstücke, die zeitgleich zum Teil für unternehmerische und zum Teil für außerunternehmerische (ideelle) Zwecke genutzt wurden, entweder in vollem Umfang dem Unternehmensbereich oder in vollem Umfang dem außerunternehmerischen Bereich zugeordnet wurden. Nach Abschn. 192 Abs. 17 Nr. 2 S. 5 Umsatzsteuerrichtlinien konnte das Grundstück bereits dann in vollem Umfang dem Unternehmensbereich zugeordnet werden, wenn der unternehmerisch genutzte Anteil mehr als 10% der gesamten Verwendung des Grundstücks betrug.

Lediglich beim Vorsteuerabzug wurde von der Verwaltung im Vereinsbereich bei der sachgerechten Zuordnung der Vorsteuern eine Art Aufteilungsprinzip zugelassen[1].

Der Grundsatz der Nichtaufteilbarkeit von Grundstücken muß jedoch als überholt angesehen werden. Hierfür sprechen folgende Gründe:

- **BFH-Urteil vom 30.7.1986, BStBl II 1986, 877**
  Im obigen Urteil gibt der BFH zu erkennen, daß ein Gebäude bei der unternehmerischen und der außerunternehmerischen Nutzung von verschiedenen Gebäudeteilen, entsprechend der Nutzung in zwei Gebäudeteile aufgeteilt werden kann (vgl. hierzu auch Weiss, UR 19/86, 290 ff.).

- **BdF-Schreiben vom 23.7.1986, BStBl I 1986, 432**
  In dem o.g. BdF-Schreiben zur Errichtung von Gebäuden auf fremdem Grund und Boden ist die Verwaltung diesem Aufteilungsprinzip ebenfalls gefolgt. Nach dem BdF-Schreiben vom 23.7.1986 kann bei

---

[1] Vgl. Abschn. 22 Abs. 7 Umsatzsteuerrichtlinien

den auf fremdem Grund und Boden errichteten Grundstücken auch an **Grundstücksteilen** unabhängig von zivilrechtlichem Eigentumsübergang Verfügungsmacht übertragen werden, sofern der betreffende Grundstücksteil wirtschaftlich abgrenzbar ist (vgl. Tz. C III des BdF-Schreibens vom 23.7.1986, aaO).

Da in Bezug auf den Gegenstandsbegriff zwischen Gebäuden auf eigenem und auf fremdem Grund und Boden kein Unterschied bestehen kann, ist davon auszugehen, daß die Verwaltung den Einheitlichkeitsgrundsatz bei Grundstücken generell aufgegeben hat.

Kleinste aufteilbare Einheit, bis zu der das Grundstück aufgeteilt werden kann, ist ein räumlich abgrenzbarer Teil des Grundstücks. Bei teils unternehmerischer und teils außerunternehmerischer Nutzung eines nicht mehr weiter unterteilbaren Grundstücksteils sind demnach weiter die Grundsätze nach Abschn. 192 Abs. 17 Nr. 2 Umsatzsteuerrichtlinien anzuwenden. Dies muß wohl auch für die Fälle gelten, in denen derselbe Grundstücksteil zeitunterschiedlich einmal für unternehmerische und zum anderen für außerunternehmerische Zwecke genutzt wird.

Eine Nutzung für unternehmerische Zwecke liegt vor, wenn das Grundstück bzw. der Grundstücksteil für den wirtschaftlichen Geschäftsbetrieb oder für die Zweckbetriebe des Vereins genutzt wird. Gleichfalls ist bei der Vermietung des Grundstücks oder des Grundstücksteils (Vermögensverwaltung) eine unternehmerische Nutzung gegeben.

Beachte:

Die Zuordnung des Grundstücks oder des Grundstücksteils zum unternehmerischen oder außerunternehmerischen Vereinsbereich hat erhebliche Auswirkungen.

Sind Grundstücke oder Teile davon dem unternehmerischen Vereinsbereich zuzuordnen, kann der Verein grundsätzlich alle im Zusammenhang mit dem Grundstück anfallenden Vorsteuern geltend machen, sofern kein Vorsteuerabzugsverbot gem. § 15 Abs. 2 Umsatzsteuergesetz eingreift.

Die Veräußerung dieser Grundstücke stellt eine steuerbare Lieferung dar, die in der Regel steuerfrei gem. § 4 Nr. 9a Umsatzsteuergesetz ist (näheres hierzu vgl. Tz. 3.2).

Werden zunächst dem unternehmerischen Bereich zugeordnete Grundstücke oder Grundstücksteile später nur noch für außerunternehmerische Zwecke genutzt und somit in den außerunternehmerischen Bereich entnommen, liegt ein Eigenverbrauch gem. § 1 Abs. 1 Nr. 2a Umsatzsteuergesetz vor (näheres hierzu vgl. Tz. 3.2.1).

Bei einer nur teilweisen oder vorübergehenden Nutzung für außerunternehmerische Zwecke ist ein Eigenverbrauch gem. § 1 Abs. 1 Nr. 2b Umsatzsteuergesetz gegeben (näheres hierzu vgl. Tz. 3.3.1).

Grundstücke oder Grundstücksteile, die dem außerunternehmerischen Bereich zuzuordnen sind, berechtigen grundsätzlich nicht zum Vorsteuerabzug. Bei ihrer Veräußerung liegt eine **nicht**steuerbare Lieferung vor. Der Tatbestand eines Eigenverbrauchs gem. § 1 Abs. 1 Nr. 2a oder 2b Umsatzsteuergesetz kann nicht verwirklicht werden.

Beispiel:
Der Tanzsportverein TVR e. V. ist Eigentümer eines Gebäudes, in welchem sich Räume für eine Vereinsgaststätte befinden, die er in eigener Regie betreibt (abgrenzbar ca. 40% der Gesamtfläche). Weiterhin beinhaltet das Gebäude einen Tanzsaal (abgrenzbar ca. 50% der Gesamtfläche). Der Tanzsaal wird zeitunterschiedlich sowohl für das Training der an Tanzturnieren teilnehmenden Mitglieder (unternehmerische Nutzung) als auch für Übungszwecke von Mitgliedern benutzt, die nicht an Turnieren teilnehmen (ideelle Nutzung). Die Nutzung des Saales für die an Tanzturnieren teilnehmenden Mitglieder beträgt durchschnittlich 60% der Gesamtnutzung.

Ein weiterer Raum (Vereinszimmer) mit 10% der Gesamtfläche wird nur für Vorstandssitzungen und Mitgliederversammlungen benutzt (ideelle Nutzung).

Stellungnahme: Das Grundstück kann in drei wirtschaftliche Einheiten aufgeteilt werden, und zwar in die Einheiten ,,Vereinsgaststätte'', ,,Tanzsaal'' und ,,Vereinszimmer''. Die Einheit ,,Vereinsgaststätte'' ist dem Unternehmensbereich, und zwar dem Bereich wirtschaftlicher Geschäftsbetrieb zuzuordnen.

Die Einheit ,,Tanzsaal'' wird zeitunterschiedlich für unternehmerische und für ideelle Zwecke genutzt. Da die Nutzung für unternehmerische

Zwecke mehr als 10% beträgt, ist die Einheit „Tanzsaal" ebenfalls dem unternehmerischen Bereich zuzuordnen (vgl. hierzu Abschn. 192 Abs. 17 Nr. 2 Umsatzsteuerrichtlinien). Soweit die Einheit „Tanzsaal" für ideelle Zwecke genutzt wird, liegt ein Eigenverbrauch gem. § 1 Abs. 1 Nr. 2b Umsatzsteuergesetz vor (näheres vgl. Tz. 3.3.1).

Die Einheit „Vereinszimmer" wird ausschließlich für außerunternehmerische (ideelle) Zwecke genutzt, sie ist deshalb dem außerunternehmerischen Vereinsbereich zuzuordnen.

Beispiel:
Der Tennisverein T e. V. ist Eigentümer von mehreren im Freien befindlichen Tennisplätzen. Weiterhin ist er Eigentümer einer Tennishalle. Die Tennisplätze werden von den Vereinsmitgliedern ohne besonderes Entgelt genutzt. Die Hallenplätze werden vom Verein den Mitgliedern gegen eine Sondervergütung zur Nutzung überlassen.

Stellungnahme: Die im Freien befindlichen Tennisplätze werden ausschließlich für ideelle Zwecke genutzt. Sie sind daher dem außerunternehmerischen Vereinsbereich zuzuordnen. Da der Verein die Hallenplätze an seine Mitglieder vermietet (Sonderleistung), liegt eine unternehmerische Nutzung der Halle vor. Die Tennishalle ist dem unternehmerischen Vereinsbereich (hier sportliche Veranstaltung) zuzurechnen.

3.2 Grundstücksveräußerungen

Veräußert der Verein ein zu seinem Unternehmensbereich gehörendes Grundstück (näheres hierzu vgl. vorstehend Tz. 3.1.1), ist diese Veräußerung grundsätzlich steuerfrei nach § 4 Nr. 9a Umsatzsteuergesetz. Die steuerfreie Grundstücksveräußerung ist dann vorsteuerschädlich, wenn der Verein innerhalb der letzten 10 Jahre seit der Veräußerung des Grundstücks den Vorsteuerabzug vorgenommen hat. In diesem Fall greift die Vorsteuer-Berichtigungsvorschrift des § 15a Umsatzsteuergesetz ein. Aufgrund dieser Vorschrift muß der Verein einen Teil der geltend gemachten Vorsteuer zurückbezahlen (näheres hierzu vgl. nachstehend Tz. 6).

Nicht nach § 4 Nr. 9a Umsatzsteuergesetz steuerfrei und somit auch nicht vorsteuerschädliche Grundstückslieferungen sind:

● die Lieferung eines Gebäudes ohne festes Fundament,
● die Lieferung von festen und beweglichen Betriebsvorrichtungen und
● die Lieferung von Zubehör.

Bei der Veräußerung eines Grundstücks mit festen Betriebsvorrichtungen zu einem Gesamtpreis ist der auf die Betriebsvorrichtungen (vgl. Teil K) entfallende Anteil zu ermitteln und als **steuerpflichtiges Entgelt** zu behandeln. Die Aufteilung ist nach bewertungsrechtlichen Grundsätzen vorzunehmen. Der auf die Betriebsvorrichtung entfallende Vorsteueranteil ist abzugsfähig.

3.2.1 Steuerfreier Eigenverbrauch

Wird ein zum Unternehmensbereich des Vereins gehörendes Grundstück oder ein Grundstücksteil i. S. von § 2 Grunderwerbsteuergesetz in den außerunternehmerischen Bereich des Vereins entnommen (z. B. durch Nutzung zu mehr als 90% im ideellen Bereich), liegt ein gem. § 4 Nr. 9a Umsatzsteuergesetz steuerfreier Entnahme-Eigenverbrauch (§ 1 Abs. 1 Nr. 2a Umsatzsteuergesetz) vor.

Die Steuerfreiheit dieses Eigenverbrauchs führt zum Vorsteuerabzugsverbot gem. § 15 Abs. 2 Umsatzsteuergesetz bzw. zur Vorsteuerberichtigung, wenn das Grundstück innerhalb der letzten 10 Jahre errichtet und damals ein Vorsteuerabzug vorgenommen worden ist (näheres vgl. Tz. 6).

Soweit mit dem Grundstück eine fest verbundene **Betriebsvorrichtung** mit entnommen wird, ist der Teilwert der Betriebsvorrichtung allerdings als steuerpflichtiger Eigenverbrauch gem. § 1 Abs. 1 Nr. 2a Umsatzsteuergesetz zu behandeln. Insoweit ist die Entnahme auch vorsteuerunschädlich.

3.2.2 Option zur Umsatzsteuer bei steuerfreien Grundstückslieferungen

Liegt eine steuerfreie Grundstückslieferung nach § 4 Nr. 9a Umsatzsteuergesetz vor, kann zur Vermeidung des Vorsteuerabzugsverbots gem. § 15 Abs. 2 Umsatzsteuergesetz bzw. einer Vorsteuerberichtigung nach § 15a Umsatzsteuergesetz gem. § 9 Umsatzsteuergesetz auf die Steuerfreiheit verzichtet werden. Voraussetzung für den zulässigen Verzicht ist allerdings, daß die Grundstückslieferung des Vereins erfolgt an

● einen Unternehmer
● für dessen Unternehmen.

Dies ist immer dann der Fall, wenn das Grundstück oder der Grundstücksteil beim Erwerber wiederum zum unternehmerischen Bereich zu rechnen ist (vgl. hierzu Ausführungen zu Tz. 3.1.1).

Befinden sich Grundstücksteile (abgrenzbare Einheiten) sowohl im unternehmerischen als auch im außerunternehmerischen Vereinsbereich, muß bei einer Grundstücksveräußerung, wenn die von der Verwaltung eingeführte Aufteilungstheorie folgerichtig fortgeführt werden soll, von mehreren Lieferungen — entsprechend den Grundstücksteilen — ausgegangen werden. Im Hinblick auf die Option nach § 9 Umsatzsteuergesetz ist somit — entgegen der bisherigen Verwaltungsauffassung — eine Teiloption auch bei Grundstückslieferungen möglich.

Beispiel:
Sachverhalt siehe erstes Beispiel bei Tz. 3.1.1.

Zu Beginn des 6. Jahres seit der Errichtung des Gebäudes veräußert der TVR e. V. das Gebäude an den Turnverein T e. V. Der Turnverein T e. V. nutzt den Tanzsaal ausschließlich für Gymnastikübungen seiner Mitglieder (ideelle Nutzung). Die übrigen Gebäudeeinheiten werden wie beim Tanzsportverein TVR e. V. genutzt.

Der Tanzsportverein TVR e. V. hat bei der Errichtung des Gebäudes die anteilig auf die Vereinsgaststätte und die auf den Tanzsaal entfallende Vorsteuer geltend gemacht. Hierbei ist zu beachten, daß der TVR e. V. die auf den Tanzsaal entfallende Vorsteuer nur in Höhe von 60% geltend machen konnte, da die ideelle Nutzung in Höhe von 40% einen steuerfreien Eigenverbrauch gem. § 1 Abs. 1 Nr. 2b Umsatzsteuergesetz darstellt und insoweit das Vorsteuerabzugsverbot gem. § 15 Abs. 2 Umsatzsteuergesetz auslöst.

Stellungnahme: Vgl. hierzu auch Stellungnahme zum ersten Beispiel bei Tz. 3.1.1. Das Gebäude ist beim Tanzsportverein TVR e. V. in drei selbständige Einheiten aufzugliedern, wobei sich zwei Einheiten im Unternehmensbereich des TVR e. V. und eine Einheit im außerunternehmerischen Bereich befinden.

Veräußert der TVR e. V. das Gebäude an den Turnverein T e. V., liegt zwar zivilrechtlich ein einheitliches Rechtsgeschäft vor, umsatzsteuerrechtlich muß jedoch von der Lieferung von drei Grundstücksteilen

ausgegangen werden. Da der T e. V. zwei Grundstücksteile („Tanzsaal" und „Vereinszimmer") im außerunternehmerischen ideellen Bereich nutzt, erfolgen diese beiden Lieferungen an den außerunternehmerischen Bereich des T e. V. Die Lieferung des Grundstücksteils
„Vereinsgaststätte" erfolgt an den unternehmerischen Bereich des T
e. V.

Alle drei Lieferungen sind steuerbar und grundsätzlich steuerfrei nach
§ 4 Nr. 9a Umsatzsteuergesetz. Läßt der TVR e. V. alle drei Lieferungen steuerfrei, führt das zu einer Vorsteuerberichtigung nach § 15a
Umsatzsteuergesetz zu Ungunsten des Vereins, weil die steuerfreie
Veräußerung innerhalb des 10-Jahres-Zeitraums des § 15a Abs. 1 Umsatzsteuergesetz erfolgt. Der Verein müßte von der abgezogenen Vorsteuer die auf das 6. — 10. Jahr entfallenden Anteile, also 50%, in einer Summe im Voranmeldungszeitraum der Veräußerung an das Finanzamt zurückbezahlen (§ 15a Abs. 1 und 4 Umsatzsteuergesetz i. V.
mit § 44 Abs. 4 Umsatzsteuer-Durchführungsverordnung). Näheres
zur Vorsteuerberichtigung vgl. Tz. 6.

Es ist deshalb sinnvoll, beim veräußernden Verein zu prüfen, inwieweit zulässigerweise gem. § 9 Umsatzsteuergesetz auf die Steuerfreiheit
gem. § 4 Nr. 9a Umsatzsteuergesetz verzichtet werden kann. Soweit
der Verein eine durch Option steuerpflichtige Grundstückslieferung
tätigt, kann er die für ihn negative Vorsteuerberichtigung vermeiden.

Eine solche zulässige Option (Teiloption) ist bezüglich der Lieferung
des Gebäudeteils „Vereinsgaststätte" möglich, weil dieser Gebäudeteil
an den unternehmerischen Bereich des erwerbenden Vereins geliefert
wird. Die dabei anfallende Umsatzsteuer kann dem erwerbenden Verein gesondert berechnet und von diesem als Vorsteuer geltend gemacht
werden.

Eine Option gem. § 9 Umsatzsteuergesetz zur Steuerpflicht bezüglich
der restlichen Gebäudeteile ist nicht möglich, da diese Gebäudeteile
nicht an den unternehmerischen Bereich des erwerbenden Vereins geliefert werden. Insoweit kann die Vorsteuerberichtigung nach § 15a
Umsatzsteuergesetz nicht vermieden werden.

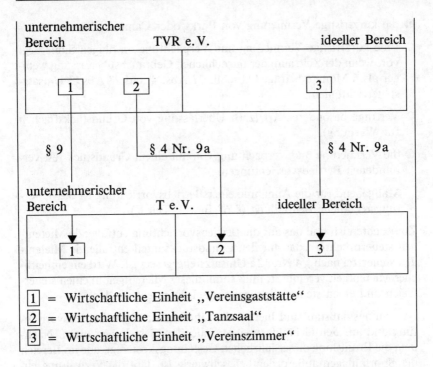

1 = Wirtschaftliche Einheit „Vereinsgaststätte"
2 = Wirtschaftliche Einheit „Tanzsaal"
3 = Wirtschaftliche Einheit „Vereinszimmer"

3.3 Steuerfreie Grundstücksvermietung

Die Vermietung und Verpachtung von Grundstücken bzw. Grundstücksteilen, die zum Unternehmensbereich des Vereins gehören, ist grundsätzlich steuerfrei[1]. Die Steuerbefreiung schließt den Vorsteuerabzug aus[2].

Nicht steuerbefreit sind[3]:

● die Vermietung von Räumen zur kurzfristigen Beherbergung,

Darunter fallen auch die Überlassung von Zimmern und Schlafplätzen in einem Wanderheim, wenn hierfür ein **Entgelt** erhoben wird. Dies gilt auch dann, wenn zu diesem Wanderheim nur Vereinsmitglieder Zutritt haben (Abschn. 84 Umsatzsteuerrichtlinien).

---

[1] § 4 Nr. 12a Umsatzsteuergesetz.
[2] § 15 Abs. 2 Umsatzsteuergesetz.
[3] § 4 Nr. 12a S. 2 Umsatzsteuergesetz

● die kurzfristige Vermietung von Park- oder Campingplätzen,

Eine kurzfristige Vermietung und Verpachtung im obigen Sinne liegt vor, wenn der Zeitraum der tatsächlichen Gebrauchsüberlassung weniger als 6 Monate beträgt (Abschn. 77 Abs. 4 und 78 Abs. 3 Umsatzsteuerrichtlinien).

● Verträge besonderer Art (z. B. Überlassung von Grundstücksflächen für Werbung),

● die Vermietung und Verpachtung von mit einem Grundstück fest verbundenen Betriebsvorrichtungen.

Maßgebend für die Annahme einer Betriebsvorrichtung ist die bewertungsrechtliche Beurteilung (§ 68 BewG, Teil K).

Zu beachten ist, daß das auf die Betriebsvorrichtung entfallende Mietentgelt steuerpflichtig , das auf den Grundstücksanteil entfallende Mietentgelt steuerfrei nach § 4 Nr. 12a Umsatzsteuergesetz ist. Wird ein einheitliches Mietentgelt vereinbart, muß somit dieses Mietentgelt in einen steuerfreien und einen steuerpflichtigen Anteil aufgeteilt werden.

Aufteilungsmaßstab sind hierbei die jährlichen auf die Betriebsvorrichtung und auf den Gebäudeanteil entfallenden Gestehungskosten. Nachdem die Ermittlung dieser jährlichen Gestehungskosten gerade im Bereich der Sportanlagen außerordentlich schwierig ist, läßt die Verwaltung ein vereinfachtes pauschaliertes Aufteilungsverfahren[1] zu, welches anhand des nachfolgenden Falles erläutert wird.

Beispiel:
Der gemeinnützige Tennisverein T e. V. hat im Kalenderjahr 02 eine neue Tennishalle errichtet. Die Halle wird im Kalenderjahr 03 an Mitglieder für 10 DM/Stunde vermietet. Der Grund und Boden wird dem Verein im Wege des Erbpachtrechts von der Stadt zur Verfügung gestellt. Der jährliche Erbpachtzins beträgt 2 000 DM.

Die Baukosten und sonstigen Kosten für die Halle setzen sich wie folgt zusammen:

---

[1] Abschn. 86 Abs. 2 Umsatzsteuerrichtlinien

Grund und Boden	0 DM
Gebäude (einschl. Umsatzsteuer)	2 Mio DM
Betriebsvorrichtungen (einschl. Umsatzsteuer)	3 Mio DM
insgesamt	5 Mio DM

Stellungnahme: Bei der Überlassung der Hallenplätze an die Spieler handelt es sich um eine echte Grundstücksvermietung, da den Spielern eine bestimmte, **nur** ihnen zur Verfügung stehende Grundstücksfläche unter Ausschluß anderer zum Gebrauch überlassen wird[1]. Die Vermietung ist — soweit es sich nicht um die Mitvermietung von Betriebsvorrichtungen handelt — steuerfrei gem. § 4 Nr. 12a Umsatzsteuergesetz. Die Mitvermietung der Betriebsvorrichtungen ist dagegen steuerpflichtig (§ 4 Nr. 12a S. 2 Umsatzsteuergesetz).

Nach der Verwaltungsregelung des Abschn. 86 Abs. 2 Umsatzsteuerrichtlinien kann dabei die **Aufteilung der Vermietungsleistung** in einen steuerfreien und einen steuerpflichtigen Anteil nach dem Verhältnis der jährlichen Gestehungskosten des Grundstücks zu den jährlichen Gestehungskosten der Betriebsvorrichtung erfolgen. Hierbei sind die Nutzungsdauer und die kalkulatorischen Zinsen auf das eingebrachte Kapital zu berücksichtigen.

Die **Gestehungskosten** können wie folgt ermittelt werden:

● **Grund und Boden**

Anschaffungskosten x 6% Zinsen = jährliche Kosten

Wird der Grund und Boden im Erbpachtrecht zur Bebauung überlassen, sind als jährliche Gestehungskosten die zu zahlenden Erbbauzinsen anzusetzen.

---

[1] Vgl. BFH vom 4.12.1980, BStBl II 1981, 231

● **Gebäudeteil**

Anschaffungskosten bzw. Herstellungskosten zzgl.	x 2% AfA
Anschaffungskosten bzw. Herstellungskosten	x 6% Zinsen
Jährliche Kosten Gebäude	

● **Betriebsvorrichtungen**

Anschaffungskosten bzw. Herstellungskosten zzgl.	x 5% AfA
Anschaffungskosten bzw. Herstellungskosten	x 6% Zinsen
Jährliche Kosten Betriebsvorrichtungen	

Der prozentuale Anteil der steuerpflichtigen Vermietung errechnet sich wie folgt:

$$\frac{\text{Kosten Betriebsvorrichtung} \times 100}{\text{Gesamtkosten Gebäude}}$$

Im obigen Ausgangsfall kann somit der Aufteilungsmaßstab wie folgt berechnet werden:

	AfA DM	Zinsen DM	gesamt DM
Grund und Boden (Erbpachtrecht)	—	2 000	2 000
Gebäude (2 Mio DM)	40 000 (2%)	120 000 (6%)	160 000
insgesamt	40 000	122 000	162 000
Betriebsvorrichtungen (3 Mio DM)	150 000 (5%)	180 000 (6%)	330 000

Die Aufteilung ist nach dem Verhältnis der Gesamtsumme (AfA und Zinsen) des Grundstücks zur Gesamtsumme Betriebsvorrichtungen, also nach dem Verhältnis 162000 DM : 330000 DM vorzunehmen. Demnach entfallen auf das Grundstück 33% und auf die Betriebsvorrichtung 67%. Dies bedeutet, die Vermietung der Tennishalle (auch stundenweise) ist zu 33% steuerfrei (§ 4 Nr. 12a Umsatzsteuergesetz) und zu 67% steuerpflichtig.

Bei einer Miete von 10 DM pro Stunde muß der Verein somit:

67% von 10 DM = 6,70 DM

versteuern. Bei diesem Betrag handelt es sich um einen Bruttobetrag. Die abzuführende Umsatzsteuer (Steueransatz 7%, näheres vgl. hierzu Tz. 4.3)

berechnet sich somit wie folgt:

7/107 von 6,70 = 0,44 DM

Führt die Aufteilung im Einzelfall zu ungerechtfertigten Ergebnissen, kann die Aufteilung auch nach anderen Methoden, erforderlichenfalls im Schätzungswege vorgenommen werden (Abschn. 86 Abs. 2 S. 4 Umsatzsteuerrichtlinien).

Die pauschalierende Aufteilung kann aus Vereinfachungsgründen für die gesamte Vermietungsdauer beibehalten werden.

Soweit beim Verein Vorsteuerbeträge aus Strom-, Heizungs- und sonstigen Allgemeinkosten entstehen, für die eine wirtschaftliche Zuordnung nicht ohne weiteres möglich ist, können diese entsprechend dem obigen Verhältnis in einen abzugsfähigen Anteil (67%) und in einen nicht abzugsfähigen Anteil (33%) aufgeteilt werden. Dagegen sind diejenigen Vorsteuerbeträge, die bei der Anschaffung der Betriebsvorrichtungen angefallen sind, in vollem Umfang abzugsfähig. Vorsteuerbeträge, die im Zusammenhang mit der Errichtung des Gebäudes angefallen sind, können überhaupt nicht abgezogen werden[1].

Wird eine Sportanlage im obigen Sinn vom Verein nur **angemietet** und vermietet der Verein seinerseits die Sportanlage oder Teile davon an seine Mitglieder weiter, stellt sich die Frage, ob die vom ,,Verein'' erbrachten

---

[1] § 15 Abs. 2 i. V. mit Abs. 4 Umsatzsteuergesetz

Vermietungssätze nach denselben Kriterien aufzuteilen sind. Hierzu sagt Abschn. 86 Umsatzsteuerrichtlinien nichts aus. Da dem Verein die Gestehungskosten des Grundstücks und der Betriebsvorrichtungen nicht bekannt sind, müßte er sich diese vom Vermieter geben lassen. Eine Übernahme des Aufteilungsschlüssels aufgrund des Vermietungssatzes vom Vermieter an den Mieter wird vielfach nicht möglich sein, da der Vermieter in diesen Fällen höchstwahrscheinlich infolge Option (§ 9 Umsatzsteuergesetz) steuerpflichtig an den Mieter (Unternehmer) vermieten wird.

Die steuerpflichtige Vermietung durch Option ist allerdings nur bei Sportanlagen noch möglich, die vor dem 1.1.1986 fertiggestellt worden sind und bei denen mit der Errichtung des Gebäudes vor dem 1.6.1984 begonnen worden ist[1].

In solchen Fällen kann der Aufteilungsmaßstab auch nach einer anderen sachgerechten Schätzungsmethode ermittelt werden.

Weiterhin läßt Abschn. 86 Umsatzsteuerrichtlinien offen, ob in den Fällen, in denen der auf die Betriebsvorrichtung entfallende Herstellungskostenteil weniger als 10% beträgt, von einer Aufteilung ganz abgesehen werden und die Vermietungsleistung insgesamt als steuerfrei behandelt werden kann[2]. Nach Auffassung der OFD'en des Landes Baden-Württemberg kann die 10%-Regelung nicht mehr angewandt werden. Soweit aber in der Vergangenheit eine Aufteilung des vereinbarten Mietentgelts unterblieben ist, weil der steuerpflichtige Anteil 10% des Entgelts nicht überschritten hat, kann es auch für die Zukunft aus Gründen des Vertrauensschutzes bei der bisherigen Sachbehandlung (Gewährung der vollen Steuerfreiheit und kein Vorsteuerabzug) bleiben.

Entsprechend den oben dargestellten Kriterien ist auch bei der **Vermietung** folgender Sportanlagen zu verfahren:

— Sportplätze, Sportstadien
— Schwimmbäder
— Schießstände

---

[1] Vgl. auch Tz. 3.3.2 und § 9 Abs. 2 i.V. mit § 27 Abs. 5 Nr. 1 Umsatzsteuergesetz
[2] So z.B. OFD Düsseldorf vom 3.7.1980, Umsatzsteuerrichtlinien 1981, 203

— Kegelbahnen
— Eissportstadien-, hallen-, -zentren
— Golfplätze
— Squashhallen
— Reithallen
— Turn-, Sport- und Festhallen
— Mehrzweckhallen

Eine Grundstücksvermietung im obigen Sinne liegt nur vor, wenn dem Mieter während der Vertragsdauer der Gebrauch eines Grundstücks gewährt wird (§ 535 BGB). Dies setzt voraus, daß dem Mieter eine bestimmte, nur ihm zur Verfügung stehende Grundstücksfläche unter Ausschluß anderer zum Gebrauch überlassen wird[1]. Diese Voraussetzung ist z. B. **nicht** erfüllt, wenn **Einzelpersonen** die Benutzung eines Sportplatzes oder eines Schwimmbades im Rahmen des allgemeinen Sport- bzw. Badebetriebs gegen Eintrittsgeld gestattet wird. In diesen Fällen liegt keine Vermietung einer Sportanlage, sondern eine **steuerpflichtige Leistung** aus einem Vertrag besonderer Art vor (Abschn. 81 Nr. 8 Umsatzsteuerrichtlinien).

3.3.1 Steuerfreier Eigenverbrauch

Wird ein Grundstück, welches nach den Zuordnungskriterien zum Unternehmensbereich des Vereins gehört, vorübergehend für außerunternehmerische Vereinszwecke genutzt, liegt insoweit ein steuerfreier Eigenverbrauch vor[2]. Die anteilig auf diese Nutzung entfallenden Vorsteuern sind nicht abzugsfähig.

Soweit es sich um ein Grundstück mit Betriebsvorrichtungen handelt, stellt die außerunternehmerische Nutzung der Betriebsvorrichtung einen steuerpflichtigen Eigenverbrauch dar. Die anteilig hierauf entfallenden Vorsteuern sind abzugsfähig. Die Aufteilung des Eigenverbrauchs in einen steuerpflichtigen und einen steuerfreien Anteil ist sinngemäß entsprechend den vorgenannten Aufteilungskriterien vorzunehmen.

---

[1] BFH-Urteil vom 4.12.1980, BStBl II 1981, 231
[2] § 1 Abs. 1 Nr. 2b i. V. mit § 4 Nr. 12a Umsatzsteuergesetz

Ausnahme: Wird von der Sonderregelung des Abschn. 22 Abs. 7 Umsatz-steuerrichtlinien Gebrauch gemacht, wonach die Vorsteuerbeträge nach dem Verhältnis der Einnahmen aus dem unternehmerischen und dem ideellen Bereich aufgeteilt werden können, entfällt der Ansatz eines Ei-genverbrauchtatbestands (näheres hierzu bei Tz. 5.3.4).

3.3.2 Option bei einer steuerfreien Grundstücksvermietung

Die Option ist aufgrund der Neuregelung des § 9 Abs. 2 Umsatzsteuerge-setz nur noch zulässig, wenn das Grundstück bzw. der Grundstücksteil an

● einen Unternehmer
● für dessen Unternehmen vermietet wird und
● der Vermieter nachweist, daß das Grundstück weder Wohnzwecken noch außerunternehmerischen Zwecken (ideellen Vereinszwecken) dient.

Für Altfälle ist jedoch eine Übergangsregelung vorgesehen[1]. Danach kann ein Gebäude, sofern es Wohnzwecken dient, noch durch Option steuerpflichtig vermietet werden, wenn

● der Baubeginn vor dem 1.6.1984 lag und die Fertigstellung vor dem 1.4.1985 erfolgt ist, oder
● der Baubeginn nach dem 31.5.1984 lag und die Fertigstellung vor dem 1.1.1985 erfolgte.

Dient das Gebäude anderen nichtunternehmerischen Zwecken als Wohn-zwecken, kann es aufgrund der Übergangsregelung noch durch Option steuerpflichtig vermietet werden, wenn die Vermietung an einen anderen Unternehmer erfolgt und

● der Baubeginn vor dem 1.6.1984 lag und das Gebäude vor dem 1.1.1986 fertiggestellt wurde oder
● der Baubeginn nach dem 31.5.1984 lag und die Fertigstellung vor dem 1.1.1985 erfolgte (seltener Fall).

---

[1] § 27 Abs. 5 Umsatzsteuergesetz

Wird das Gebäude vom Mieter zum Teil für unternehmerische und zum Teil für nichtunternehmerische Zwecke genutzt, ist nur bezüglich des vom Mieter unternehmerisch genutzten Teils eine Option zulässig (sog. Teiloption)[1].

Soweit im Vereinsbereich Grundstücke vermietet werden, die weder Wohnzwecken noch anderen außerunternehmerischen (z. B. ideellen) Zwecken dienen, besteht weiterhin eine generelle Optionsmöglichkeit.

Beispiel:
Der gemeinnützige Tennisverein T e. V. errichtete im Kalenderjahr 1984 ein Vereinsheim mit Gaststätte und Pächterwohnung (Fertigstellung September 1984, Baubeginn Juli 1983). Die Gaststätte (60% der Nutzfläche) und die Wohnung (10% der Nutzfläche) wurde in einem einheitlichen Pachtvertrag dem Pächter P verpachtet.

Stellungnahme: Das Vereinsheim (Gaststätte und Pächterwohnung) gehört infolge der Vermietung (unternehmerische Nutzung) beim Tennisverein zum Unternehmensbereich. Nachdem das Gebäude vor dem 1.4.1985 fertiggestellt wurde und der Baubeginn vor dem 1.6.1984 lag, findet die Neuregelung des § 9 S. 2 Umsatzsteuergesetz bezüglich des Wohnteils noch keine Anwendung. Nach Verwaltungsmeinung kann jedoch eine Option (§ 9 Umsatzsteuergesetz) nur insoweit wirksam werden, als die Vermietungsleistung für den unternehmerischen Bereich des Mieters bestimmt ist. Dies gilt auch dann, wenn nach den getroffenen Mietvereinbarungen von einer einheitlichen Vermietung ausgegangen werden soll.

Werden mehrere gemeinsam überlassene Räume unterschiedlich — sowohl unternehmerisch als auch nichtunternehmerisch — genutzt, so ist bei einer räumlichen Teilbarkeit der Überlassung ein Verzicht auf die Steuerbefreiung nur hinsichtlich des unternehmerisch genutzten Grundstücksteils möglich. Maßgebend für die Abgrenzung ist in diesem Fall der Raum als kleinste wirtschaftliche Einheit. Die Aufteilung in einen nicht

---

[1] Vgl. hierzu auch Verfügung der OFD Stuttgart vom 26.11.1985, DStZ/E 1986, 109

optionsfähigen steuerfreien Teil und in einen Entgeltsteil, bei dem ein Verzicht auf die Steuerfreiheit möglich ist, kann im Wege einer sachgerechten Schätzung erfolgen (z. B. anhand des Nutzflächenverhältnisses).

Dies bedeutet auf das obige Beispiel bezogen, daß der Verein nur bezüglich der Vermietung der Gaststätte auf die Steuerfreiheit verzichten kann (§ 9 Umsatzsteuergesetz) und nur insoweit den Vorsteuerabzug hat. Der auf die Pächterwohnung entfallende Vorsteueranteil ist dagegen (§ 15 Abs. 2 Umsatzsteuergesetz) nicht abzugsfähig.

Die steuerpflichtige Vermietungsleistung unterliegt dem ermäßigten Steuersatz (vgl. § 12 Abs. 2 Nr. 8 Umsatzsteuergesetz, nachstehend Tz. 4.3).

Beispiel:
Der gemeinnützige Tennisverein KCT e. V. errichtete im Kalenderjahr 1986 eine Tennishalle. Die Hälfte der Tennishalle wird an den Nachbarverein HVL e. V. vermietet, die andere Hälfte der Hallenplätze vermietet der KCT e. V. an seine Mitglieder.

Der HVL e. V. vermietet die Hallenplätze an seine Mitglieder weiter. Um in den Genuß des Vorsteuerabzugs bezüglich des an den HVL e. V. vermieteten Teils der Tennishalle zu kommen, optiert der KCT e. V. bezüglich des Vermietungsumsatzes an den Nachbarverein HVL e. V. zur Steuerpflicht.

Stellungnahme: Der Verzicht auf die Steuerbefreiung ist bei der Vermietung von Grundstücken, soweit nicht die Übergangsregelung (§ 27 Abs. 5 Umsatzsteuergesetz) in Frage kommt, nur noch zulässig, soweit der Unternehmer nachweist, daß das Grundstück weder Wohnzwecken noch anderen nichtunternehmerischen Zwecken dient oder zu dienen bestimmt ist (§ 9 Abs. 2 Umsatzsteuergesetz).

Nach Verwaltungsmeinung ist bei der Frage, ob das Grundstück anderen nichtunternehmerischen Zwecken dient oder zu dienen bestimmt ist, auf die **Endstufe der Nutzung** abzustellen. Nutzt dabei der Endnutzer das Grundstück für nichtunternehmerische Zwecke, ist auch die Vermietung an den anmietenden Verein nicht mehr optionsfähig. Die Beurteilung, ob das Grundstück auf der Endstufe für nichtunternehmerische Zwecke genutzt wird, kann nach Verwaltungsauffassung anhand der Steuerfreiheit des Vermietungsumsatzes auf der Endstufe erfolgen. Ist der Vermietungsumsatz auf der Endstufe ganz oder zum Teil steuerfrei (z. B. § 4 Nr. 12a Umsatzsteuergesetz) und kann auch nicht durch Option zur Steuerpflicht optiert werden, bedeutet dies nach der Verwaltungsmeinung, daß der Mietgegenstand für außerunternehmerische Zwecke genutzt wird und somit auch auf der Stufe des Gebäudeerrichters (KCT e. V.) eine Option zur Steuerpflicht nicht mehr möglich ist.

Im vorliegenden Fall führt dies dazu, daß der Tennisverein KCT e. V. — trotz Vermietung an den unternehmerischen Bereich des Nachbarvereins HVL e. V. — bezüglich des **Gebäudeteils** nicht mehr zur Steuerpflicht optieren kann. Ein Vorsteuerabzug aus den Baukosten ist somit nicht mehr möglich. Der Verein kann lediglich die auf die Betriebsvorrichtung entfallende Vorsteuer abziehen, da er insoweit einen von vornherein nicht unter § 4 Nr. 12a Umsatzsteuergesetz steuerpflichtigen Umsatz tätigt. Bezüglich der Berechnung dieses steuerpflichtigen Vermietungsanteils vgl. vorstehend Tz. 3.3.

Die Einschränkung der Optionsfähigkeit für nichtunternehmerisch genutzte Gebäude ist gem. § 27 Abs. 5 Umsatzsteuergesetz für alle Gebäude gegeben, die nach dem 31.12.1985 fertiggestellt worden sind. Nach Auffassung der Verwaltung findet die Regelung somit nicht nur Anwendung für die Nutzung von Gebäuden im hoheitlichen oder im ideellen, sondern auch im privaten Bereich.

Merke:

Zwischenvermietungsmodelle bei der Errichtung und Vermietung von Sportanlagen für die nach dem 31.12.1985 fertiggestellten Sportanlagen sind nicht mehr möglich.

3.4 Steuerfreie Vereinsumsätze mit generellem Vorsteuerabzugsverbot

Tätigt ein Verein die nachfolgend genannten steuerfreien Umsätze (Steuerbefreiungen nach § 4 Nr. 9b, 16, 20, 22, 23 und 28 Umsatzsteuergesetz), tritt bei ihm insoweit das Vorsteuerabzugsverbot ein[1]. Dies führt

---

[1] § 15 Abs. 2 Nr. 1 Umsatzsteuergesetz

dazu, daß der Verein diejenigen Vorsteuern nicht abziehen kann, welche direkt oder indirekt im Zusammenhang mit diesen steuerfreien Umsätzen stehen (näheres vgl. Tz. 5.6).

3.4.1 Lotterien und Tombolas

Tätigt ein Verein Umsätze, die nach dem Rennwett- und Lotteriegesetz **steuerpflichtig** sind, also eine Rennwett- oder Lotteriesteuer abzuführen ist, sind diese Umsätze von der Umsatzsteuer befreit (vgl. § 4 Nr. 9 b Umsatzsteuergesetz und Teil M).

Ist nach den Befreiungsvorschriften des Rennwett- und Lotteriegesetzes der Umsatz von der Rennwett- oder Lotteriesteuer befreit, unterliegt der Umsatz allerdings der Umsatzsteuer. Da Lotterien und Tombolas beim Verein i. d. R. im Rahmen von geselligen Veranstaltungen stattfinden, erfolgt dieser umsatzsteuerpflichtige Umsatz im Rahmen des Zweckbetriebs gesellige Veranstaltung und unterliegt somit dem ermäßigten Steuersatz (vgl. hierzu auch Tz. 4.3 und Teil C Tz. 10).

3.4.2 Krankenhäuser und Altenheime

Die Steuerbefreiung für Krankenhäuser und Altenheime wurde ausgedehnt (§ 4 Nr. 16 Umsatzsteuergesetz). Neben Krankenhäusern, bei denen im vorangegangenen Kalenderjahr die in § 67 Abs. 1 oder 2 Abgabenordnung bezeichneten Voraussetzungen erfüllt wurden, sind jetzt auch Diagnosekliniken und andere Einrichtungen ärztlicher Heilbehandlung, Diagnostik oder Befunderhebung umsatzsteuerbefreit, wenn die Leistungen unter ärztlicher Aufsicht erbracht werden und im vorangegangenen Kalenderjahr mindestens 40% der Leistungen Sozialversicherten, Sozialhilfeempfängern oder Versorgungsberechtigten zugute gekommen sind. Das Vorliegen dieser Voraussetzungen ist von dem Verein, der eine derartige Einrichtung unterhält, in geeigneter Weise zu belegen.

3.4.3 Kammermusikensembles, Chöre

Soweit zu den Vereinen Musikkapellen, Kammermusikensembles bzw. Chöre gehören, sind die mit diesen Einrichtungen getätigten Umsätze steuerfrei (§ 4 Nr. 20 Umsatzsteuergesetz), wenn die **zuständige Landesbehörde bescheinigt**, daß diese Einrichtungen die gleichen kulturellen Aufgaben wie die Kammermusikensembles und Chöre des Bundes, der Länder oder der Gemeindeverbände erfüllen.

Unter Kammermusikensembles versteht die Verwaltung alle Musiker-
gruppen mit mindestens zwei Personen. Auf die Art der Musik kommt
es nicht an (Abschn. 107 Abs. 1 Umsatzsteuerrichtlinien).

Eine Bescheinigung im vorstehenden Sinne wird i.d.R. vom Kultusmini-
sterium ausgestellt[1]. Die Bescheinigung kann auch von der Finanzbehörde — von amtswegen — entgegen dem Willen des Beteiligten beantragt
werden (Abschn. 110 Umsatzsteuerrichtlinien). Dies bedeutet, daß der
Verein praktisch kein Wahlrecht in der Form hat, daß er von der Beantragung einer Bescheinigung absieht, die betreffenden Umsätze versteuert
(ermäßigter Steuersatz) und dafür die angefallenen Vorsteuern geltend
macht. Durch Beantragung der o.g. Bescheinigung von amtswegen kann
die Finanzverwaltung einen Vorsteuerabzug verhindern. Dies dürfte regelmäßig dann erfolgen, wenn hohe Vorsteuerbeträge aus Investitionen
bzw. Baukosten vorliegen.

Fehlt eine Bescheinigung bzw. wird sie nicht erteilt, unterliegen die Umsätze der Musikkapellen, Kammermusikensembles und der Chöre dem ermäßigten Steuersatz[2].

3.4.4 Vorträge, Kurse und andere Veranstaltungen belehrender Art

Führt ein Verein

● Vorträge
● Kurse
● andere Veranstaltungen wissenschaftlicher oder belehrender Art

durch und werden die Einnahmen hieraus **überwiegend** zur Deckung der
Kosten verwendet, sind die betreffenden Umsätze steuerfrei, wenn diese
Tätigkeiten im Rahmen eines **Zweckbetriebs** durchgeführt werden. Ein
bestimmter Stunden- und Stoffplan sowie eine von den Teilnehmern ab-
zulegende Prüfung sind nicht erforderlich. Die Steuerbefreiung gilt unabhängig davon, ob der Sportunterricht Mitgliedern des Vereins oder anderen Personen erteilt wird (Abschn. 115 Umsatzsteuerrichtlinien).

---

[1] Vgl. BdF-Schreiben vom 14.2.1968, BStBl I 1968, 401
[2] § 12 Abs. 2 Nr. 7a Umsatzsteuergesetz

Steuerfrei können somit sein:

● Erteilung von Schwimm-, Tennis-, Reit-, Segel- und Skiunterricht,
● Lehrgänge über Sprachen, Buchführungskurse usw., Lehrfilmveranstaltungen (allerdings ist der Verkauf von Lehrmaterial steuerpflichtig).

Nicht steuerfrei sind:

● Unterhaltungsreisen,
● Spielfilmaufführungen,
● Heimatabende.

Hier handelt es sich um Veranstaltungen erheiternder oder unterhaltender, nicht — wie vorausgesetzt — um Veranstaltungen belehrender Art.

3.4.5 Kulturelle und sportliche Veranstaltungen

Steuerfrei sind hiernach die Entgelte aus Teilnehmergebühren an kulturellen und sportlichen Veranstaltungen, soweit sie von Vereinen im Rahmen eines **Zweckbetriebs** durchgeführt werden (§ 4 Nr. 22b Umsatzsteuergesetz). Als Teilnehmergebühren sind nur solche Entgelte anzusehen, die gezahlt werden, um an den Veranstaltungen aktiv teilnehmen zu können (z. B. Startgelder und Meldegelder).

Steuerfrei sind **Startgelder** bzw. **Teilnahmegebühren** für:

● Musikwettbewerbe
● Sportwettkämpfe
● Trachtenfeste
● Volksläufe (Verkauf von Erinnerungsplaketten allerdings steuerpflichtig, wenn hierfür ein Sonderentgelt erhoben wird).

Nicht steuerbefreit sind:

● Die Eintrittsgelder, die von Besuchern (passive Teilnehmer) der o.g. Veranstaltung erhoben werden.

3.4.6 Beherbergung und Beköstigung von Jugendlichen

Tätigt ein Verein Beherbergungs- und Beköstigungsumsätze sowie übliche Naturalleistungen an Jugendliche (27. Lebensjahr noch nicht vollendet), können diese Umsätze steuerfrei sein (§ 4 Nr. 23 Umsatzsteuergesetz).

Die Steuerbefreiung ist davon abhängig, daß die Aufnahme der Jugendlichen zu Erziehungs-, Ausbildungs- oder Fortbildungszwecken erfolgt. Dies setzt jedoch nicht voraus, daß die Zwecke von dem Verein verfolgt werden, der die Jugendlichen bei sich aufnimmt. Es genügt, wenn die Zwecke von einer anderen Person oder Einrichtung wahrgenommen werden. Der Begriff ,,Aufnahme'' ist nicht an die Voraussetzung gebunden, daß die Jugendlichen Unterkunft während der Nachtzeit und volle Verpflegung erhalten[1]. Unter die Befreiung fallen deshalb grundsätzlich auch Kindergartenvereine, Kindertagesstätten oder Halbtagsschülerheime, die Schüler bei der Anfertigung der Schularbeiten oder bei der Freizeitgestaltung beaufsichtigen. Dem Kantinenpächter einer berufsbildenden Einrichtung in der Rechtsform eines eingetragenen Vereines steht für die Lieferung von Speisen und Getränken an Schüler und Lehrpersonal die Steuerbefreiung jedoch nicht zu, weil er allein mit der Bewirtung der Schüler diese nicht zur Erziehung, Ausbildung oder Fortbildung bei sich aufnimmt[2].

Die Erziehungs-, Ausbildungs- und Fortbildungswerke umfassen nicht nur den beruflichen Bereich, sondern die gesamte geistige, sittliche und körperliche Erziehung und Fortbildung von Jugendlichen[3]. Hierzu gehört u. a. auch die sportliche Erziehung. Die Befreiungsvorschrift gilt deshalb sowohl bei Sportlehrgängen für Berufssportler, als auch bei solchen für Amateursportler. Bei Kindergärten, Kindertagesstätten und Kinderheimen kann ein Erziehungszweck angenommen werden, wenn die Aufnahmedauer mindestens einen Monat beträgt.

Zu den begünstigten Leistungen gehören neben der Beherbergung und Beköstigung insbesondere die Beaufsichtigung der häuslichen Schularbeiten und die Freizeitgestaltung durch Basteln, Spiele und Sport[4].

3.4.7 Umsätze von Jugendherbergen

Nach § 4 Nr. 24 Umsatzsteuergesetz sind **steuerfrei:**

---

[1] BFH-Urteil vom 19.12.1963, BStBl III 1964, 110
[2] BFH-Beschluß vom 26.7.1979, BStBl II 1979, 721
[3] Vgl. BFH-Urteil vom 21.11.1974, BStBl II 1976, 389
[4] BFH-Urteil vom 19.12.1963, BStBl III 1964, 110; vgl. auch Abschn. 117 Umsatzsteuerrichtlinien

a) die Leistungen des Deutschen Jugendherbergswerkes, Hauptverband
für Jugendwandern und Jugendherbergen e. V., einschließlich der diesem Verband angeschlossenen Untergliederungen, Einrichtungen und
Jugendherbergen, soweit die Leistungen den Satzungszwecken unmittelbar dienen oder Personen, die bei diesen Leistungen tätig sind, Beherbergung, Beköstigung und die üblichen Naturalleistungen als Vergütung für die geleisteten Dienste gewährt werden.

b) die Leistungen anderer Vereinigungen, die gleiche Aufgaben unter
denselben Voraussetzungen erfüllen.

Zur Frage, welche Unternehmer und welche Leistungen im einzelnen die
vorstehenden Voraussetzungen erfüllen, wird auf Abschn. 118 Abs. 1
Umsatzsteuerrichtlinien verwiesen.

Zu den lt. Buchst. b) begünstigten „anderen Vereinigungen" gehören der
Touristenverein „Die Naturfreunde", Bundesgruppe Deutschland e. V.
in Stuttgart, und die ihm angeschlossenen Landesverbände und Ortsgruppen. Neben den bezeichneten Vereinigungen sind auch die folgenden Unternehmen begünstigt:

● die dem Touristenverein „Die Naturfreunde", Bundesgruppe
Deutschland e. V. angeschlossenen Bezirke und

● die Pächter der von dem Touristenverein „Die Naturfreunde", Bundesgruppe Deutschland e. V. und den ihm angeschlossenen Landesver-
bänden, Bezirken und Ortsgruppen unterhaltenen Naturfreunde-
häuser.

Die Regelung gilt auch für zurückliegende Zeiträume[1].

3.4.8 Verwendung im außerunternehmerischen Bereich

Verwendet ein Verein einen Gegenstand im unternehmerischen Bereich
ausschließlich zur Ausführung steuerfreier Umsätze nach § 4 Nr. 7—27
Umsatzsteuergesetz, so ist die Veräußerung des Gegenstands bzw. seine
Entnahme oder vorübergehende Nutzung im außerunternehmerischen
Vereinsbereich steuerfrei nach § 4 Nr. 28 Umsatzsteuergesetz.

---

[1] Schreiben des BdF vom 9.1.1986 IV A 3 — S 7281 — 1/86, DStZ/E 1986, 109

3.5 Vorsteuervergütung

Steuerbegünstigte Vereine erhalten auf Antrag die Vorsteuer bzw. Einfuhrumsatzsteuer, die auf der an sie bewirkten Lieferung eines Gegenstands oder dessen Einfuhr lastet, vergütet (§ 4a Umsatzsteuergesetz), wenn sie den Gegenstand im Rahmen ihrer Tätigkeit auf humanitärem, karitativem oder erzieherischem Gebiet in das Ausland ausführen. Die Ausfuhr muß vom ideellen Vereinsbereich oder einem Zweckbetrieb bewirkt werden. Keinesfalls darf die Lieferung durch einen steuerschädlichen wirtschaftlichen Geschäftsbetrieb bewirkt werden (§ 4a Abs. 1 Nr. 6 Umsatzsteuergesetz und Abschn. 123—127 Umsatzsteuerrichtlinien).

Der Antrag ist nach amtlich vorgeschriebenem Vordruck bis zum Ablauf des Kalenderjahrs zu stellen, das auf das Kalenderjahr folgt, in dem der Gegenstand in das Außengebiet gelangt. Die Voraussetzungen für die Steuervergütung sind buchmäßig nachzuweisen.

Für den Antrag örtlich zuständig ist das Finanzamt, in dessen Bezirk der Verein seinen Sitz hat.

4 Steuerpflichtige Vereinsumsätze, die dem ermäßigten Steuersatz unterliegen

4.1 Vermietung von Reitpferden

Vermietet ein Reitverein Reitpferde u. ä. ohne gleichzeitige Erteilung von Reitunterricht, so unterliegen diese steuerpflichtigen Leistungen dem ermäßigten Steuersatz (§ 12 Abs. 2 Nr. 2 Umsatzsteuergesetz).

Das Vermieten von Pferden zur Teilnahme am Reitunterricht ist dagegen als eine unselbständige Nebenleistung anzusehen, die das Schicksal der Hauptleistung teilt. Sofern der Reitunterricht nach § 4 Nr. 22a Umsatzsteuergesetz steuerfrei ist, gilt dies auch für die Nebenleistung. Erfolgt der Reitunterricht im Rahmen eines wirtschaftlichen Geschäftsbetriebs, unterliegt er dem Regelsteuersatz.

4.2 Pensionstierhaltung

Dem ermäßigten Steuersatz unterliegt die Aufzucht und das Halten von Vieh, sowie die Teilnahme an Leistungsprüfungen für Tiere (§ 12 Abs. 2 Nr. 3 Umsatzsteuergesetz).

Wird von einem gemeinnützigen Reitverein die Aufzucht und Wartung (Fütterung, Pflege usw.) von Pferden der Mitglieder gegen Sonderentgelt übernommen (Pensionsgewährung), so unterliegt diese Leistung „als Halten von Vieh" dem ermäßigten Steuersatz.

Ebenso ist die Teilnahme an Pferderennen begünstigt. Die Rennpreise müssen daher nur dem ermäßigten Steuersatz unterworfen werden.

Nicht begünstigt ist das Abrichten von Pferden gegen Sonderentgelt (z. B. durch Jonglieren, Zu- und Bereiten usw.). Diese Leistungen müssen dem Regelsteuersatz unterworfen werden.

Ebenfalls nicht begünstigt nach § 12 Abs. 2 Nr. 3 Umsatzsteuergesetz sind die von Besuchern zu zahlenden Eintrittsgelder bei Rennsportveranstaltungen. Unter bestimmten Voraussetzungen (Zweckbetrieb) kann jedoch hierbei der ermäßigte Steuersatz nach § 12 Abs. 2 Nr. 8 Umsatzsteuergesetz zum Zuge kommen.

4.3 Vermögensverwaltung und Zweckbetrieb

Dem ermäßigten Steuersatz unterliegen alle Leistungen eines gemeinnützigen Vereins, wenn sie im Rahmen

● der Vermögensverwaltung (vgl. Teil C Tz. 2.3)
  oder
● eines Zweckbetriebs (vgl. Teil C Tz. 6)

ausgeführt werden (§ 12 Abs. 2 Nr. 8 Umsatzsteuergesetz).

Werden die Leistungen im Rahmen eines wirtschaftlichen Geschäftsbetriebs (vgl. Teil C Tz. 2.4) ausgeführt, unterliegen sie nicht dem ermäßigten Steuersatz.

Somit sind beim gemeinnützigen Verein **begünstigt**:

● die **steuerpflichtige** Vermietung eines Grundstücks,
● Verpachtung eines wirtschaftlichen Geschäftsbetriebs (Vermögensverwaltung),
● Verkauf von Angelkarten durch einen Sportfischerverein an Dritte,
● Umsätze eines gemeinnützigen Vereins aus sportlichen Veranstaltungen (Teil C Tz 7.3), soweit nicht steuerfrei nach § 4 Nr. 22a Umsatzsteuergesetz,

● Umsätze aus geselligen Veranstaltungen eines gemeinnützigen Vereins (z. B. Vereinsfeste, vgl. Teil C Tz. 8),
● Umsätze der Landessportbünde bei Verleihung des Deutschen Sportabzeichens,
● Umsätze von Lotterien, soweit nicht lotteriesteuerpflichtig.

Nicht begünstigte Umsätze liegen vor, bei:

● Umsätzen einer Kantine, Gastwirtschaft,
● Werbeleistungen (z. B. Bandenwerbung),
● Vermietung von Standplätzen,
● Sportveranstaltungen der Fußball-Lizenzspielvereine.

4.4 Speisen- und Getränkeverkauf im Rahmen einer geselligen Veranstaltung

Der Speisen- und Getränkeverkauf anläßlich einer geselligen Veranstaltung wird den Umsätzen der geselligen Veranstaltung (Vereinsfest) zugerechnet und unterliegt somit grundsätzlich dem ermäßigten Steuersatz. Dies gilt jedoch nur dann, wenn die Speisen und Getränke außerhalb einer Vereinsgaststätte abgegeben werden. Bei Abgabe im Rahmen einer Vereinsgaststätte müssen sie dem wirtschaftlichen Geschäftsbetrieb ,,Vereinsgaststätte'' zugerechnet werden und unterliegen somit dem Regelsteuersatz. Veranstaltungen, bei denen Nichtmitglieder unbegrenzten Zutritt haben und die den Zuschnitt gewerblicher Veranstaltungen haben, rechnen nicht zu den geselligen Veranstaltungen (vgl. Teil C Nr. 10).

4.5 Speisen- und Getränkeverkauf im Rahmen einer sportlichen Veranstaltung

Führt ein Verein Sportveranstaltungen mit Festzeltbetrieb durch, handelt es sich um eine Veranstaltung mit gemischtem Charakter. Die Veranstaltung dient nicht nur rein sportlichen Zwecken, sondern zugleich auch geselligen Zwecken. Es kann jedoch nicht bestritten werden, daß eine solche Veranstaltung letztlich auch der Pflege der vereinsinternen Geselligkeit, des Zusammengehörigkeitsgefühls der Mitglieder und auch der Werbung neuer Mitglieder dient.

Liegt jedoch eine solche gemischte Veranstaltung vor, deren geselliger Zweck i. d. R. überwiegt, muß der Speise- und Getränkeverkauf anläßlich dieser Veranstaltung der betreffenden Veranstaltung zugerechnet werden.

Nachdem zu einer solchen Veranstaltung regelmäßig auch Nichtvereins-
mitglieder unbeschränkt Zugang haben, ist bei einer solchen Veranstaltung regelmäßig ein wirtschaftlicher Geschäftsbetrieb gegeben.

Anders ist die Rechtslage dann, wenn der Verein eine reine sportliche
Veranstaltung durchführt, d. h. die Veranstaltung **ausschließlich** der
sportlichen Betätigung von Mitgliedern bzw. Nichtmitgliedern dient.
Werden in einem solchen Fall anläßlich der Veranstaltung Speisen und
Getränke an Zuschauer verkauft, kann diese Abgabe nicht dem begünstigten Zweckbetrieb sportliche Veranstaltung hinzugerechnet werden.
Dies deswegen, weil diese Tätigkeit nicht geeignet ist, die reine Sportveranstaltung zu fördern. Die Speisen- und Getränkelieferungen unterliegen
in diesen Fällen nicht dem **ermäßigten** Steuersatz.

Bei **reinen** sportlichen Veranstaltungen rechnet die Verwaltung die Abgabe von Speisen und Getränken an Wettkampfteilnehmer, Schiedsrichter,
Kampfrichter, Sanitäter usw., dem Zweckbetrieb ,,sportliche Veranstaltung" hinzu, da insoweit auch diese Tätigkeit notwendiger Bestandteil
der sportlichen Veranstaltung ist[1]. Insoweit sind die Speisen- und Getränkelieferungen dem ermäßigten Steuersatz zu unterwerfen, sofern sie
entgeltlich erfolgen.

Erfolgen die Speisen- und Getränkelieferungen durch einen bereits bestehenden steuerpflichtigen wirtschaftlichen Geschäftsbetrieb (z. B. durch
die Vereinsgaststätte), werden diese Lieferungen nicht dem Zweckbetrieb
,,sportliche Veranstaltung" hinzugerechnet, sondern sie verbleiben bei
dem wirtschaftlichen Geschäftsbetrieb ,,Vereinsgaststätte".

4.6 Speisen- und Getränkeverkauf bei von gemeinnützigen Vereinen gebildeten Festgemeinschaften

Schließen sich mehrere gemeinnützige Vereine zu einer als Festgemein-
schaft bezeichneten Gesellschaft bürgerlichen Rechts (GbR) zusammen,
um gemeinsam eine gesellige Veranstaltung — vgl. Teil D Tz. 7.3 —
durchzuführen, ist zwar, was die in § 68 Nr. 7b Abgabenordnung genannte Überschußgrenze von 12000 DM anbelangt, bei jedem der betei-

---

[1] Vgl. hierzu u. a. Verfügung der OFD Münster vom 27.9.1982, S 2729 — 55 — St 13 —
31, StEK KStG 1977 § 5 Nr. 42

ligten Vereine der von der GbR stammende Gewinnanteil ggf. mit den Überschüssen solcher geselligen Veranstaltungen zusammenzurechnen, die der jeweilige Verein bei in eigener Regie durchgeführten geselligen Veranstaltungen erzielt hat. Dies gilt jedoch nicht für die Anwendung des ermäßigten Steuersatzes.

Die Begünstigung des § 12 Abs. 2 Nr. 8 Umsatzsteuergesetz bezieht sich auf Leistungen von Körperschaften, die ausschließlich und unmittelbar gemeinnützige, mildtätige oder kirchliche Zwecke verfolgen. Nach § 51 Satz 2 Abgabenordnung sind unter Körperschaften die Körperschaften, Personenvereinigungen und Vermögensmassen i.S. des Körperschaftsteuergesetzes zu verstehen. Die Verweisung auf das Körperschaftsteuergesetz legt eindeutig fest, daß nur **körperschaftsteuerpflichtige Personenvereinigungen** begünstigt sind. Zu ihnen gehört aber eine GbR auch dann nicht, wenn an ihr ausschließlich gemeinnützige Körperschaften beteiligt sind und damit der Gesellschaftszweck der GbR letztlich der Erfüllung der gemeinnützigen Aufgaben der beteiligten Körperschaften zugute kommt. Ein Durchgriff auf die rechtliche Stellung der Gesellschafter ist bei der als Unternehmer und Steuerschuldner zu erfassenden GbR nicht möglich.

Anmerkung: Die OFD Koblenz[1] ist allerdings der Meinung, daß bei der Bildung einer Spielgemeinschaft zweier Sportvereine — trotz Vorliegen einer GbR — der ermäßigte Steuersatz zur Anwendung kommen kann. Diese Auffassung müßte dann sinngemäß für die Festgemeinschaften gelten.

4.7 Anwendung des ermäßigten Steuersatzes im Fall eines Eigenverbrauchs

Entnimmt ein Verein aus dem unternehmerischen Bereich ,,Zweckbetrieb'' bzw. ,,Vermögensverwaltung'' Gegenstände bzw. sonstige Leistungen, tätigt er einen Eigenverbrauch (§ 1 Abs. 1 Nr. 2a oder 2b Umsatzsteuergesetz). Nach der ursprünglichen Verwaltungsauffassung unterlag dieser Eigenverbrauch im Fall der Steuerpflicht ebenfalls dem ermäßigten Steuersatz. Der Eigenverbrauch wurde den von diesem unternehmerischen Bereich aus getätigten Leistungen gleichgestellt.

---

[1] Verfügung vom 26.6.1985, NWB 40/85 Fach 1, 293 Rd-Nr. 7

Nach neuerer Verwaltungsmeinung[1] kann die Ermäßigungsvorschrift des
§ 12 Abs. 2 Nr. 8 Umsatzsteuergesetz nicht mehr zur Anwendung kommen, weil in dieser Vorschrift nur der Begriff „Leistungen" und nicht der
auch den Eigenverbrauch einschließende Begriff „Umsätze" genannt ist.
Nach dieser Entscheidung ist der Regelsteuersatz anzuwenden, wenn der
Verein:

● seinen Mitgliedern bei Sportveranstaltungen kostenlosen Zutritt gewährt (steuerpflichtiger Eigenverbrauch gem. § 1 Abs. 1 Nr. 2b Umsatzsteuergesetz, Bemessungsgrundlage gem. § 10 Abs. 4 Nr. 2 Umsatzsteuergesetz die anteiligen Kosten);

● ein im Bereich „Vermögensverwaltung" enthaltenes Grundstück mit
  einer fest verbundenen Betriebsvorrichtung entnommen wird (bezüglich der Betriebsvorrichtung liegt hier ein steuerpflichtiger Eigenverbrauch — § 1 Abs. 1 Nr. 2a Umsatzsteuergesetz — vor, Bemessungsgrundlage ist der gemeine Wert der Betriebsvorrichtung abzüglich
  Umsatzsteuer — § 10 Abs. 4 Nr. 1 Umsatzsteuergesetz — bez. des Gebäudes ist der Eigenverbrauch steuerfrei — § 9a Umsatzsteuergesetz);

● ein im Bereich „Zweckbetrieb" oder „Vermögensverwaltung" befind-
  liches Grundstück mit einer fest verbundenen Betriebsvorrichtung vorübergehend im ideellen Bereich genutzt wird (bezüglich der Betriebsvorrichtung liegt ein steuerpflichtiger Eigenverbrauch — § 1 Abs. 1
  Nr. 2b Umsatzsteuergesetz — vor, Bemessungsgrundlage sind die anteiligen Kosten — § 10 Abs. 4 Nr. 2 Umsatzsteuergesetz — bezüglich
  des Gebäudes liegt ein steuerfreier Eigenverbrauch vor — § 4 Nr. 12a
  Umsatzsteuergesetz).

Anmerkung: Die Eigenverbrauchsbesteuerung entfällt jedoch dann,
wenn vom Verein die Vorsteueraufteilungsregelung gem. Abschn. 22
Abs. 7 Umsatzsteuerrichtlinien in Anspruch genommen worden ist. Näheres hierzu vgl. Tz. 5.3.4.

---

[1] Vgl. hierzu Verfügung der OFD Karlsruhe vom 13.10.1986 — S 7102 — 14 — St 28, UR
19/87, 54

5 Vorsteuerabzug bei Vereinen

Ein Abzug von Vorsteuern ist nach § 15 Umsatzsteuergesetz nur dann möglich, wenn beim Verein folgende Voraussetzungen vorliegen:

● Unternehmer,
● Regelbesteuerung und kein Kleinunternehmer nach § 19 Abs. 1 Umsatzsteuergesetz,
● Leistungen an das Unternehmen,
● Unternehmereigenschaft des Leistungsgebers,
● gesonderter Umsatzsteuerausweis in einer Rechnung,
● kein Vorsteuerabzugsverbot nach § 15 Abs. 2 Umsatzsteuergesetz.

5.1 Regelbesteuerung und kein Kleinunternehmer

Der Verein fällt dann automatisch unter die Regelbesteuerung, wenn sein Vorjahresgesamtumsatz i.S. von § 19 Abs. 1 Umsatzsteuergesetz mehr als 20 000 DM beträgt.

Liegt der Vorjahresumsatz unter 20 000 DM und der voraussichtliche Umsatz im laufenden Kalenderjahr unter 100 000 DM, fällt der Verein automatisch unter die Kleinunternehmerbesteuerung und ist **nicht** zum Vorsteuerabzug berechtigt. Der Verein kann jedoch bis zur Unanfechtbarkeit der Steuerfestsetzung zur Regelbesteuerung optieren (vgl. Tz. 7).

5.2 Leistungen an das Unternehmen

Zum Unternehmensbereich eines Vereins gehören:

— wirtschaftliche Geschäftsbetriebe,
— Vermögensverwaltung (Vermietungen von Gebäuden, Sportplätzen usw.),
— Zweckbetriebe,
— sonstige nachhaltige Tätigkeiten gegen Entgelt.

Wird eine Leistung an diesen unternehmerischen Vereinsbereich erbracht, ist grundsätzlich der Vorsteuerabzug möglich. Eine Leistung wird dann an den unternehmerischen Bereich erbracht, wenn beabsichtigt wird, sie für diesen unternehmerischen Bereich zu verwenden. Maßgebend sind hierbei die Verhältnisse im Zeitpunkt des Umsatzes an den Unternehmer.

Wird eine Leistung an den Verein erbracht, die teilweise im unternehmerischen als auch außerunternehmerischen Bereich genutzt werden soll, sind die folgenden Grundsätze zu beachten.

5.2.1 Lieferungen an den Verein

5.2.1.1 Erwerb von vertretbaren Sachen

Kann die an den Verein erbrachte Lieferung eines Gegenstandes nach Zahl, Maß oder Gewicht aufgeteilt werden (sog. vertretbare Sachen nach § 91 Bürgerliches Gesetzbuch), kann die an den Verein erbrachte Lieferung gesplittet werden. Insoweit als der Anteil des Liefergegenstands dem unternehmerischen Bereich zugute kommt, kann eine Teillieferung an den unternehmerischen Bereich angenommen werden (Abschn. 192 Abs. 17 Umsatzsteuerrichtlinien).

5.2.1.2 Erwerb von beweglichen nicht aufteilbaren Sachen

Wird vom Verein ein einheitlicher nicht aufteilbarer beweglicher Gegenstand (z. B. Personalcomputer u. ä.) erworben, der zugleich für den unternehmerischen als auch für den außerunternehmerischen Vereinsbereich genutzt wird, kann diese Lieferung nicht gesplittet werden. Der Liefergegenstand ist entweder voll dem unternehmerischen Bereich oder voll dem außerunternehmerischen Bereich des Vereins zuzuordnen.

● **Unternehmerische Nutzung von mindestens 75%**

Aufgrund des BFH-Urteils vom 19.4.1979, BStBl II 1979, 420 (vgl. auch Abschn. 8 Abs. 1 Umsatzsteuerrichtlinien) ist eine volle Zuordnung des Gegenstands zum Unternehmensbereich dann möglich, wenn dieser zu mindestens 75% für unternehmerische Zwecke genutzt wird. In diesem Fall kann der Verein, sofern die sonstigen Voraussetzungen für den § 15 Umsatzsteuergesetz vorliegen, den vollen Vorsteuerabzug vornehmen. Die außerunternehmerische Nutzung im ideellen Vereinsbereich führt dabei zu einem Eigenverbrauchstatbestand gem. § 1 Abs. 1 Nr. 2b Umsatzsteuergesetz.

Beispiel:
Der Turnverein TS e. V. erwirbt einen Personalcomputer für 5000 DM zuzüglich 700 DM USt, welcher im Kalenderjahr des Erwerbs zu 80% im unternehmerischen und zu 20% im ideellen Bereich genutzt wird.

Stellungnahme: Da es sich bei dem Computer um einen einheitlichen nicht aufteilbaren beweglichen Gegenstand handelt, kann der Verein den **vollen** Vorsteuerabzug vornehmen. Er muß allerdings die auf die ideelle Nutzung von 20% entfallenden Kosten der Eigenverbrauchsbesteuerung unterwerfen.

● **Unternehmerische Nutzung von weniger als 10%**

Wird der vom Verein erworbene einheitliche nicht aufteilbare Gegenstand zu weniger als 10% für unternehmerische Zwecke genutzt, ist er grundsätzlich dem außerunternehmerischen ideellen Bereich des Vereins zuzuordnen. Der Verein kann in diesem Fall **keinen** Vorsteuerabzug geltend machen. Ein Eigenverbrauch kommt jedoch in diesen Fällen auch nicht in Betracht.

Beispiel:
Der Turnverein TS e. V. erwirbt für 5000 DM zuzüglich 700 DM Umsatzsteuer ein Sportgerät, welches zu 95% im ideellen Vereinsbereich genutzt wird, z. B. durch Vereinsmitglieder, die an keinem Wettkampfturnier teilnehmen, für das Eintrittsgeld von Zuschauern verlangt wird.

Stellungnahme: In diesem Fall kann der Verein keinen Vorsteuerabzug geltend machen. Eine Versteuerung der ideellen Nutzung als Eigenverbrauch entfällt.

● **Unternehmerische Nutzung zwischen 10% und 75%**

Bei einer unternehmerischen Nutzung eines einheitlichen Gegenstandes zwischen 10% und 75% hat der Verein ein Zuordnungswahlrecht. Ordnet er den Gegenstand seinem Unternehmensbereich zu, kann er den vollen Vorsteuerabzug geltend machen. Er muß aber als Ausgleich die anteilige ideelle Nutzung als Eigenverbrauch versteuern.

Ordnet er den Gegenstand seinem ideellen Bereich zu, kann er **keinen** Vorsteuerabzug geltend machen, hat aber auch keine Eigenverbrauchsbesteuerung durchzuführen.

In den Umsatzsteuerrichtlinien wird von der Verwaltung nicht mehr die frühere Auffassung vertreten, nach der bei einer Nutzung des Gegenstandes zu mehr als 50% dieser zwingend dem unternehmerischen Bereich zuzuordnen ist. Es kann aber typisierend davon ausgegangen werden, daß der Verein in diesen Fällen — sofern er dies nicht ausdrücklich widerruft — sein Wahlrecht zugunsten der Zuordnung zum Unternehmensbereich vorgenommen hat.

5.2.1.3 Errichtung von Bauwerken

Errichtet der Verein ein Bauwerk und wird dieses zum Teil im unternehmerischen als auch im ideellen Bereich genutzt, ist nach der neuesten Rechtsprechung[1] und nach der neuesten Verwaltungsauffassung[2] das Bauwerk in einen unternehmerischen Teil und einen nichtunternehmerischen Teil aufzuteilen. Kleinste aufteilbare Einheit ist dabei ein räumlich abgrenzbarer Teil des Bauwerks. Bei teils unternehmerischer und teils außerunternehmerischer Nutzung eines nicht mehr weiter unterteilbaren Bauwerks ist dieses Bauwerk nach den unter Tz. 5.2.1.2 genannten Grundsätzen entweder dem unternehmerischen oder dem außerunternehmerischen Bereich des Vereins zuzurechnen (vgl. auch Tz. 3.1.1).

Beispiel:
Der Tanzsportverein TVR e. V. errichtet im Kalenderjahr 05 ein Gebäude, in welchem sich Räume für eine Vereinsgaststätte befinden, die er in eigener Regie betreibt (abgrenzbar ca. 40% der Gesamtfläche). Weiterhin beinhaltet das Gebäude einen Tanzsaal (abgrenzbar ca. 50% der Gesamtfläche). Der Tanzsaal wird im Kalenderjahr der erstmaligen Verwendung (Kalenderjahr 05) zeitunterschiedlich sowohl für das Training der an Tanzturnieren teilnehmenden Mitglieder (unternehmerische Nutzung) als auch für Übungszwecke von Mitgliedern be-

---

[1] BFH-Urteil vom 30.7.1986, BStBl II 1986, 877
[2] Vgl. BdF-Schreiben vom 23.7.1986, BStBl I 1986, 437

nutzt, die nicht an Turnieren teilnehmen (ideelle Nutzung). Die Nutzung des Saales für die an Tanzturnieren teilnehmenden Mitglieder beträgt durchschnittlich 60% der Gesamtnutzung.

Ein weiterer Raum (Vereinszimmer) mit 10% der Gesamtfläche wird im Kalenderjahr der erstmaligen Verwendung nur für Vorstandssitzungen und Mitgliederversammlungen benutzt (ideelle Nutzung).

Die bei der Errichtung angefallenen Vorsteuern belaufen sich auf 100 000 DM.

Stellungnahme: Das Grundstück kann in drei wirtschaftliche Einheiten aufgeteilt werden, und zwar in die Einheiten ,,Vereinsgaststätte'', ,,Tanzsaal'' und ,,Vereinszimmer''. Die Einheit ,,Vereinsgaststätte'' ist dem Unternehmensbereich und zwar dem Bereich wirtschaftlicher Geschäftsbetrieb zuzuordnen. Die anteilig hierauf entfallende Vorsteuer (40% von 100 000 DM = 40 000 DM) kann vom Verein voll als Vorsteuerabzug geltend gemacht werden.

Die Einheit ,,Tanzsaal'' wird zeitunterschiedlich für unternehmerische und für ideelle Zwecke genutzt. Da die Nutzung für unternehmerische Zwecke mehr als 10% beträgt, kann die Einheit ,,Tanzsaal'' ebenfalls dem unternehmerischen Bereich zugeordnet werden (vgl. Tz. 5.2.1.2). Soweit die Einheit ,,Tanzsaal'' für ideelle Zwecke genutzt wird, liegt ein Eigenverbrauch vor, der steuerfrei ist (§ 4 Nr. 12a Umsatzsteuergesetz). Da dieser steuerfreie Eigenverbrauch das Vorsteuerabzugsverbot (näheres vgl. Tz. 5.6) auslöst, ist insoweit ein Vorsteuerabzug nicht zulässig. Der Verein kann von den auf den Tanzsaal entfallenden Vorsteuern von 50 000 DM entsprechend der im Kalenderjahr der erstmaligen Verwendung erfolgten Nutzung für unternehmerische Zwecke 60% von 50 000 DM = 30 000 DM geltend machen.

Die Einheit ,,Vereinszimmer'' wird ausschließlich für außerunternehmerische (ideelle) Zwecke genutzt, sie ist deshalb dem außerunternehmerischen Vereinsbereich zuzuordnen. Der hierauf entfallende Vorsteueranteil von 10% von 100 000 DM = 10 000 DM kann somit nicht geltend gemacht werden.

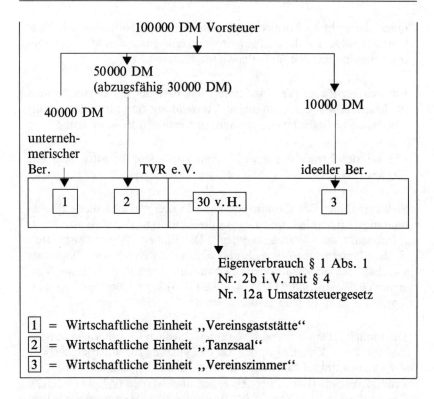

5.2.2 Sonstige Leistungen an den Verein

5.2.2.1 Allgemeiner Grundsatz

Die sonstige Leistung wird dann an den unternehmerischen Bereich des Vereins erbracht, wenn sie mittelbar oder unmittelbar dem unternehmerischen Vereinsbereich zugute kommt. Kommt die sonstige Leistung sowohl dem unternehmerischen als auch dem außerunternehmerischen Vereinsbereich zugute, ist sie entsprechend dem Verwendungszweck — wie beim Erwerb von vertretbaren Sachen — in einen unternehmerischen und einen außerunternehmerischen Anteil aufzuteilen.

5.2.2.2 Anmietung von beweglichen Gegenständen

Mietet der Verein einen beweglichen Gegenstand an und wird dieser Gegenstand sowohl im unternehmerischen als auch im ideellen Bereich genutzt, kann das Nutzungsrecht ausnahmsweise **nicht** entsprechend der unternehmerischen und außerunternehmerischen Nutzung des Mietgegenstandes aufgeteilt werden (Abschn. 192 Abs. 17 Umsatzsteuerrichtlinien). In diesen Fällen ist die Mietleistung entweder dem Unternehmensbereich oder dem außerunternehmerischen Bereich zuzuordnen. Die Zuordnungskriterien sind dabei dieselben, die bei der Zuordnung der gemischt genutzten beweglichen Gegenstände gelten (vgl. Tz. 5.2.1.2).

Beispiel:
Der Reit- und Fahrverein RF e.V. mietet ein Photokopiergerät für eine Monatsmiete von 500 DM zuzüglich 70 DM Umsatzsteuer an. Das Photokopiergerät wird zu 80% für den unternehmerischen und zu 20% für den außerunternehmerischen Vereinsbereich genutzt.

Stellungnahme: Die Mietleistung wird an den unternehmerischen Bereich des Vereins erbracht, da der Mietgegenstand — analog zu den Zuordnungskriterien bei beweglichen Gegenständen — aufgrund seiner unternehmerischen Nutzung von mindestens 75% dem unternehmerischen Bereich zuzuordnen ist.

Der Verein kann somit die berechnete Vorsteuer in Höhe von 70 DM voll abziehen. Die Nutzung des Photokopiergeräts zu 20% für außerunternehmerische Zwecke stellt jedoch andererseits eine Entnahme einer Nutzungsleistung in den außerunternehmerischen Bereich und somit einen steuerpflichtigen Eigenverbrauch dar. Die auf die Nutzung von 20% entfallenden Kosten (20% von 500 DM = 100 DM) müssen wiederum als Eigenverbrauch mit einem Steuersatz von 14% versteuert werden (vgl. hierzu auch Tz. 4.7). Zur Vereinfachung kann allerdings auch die Leistungsaufteilungsmethode gem. Abschn. 22 Abs. 7 Umsatzsteuerrichtlinien beantragt werden. Danach können sofort die Vorsteuern entsprechend aufgeteilt werden (vgl. Tz. 5.3.4).

5.2.2.3 Anmietung von Grundstücken

Bei der Anmietung von Grundstücken kann wiederum nach dem Aufteilungsprinzip verfahren werden. Werden vom Verein angemietete Räume sowohl unternehmerisch als auch nichtunternehmerisch genutzt, so ist das beim Verein befindliche Nutzungsrecht in einen unternehmerischen und einen außerunternehmerischen Anteil aufzuteilen. Voraussetzung ist hierbei eine räumliche Teilbarkeit, wobei ein Raum als kleinste wirtschaftliche Einheit angesehen werden kann.

Wird das Grundstück zeitlich aufeinanderfolgend vom Verein teils für unternehmerische als auch für außerunternehmerische Zwecke genutzt, läßt die Verwaltung auch eine Aufteilung des Nutzungsrechts entsprechend der aufeinanderfolgenden unterschiedlichen Nutzung zu[1].

Beispiel:
Eine Gemeinde vermietet eine Sporthalle an den Sportverein SV e.V. gegen ein Jahrespauschalentgelt von 5000 DM jeweils montags von 18.00 bis 22.00 Uhr. Der Verein nutzt die Halle von 18.00 bis 19.00 Uhr nichtunternehmerisch (Jugendtraining) und von 20.00 bis 22.00 Uhr unternehmerisch (Training der 1. Mannschaft). Eine gleichzeitige unternehmerische und nichtunternehmerische Nutzung bezüglich der Halle wird nicht durchgeführt.

Auf die mit der Sporthalle mitvermieteten Betriebsvorrichtungen wie Zuschauertribünen, Schwingböden, Turngeräte u.ä. entfallen nach der Berechnungsmethode lt. Abschn. 86 Abs. 2 Umsatzsteuerrichtlinien (vgl. auch Tz. 3.3) 20%.

Stellungnahme: Da die Halle zeitanteilig wöchentlich 1 Stunde im ideellen Vereinsbereich und 2 Stunden im unternehmerischen Bereich des Vereins genutzt wird, ist das Nutzungsrecht lt. Verwaltungsmeinung entsprechend aufzuspalten. Ein Drittel des Nutzungsrechts ist dem ideellen Vereinsbereich und zwei Drittel dem unternehmerischen Vereinsbereich zuzuordnen.

---

[1] Vgl. Verfügung der OFD Stuttgart vom 26.11.1985, S 7198 A 3 — St 54, DStZ/E 1986, 109

Die von der Gemeinde bewirkte Vermietungsleistung erfolgt also zu zwei Drittel an den Unternehmensbereich des Vereins und zu einem Drittel an seinen außerunternehmerischen ideellen Bereich.

Sofern die Gemeinde die Halle im Rahmen eines Verpachtungsbetriebs gewerblicher Art (§ 2 Abs. 3 i. V. mit § 1 Abs. 1 Nr. 6 Umsatzsteuergesetz) an den Verein vermietet, muß folgendes beachtet werden:

a) **Vermietungsanteil Betriebsvorrichtungen**
   Der auf die Mitvermietung der Betriebsvorrichtung entfallende Mietanteil von 20% von 5000 DM = 1000 DM ist grundsätzlich steuerpflichtig. Die Gemeinde kann für diesen Mietanteil dem Verein 12,28% von 1000 DM = 122,80 DM Umsatzsteuer gesondert ausweisen. Da zwei Drittel dieser Mietanteilsleistung an den unternehmerischen Vereinsbereich erbracht werden, kann der Verein zwei Drittel von 122,80 DM = 81,86 DM als Vorsteuer geltend machen. Das Vorsteuerabzugsverbot greift nicht ein, da die Halle durch das Training der 1. Mannschaft letztlich zur Ausführung von steuerpflichtigen Umsätzen (sportliche Leistungen gegen Eintrittsgelder) genutzt wird.

b) **Vermietungsanteil Gebäude**
   Der auf die Gebäudevermietung entfallende Mietanteil von 80% von 5000 DM = 4000 DM ist grundsätzlich steuerfrei (§ 4 Nr. 12a Umsatzsteuergesetz). Da zwei Drittel dieses Vermietungsanteils an den unternehmerischen Bereich des Vereins fließen, kann die Gemeinde bezüglich dieses Anteils (2/3 von 4000 DM = 2667 DM) zur Steuerpflicht optieren und dem Verein insoweit Umsatzsteuer (12,28% von 2667 DM = 327,50 DM) gesondert in Rechnung stellen. Auch diese Umsatzsteuer kann der Verein entsprechend den obigen Ausführungen als Vorsteuer geltend machen.

Beachte:

Diese komplizierte Verfahrensweise bezüglich des Umsatzsteuerausweises ist aus der Sicht der Gemeinde dann sinnvoll und zweckmäßig, wenn sie ihrerseits die im Zusammenhang mit der Halle angefallenen Vorsteuern weitestgehend geltend machen will.

5.2.3 Nutzung von Sportanlagen für unternehmerische oder ideelle Zwecke

Die Sportanlagen eines Vereins werden dann für unternehmerische Zwecke genutzt, wenn die Nutzung durch die Vereinsmitglieder letztlich dazu dient, Einnahmen zu erzielen (z. B. durch Teilnahme an Wettkämpfen, bei denen Eintrittsgelder erhoben werden). Eine unternehmerische Nutzung ist hierbei auch in Vorbereitungshandlungen für die Einnahmeerzielung zu sehen.

Nach Verwaltungsauffassung wird in folgenden Fällen eine unternehmerische Nutzung von Sportanlagen angenommen:

● bei Punkt- und Pokalspielen und Turnieren von Fußballvereinen (auch im Bereich der unteren Amateurligen),
● beim Training der Mannschaften des Aktivenbereiches.

Keine unternehmerische Nutzung der Sportanlagen wird angenommen:

● bei Punkt- und Pokalspielen von Jugendmannschaften,
● beim Training der Jugendmannschaften.

Das FG München vertritt in einem Urteil[1] bezüglich der Jugendmannschaften eine andere Auffassung: Das Urteil betrifft den Fall eines Eissportvereins, der neben einer im Wettkampfbetrieb stehenden Eishockeymannschaft u. a. auch Schüler- und Jugendmannschaften unterhält, die keine Einnahmen aus dem Spielbetrieb erzielen. Das Finanzgericht vertritt die Auffassung, daß neben den Spielen und dem Training der 1. Eishockeymannschaft auch die Spiele und das Training der Schüler- und Jugendmannschaften im Rahmen des Unternehmens des Vereins erfolgen, und hat deshalb die in diesem Zusammenhang anfallende Umsatzsteuer voll zum Vorsteuerabzug zugelassen. Das Finanzgericht bezeichnet es als entscheidend für die Einbeziehung des Nachwuchsspiel und -trainingsbetriebs in die unternehmerische Sphäre, daß die Nachwuchsbetreuung unentbehrlicher Bestandteil der Talentförderung für die 1. Mannschaft sei. Sie sei in ihrem wesentlichen Ziel darauf ausgerichtet, den entgeltlichen Spielbetrieb der 1. Mannschaft dadurch aufrecht zu erhalten, daß laufend die notwendigen Nachwuchstalente hervorgebracht würden und damit die

---

[1] Urteil vom 18.1.1984, EFG 1984, 420 — Revision eingelegt —

1. Mannschaft verstärkt werden könne. In diesem Bereich überlagere die Ausrichtung auf den entgeltlichen Spielbetrieb die ideelle Motivation in einem Maße, daß dem FG eine Zurechnung zum unternehmerischen Zweck gerechtfertigt erschien.

5.2.4 Vereinfachungsregelung zur Aufteilung von Eingangsleistungen, die teilweise dem unternehmerischen und teilweise dem nichtunternehmerischen Vereinsbereich zuzurechnen sind

Führt die Zuordnung von Eingangsleistungen, die sowohl den unternehmerischen als auch den außerunternehmerischen Vereinsbereich berühren, zu Schwierigkeiten, kann auf **Antrag** vom Finanzamt folgendes Verfahren genehmigt werden:

Die Vorsteuern aus Leistungen, die teilweise dem unternehmerischen und teilweise dem nichtunternehmerischen Bereich zuzurechnen sind, werden auf diese Bereiche nach dem Verhältnis aufgeteilt, das sich aus folgender Gegenüberstellung ergibt:

Einnahmen aus dem unternehmerischen Bereich abzüglich der Einnahmen für Lieferungen von Gebrauchsgegenständen

zu

Einnahmen aus dem nichtunternehmerischen Bereich.

Die Beantragung der Vereinfachungsregelung bei der Aufteilung der Eingangsleistungen ist insbesondere bei Sportanlagen und anderen Gegenständen sinnvoll, die gleichzeitig unternehmerischen und ideellen Vereinszwecken dienen. In diesen Fällen führt die Feststellung des Nutzungsanteils für unternehmerische und ideelle Zwecke zu fast unlösbaren Problemen.

Wird die Aufteilung vom Finanzamt nach dem Einnahmeschlüssel genehmigt, wird die Eingangsleistung an den Verein entsprechend dem Verhältnis Einnahmen unternehmerischer Bereich zu den Einnahmen ideeller Bereich gesplittet. Die Frage des Vorsteuerabzugsverbots (vgl. Tz. 5.6) für den an den Unternehmensbereich erbrachten Leistungsanteil ist aber nach wie vor zu prüfen.

Vorteil der schematischen Aufteilungsmethode ist weiterhin der Wegfall der Eigenverbrauchsbesteuerung in den Fällen, in denen die Eingangsleistung dem unternehmerischen Bereich zuzuordnen ist, aber zugleich auch ideellen Zwecken dient. Dies ist z.B. der Fall beim Erwerb von gemischtgenutzten beweglichen Wirtschaftsgütern (vgl. Tz. 5.2.1.2), nicht mehr aufteilbaren Grundstücksteilen und Nutzungsrechten (vgl. Tz. 5.2.1.3, 5.2.2.2 und 5.2.2.3).

Die Aufteilungsmethode ist grundsätzlich nur auf die Eingangsleistungen anzuwenden, die teilweise dem unternehmerischen oder dem außerunternehmerischen Bereich zuzuordnen sind.

Vorsteuerbeträge auf Eingangsleistungen, die ausschließlich dem unternehmerischen Bereich zuzuordnen sind (wie z.B. Vorsteuern aus Druckkosten Eintrittskarten, Wareneinkauf, Gaststätte oder gesellige Veranstaltung) und Vorsteuerbeträge auf Eingangsleistungen, die ausschließlich dem außerunternehmerischen Bereich zuzuordnen sind (wie z.B. Vorsteuer für Sportgeräte Gymnastikabteilung), sind aus der Aufteilungsmethode herauszuhalten. Nach Abschn. 22 Abs. 7 S. 5 Umsatzsteuerrichtlinien können allerdings die Vorsteuern aus Verwaltungsgemeinkosten (Büromaterial u.ä.) einheitlich in den Aufteilungsschlüssel einbezogen werden.

5.2.4.1 Einzelheiten zur Leistungsaufteilungsmethode

● **Einnahmeschlüssel**
Zu den Einnahmen gehören alle Zuwendungen, die der betreffenden Einrichtung zufließen, insbesondere also die Einnahmen aus Umsätzen (z.B. Veranstaltungen, Gutachten, Lizenzüberlassungen, Mitgliederbeiträge, Zuschüsse, Spenden usw.).

Zum **unternehmerischen** Einnahmebereich rechnen Einnahmen aus:

— wirtschaftlichen Geschäftsbetrieben (z.B. Gaststätte),
— kulturellen Veranstaltungen,
— geselligen Veranstaltungen,
— sportlichen Veranstaltungen,
— Vermögensverwaltungen (z.B. Vermietungen),
— Werbung
— **Nicht** jedoch der Verkauf von Gebrauchsgegenständen.

Zum **außerunternehmerischen** Einnahmebereich rechnen Einnahmen aus:

— Mitgliedsbeiträgen,
— Spenden,
— Zuschüssen,
— Aufnahmegebühren.

Das Finanzamt kann unter Berücksichtigung der im einzelnen Fall vorliegenden Gegebenheiten anordnen, daß bei der Gegenüberstellung das Verhältnis des laufenden, eines früheren oder mehrerer Kalenderjahre zugrunde gelegt wird. Falls erforderlich (z. B. bei Zugrundelegung des laufenden Kalenderjahres) kann für die Voranmeldungszeiträume die Aufteilung zunächst nach dem Verhältnis eines anderen Zeitraums zugelassen werden (Abschn. 22 Abs. 7 S. 4 Umsatzsteuerrichtlinien).

● **Vorsteuern aus Verwaltungsgemeinkosten**

Aus **Vereinfachungsgründen** können beim Aufteilungsverfahren alle Vorsteuerbeträge, die sich auf die sog. Verwaltungsgemeinkosten beziehen (z. B. die Vorsteuern für die Beschaffung des Büromaterials), einheitlich in den Aufteilungsschlüssel einbezogen werden, auch wenn einzelne dieser Vorsteuerbeträge an sich dem unternehmerischen oder dem nichtunternehmerischen Bereich **ausschließlich** zuzurechnen wären (Abschn. 22 Abs. 7 S. 5 Umsatzsteuerrichtlinien).

● **Unterlassung der Eigenverbrauchsbesteuerung**

Sofern in das Aufteilungsverfahren Vorsteuerbeträge einzubeziehen sind, die durch den Erwerb, die Herstellung oder die Einfuhr einheitlicher Gegenstände angefallen sind (z. B. durch den Ankauf eines für den unternehmerischen und den nichtunternehmerischen Bereich bestimmten Kraftwagens), braucht der Anteil der nichtunternehmerischen Verwendung dieses Gegenstands **nicht als Eigenverbrauch** der Umsatzsteuer unterworfen zu werden. Dafür sind jedoch alle durch die Verwendung oder Nutzung dieses Gegenstands anfallenden Vorsteuerbeträge in das jeweils in Betracht kommende Aufteilungsverhältnis einzubeziehen.

Die Versteuerung der Entnahme eines Gegenstands in den nichtunternehmerischen Bereich als Eigenverbrauch (Abschn. 22 Abs. 7 S. 8 Umsatzsteuerrichtlinien, § 1 Abs. 1 Nr. 2 Buchst. a Umsatzsteuergesetz) wird durch das Verfahren nicht berührt.

● **Genehmigungsverfahren**

Die Anwendung eines vereinfachten Aufteilungsverfahrens wird vom Finanzamt unter dem Vorbehalt des jederzeitigen Widerrufs genehmigt, wenn es nicht zu einem offensichtlich unzutreffenden Ergebnis führt und wenn sich der antragstellende Verein verpflichtet, für einen Zeitraum von mindestens **fünf Kalenderjahren** davon Gebrauch zu machen. Der Wechsel ist jeweils nur zum Beginn eines Veranlagungszeitraums zu gestatten.

● **Kombinierte Aufteilungsmethode**

Nach Abschn. 22 Abs. 8 Umsatzsteuerrichtlinien kann das Finanzamt auch eine Kombination der Aufteilung nach den normalen Grundsätzen und nach der Aufteilungsmethode zulassen.

Beispiel:
Der Sportverein SV e. V. errichtet ein Vereinsheim mit Gaststätte. Das Gebäude wird vom Verein im Kalenderjahr der erstmaligen Verwendung wie folgt genutzt:

— 60% für Gaststätte,
— 40% sowohl unternehmerisch als auch ideell.

Die beim Verein angefallenen Vorsteuern aus Herstellungskosten belaufen sich auf 100 000 DM. Die Einnahmen aus dem unternehmerischen Vereinsbereich belaufen sich auf 75%, die Einnahmen aus dem nichtunternehmerischen Bereich auf 25%.

Stellungnahme: Nach der bei Bauwerken anzuwendenden Aufteilungstheorie (vgl. Tz. 5.2.1.3) sind 60% des Vereinsheims dem unternehmerischen Vereinsbereich zuzuordnen.

Der Bauwerksteil von 40%, der sowohl für unternehmerische als auch für ideelle Zwecke genutzt wird, muß, weil nicht weiter aufteilbar, entweder dem unternehmerischen oder dem ideellen Vereinsbereich zugeordnet werden. Eine Zuordnung zum unternehmerischen Bereich wäre bereits dann möglich, wenn dieser Bauwerksteil zu mindestens 10% für unternehmerische Zwecke genutzt werden würde (Tz. 5.2.1.2). Sofern der Bauwerksteil für außerunternehmerische Zwecke genutzt wird, müßte jährlich der prozentuale Anteil dieser außerunternehmerischen Nutzung ermittelt werden. Die außerunternehmerische Nutzung stellt dabei einen Eigenverbrauch dar, der i.d.R. steuerfrei ist (§ 4 Nr. 12a Umsatzsteuergesetz).

Erfolgt im Kalenderjahr der erstmaligen Verwendung bereits eine solche steuerfreie vorsteuerschädliche Nutzung, greift insoweit das Vorsteuerabzugsverbot ein (§ 15 Abs. 2 Umsatzsteuergesetz). Ein Teil der auf den Bauwerksteil entfallenden Vorsteuern kann nicht abgezogen werden (vgl. Tz. 5.6). Würde sich in den Folgejahren die vorsteuerschädliche Nutzung dieses Bauwerkteils erhöhen oder vermindern, kann weiterhin eine Vorsteuerberichtigung gem. § 15a Umsatzsteuergesetz zur Anwendung kommen (vgl. Tz. 6).

Da diese Verfahrensweise schon bei einem einfachen Vereinsheim mit Gaststättenbetrieb zu unverhältnismäßig großen Schwierigkeiten führt, empfiehlt sich eine kombinierte Aufteilung beim Finanzamt für den unternehmerisch und ideell genutzten Bauwerksteil von 40% zu beantragen.

Entspricht das Finanzamt dem Antrag (bisher gängige Praxis), sind die auf den Gaststättenbereich anteilig entfallenden Vorsteuern (60% von 100000 DM = 60000 DM) nach den normalen Aufteilungsgrundsätzen abziehbar und mangels eines vorsteuerschädlichen Ausgangsumsatzes auch abzugsfähig.

Soweit der Gebäudeteil von 40% sowohl unternehmerisch als auch ideell genutzt wird, kann der hierauf entfallende Vorsteueranteil nach der Methode des Abschn. 22 Abs. 7 Umsatzsteuerrichtlinien aufgeteilt werden. Danach wären — sofern das Finanzamt die Methode nicht als unangemessen ansieht — weitere 75% von 40000 DM = 30000 DM abziehbar. Zu prüfen ist nunmehr, ob bezüglich der abziehbaren Vorsteuer von 30000 DM evtl. das Vorsteuerabzugsverbot eingreift. Dies ist normalerweise nicht der Fall. Ein solches Abzugsverbot könnte nur dann eingreifen, wenn der Verein die Räume an einen anderen Verein **steuerfrei** nach § 4 Nr. 12a Umsatzsteuergesetz vermieten würde.

Soweit der Verein den 40% Gebäudeteil für ideelle Zwecke (z. B. Vereinsversammlungen) nutzt, liegt grundsätzlich ein Eigenverbrauch vor. Dieser Eigenverbrauch wird aber bei Anwendung der Aufteilungsmethode des Abschn. 22 Abs. 7 Umsatzsteuerrichtlinien nicht erfaßt und hat somit auch keine Auswirkungen auf den Vorsteuerabzug. Auch unterbleibt in diesen Fällen eine Vorsteuerberichtigung gem. § 15a Umsatzsteuergesetz in den Folgejahren.

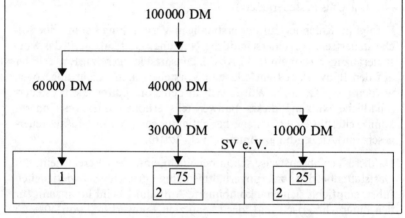

Beispiel:
Der gemeinnützige Amateurfußballverein FB e. V. errichtet im Kalenderjahr 01 einen Sportplatz unter Inanspruchnahme öffentlicher Mittel in Höhe von 50% der veranschlagten Kosten. Der Sportplatz wurde ab dem 1.1.02 (Kalenderjahr der erstmaligen Verwendung) wie folgt genutzt:

a) Punkt- und Pokalspiele der Herrenmannschaften und ein Pokalturnier; Nutzungsdauer im Kalenderjahr 02 78 Stunden. Bei diesen Veranstaltungen werden Eintrittsgelder erhoben, die dem ermäßigten Steuersatz unterliegen.

b) Zwei Trainings- oder Freundschaftsspiele, bei denen Eintrittsgelder nicht erhoben werden, insgesamt 8 Stunden.

c) Punktspiele der A- und C-Jugend, jeweils ca. 10 Spiele, Nutzungsdauer im Kalenderjahr 02 25 Stunden. Dabei werden ebenfalls keine Eintrittsgelder erhoben.

d) Training der Jugendmannschaften, 40 Wochen à 1 1/2 Std., insgesamt 60 Stunden.

e) Training der Herrenmannschaften, 44 Wochen à 3 Stunden, insgesamt 132 Stunden.

Während der Spielveranstaltungen der Jugend- und Herrenmannschaften sowie nach den Trainingsstunden werden im wirtschaftlichen Geschäftsbetrieb (Vereinsgaststätte) steuerpflichtige Umsätze erzielt.

Bei der Herstellung der Sportanlage sind Vorsteuerbeträge in Höhe von 10000 DM angefallen. Der Verein beantragt für den Vorsteuerabzug die Leistungsaufteilungsmethode nach Abschn. 22 Abs. 7 Umsatzsteuerrichtlinien. Im Kalenderjahr 02 hat der Verein folgende Einnahmen erzielt:

a) **Einnahmen unternehmerischer Bereich**

Eintrittsgelder Sportveranstaltungen	15000 DM
Banden- und Trikotwerbung	5000 DM
gesellige Veranstaltungen	70000 DM
Summe (= 75%)	90000 DM

b) **Einnahmen außerunternehmerischer Bereich**

Mitgliedsbeiträge	20000 DM
Spenden	10000 DM
Summe (= 25%)	30000 DM

In den Einnahmeschlüssel wurde vom Verein der ihm gewährte Baukostenzuschuß von 50000 DM nicht einbezogen.

Stellungnahme: Der Sportplatz muß als nicht mehr weiter aufteilbares Bauwerk angesehen werden. Für die Zuordnung zum unternehmerischen oder außerunternehmerischen Vereinsbereich sind somit die für bei den beweglichen nicht aufteilbaren Sachen geltenden Zuordnungskriterien sinngemäß anzuwenden (vgl. Tz. 5.2.1.2).

Soweit der Platz für die Punktspiele der A- und C-Jugend und für das Training der Jugendmannschaften genutzt wird, handelt es sich um eine ideelle Nutzung des Platzes.

Da die unternehmerische Nutzung aber eindeutig über 10% liegt, kann der Sportplatz dem Unternehmensbereich des Vereins zugeordnet werden.

Will man nun nach den normalen Grundsätzen den abzugsfähigen Vorsteueranteil aus den Herstellungskosten des Sportplatzes ermitteln, müßte zunächst einmal anhand der in Stunden aufgezeichneten Nutzungsdauer des Platzes ermittelt werden, wie hoch der prozentuale Anteil der ideellen Nutzung ist. Dieser ideelle Nutzungsanteil stellt einen Eigenverbrauch dar, der, soweit die ideelle Nutzung auf die Betriebsvorrichtungen des Spielplatzes entfällt (z. B. Spielfeld, Spielfeldbefestigung, Drainage, Rasen usw.) steuerpflichtig wäre und soweit er auf die ideelle Nutzung des Grundstücksanteils entfällt, steuerfrei gem. § 4 Nr. 12a Umsatzsteuergesetz wäre. In Höhe des steuerpflichtigen Nutzungsanteils müßte eine Eigenverbrauchsbesteuerung mit 14% durchgeführt werden, in Höhe des steuerfreien Eigenverbrauchsanteils greift bezüglich der Vorsteuer aus den Herstellungskosten prozentual das Vorsteuerabzugsverbot gem. § 15 Abs. 2 Umsatzsteuergesetz ein.

Um diese Berechnungsschwierigkeiten zu vermeiden, empfiehlt es sich, die Leistungsaufteilung nach Abschn. 22 Abs. 7—9 Umsatzsteuerrichtlinien nach dem Einnahmeschlüssel zu beantragen. In diesem Fall entfällt die laufende Berechnung des Eigenverbrauchsanteils mit der Eigenverbrauchsbesteuerung und dem anteiligen Vorsteuerabzugsverbot.

Nicht eindeutig geklärt ist hierbei die Frage, ob der einmalige Baukostenzuschuß in den Aufteilungsschlüssel einzubeziehen ist und welchem Bereich er zuzuordnen ist. Nach Verwaltungsmeinung ist er entsprechend dem Umsatzverhältnis ohne Zuschuß auf den unternehmerischen und den außerunternehmerischen Bereich aufzuteilen. De facto kann er somit aus dem Umsatzverhältnis herausgelassen werden.

Die Vorsteuer aus den Herstellungskosten ist somit im vorliegenden Fall in Höhe von 75% von 10 000 DM = 7500 DM abziehbar und sofern kein Abzugsverbot (§ 15 Abs. 2 Umsatzsteuergesetz) eingreift, auch abzugsfähig. Ein Vorsteuerabzugsverbot greift nur dann durch, wenn die Sportanlage an einen anderen Verein vermietet wird.

5.3 Kein Vorsteuerabzugsverbot

5.3.1 Allgemeines

Die nach § 15 Abs. 1 Umsatzsteuergesetz beim Verein ermittelte **abziehbare** Vorsteuer ist **nicht abzugsfähig**, soweit der Verein die der Vorsteuer zugrunde liegende Eingangsleistung zur Ausführung bestimmter in § 15 Abs. 2 i. V. mit Abs. 3 Umsatzsteuergesetz aufgeführter Ausgangsumsätze verwendet. Die Eingangsleistung (Vorsteuer) wird zur Ausführung eines bestimmten Ausgangsumsatzes verwendet, wenn ein wirtschaftlicher Zusammenhang zwischen der vorsteuerbelastenden Eingangsleistung und dem vorsteuerschädlichen Ausgangsumsatz gegeben ist. Der wirtschaftliche Zusammenhang liegt vor, wenn die Eingangsleistung (Vorsteuer) direkt oder indirekt in Ausgangsumsätze des Unternehmers einfließt.

Vorsteuerschädliche Ausgangsumsätze beim Verein sind grundsätzlich die nach § 4 Nr. 7 ff. Umsatzsteuergesetz steuerfreien Umsätze. Schwerpunktmäßig kann ein Verein folgende vorsteuerschädlichen Ausgangsumsätze tätigen:

- § 4 Nr. 9 a UStG (Grundstücksveräußerungen, vgl. auch Tz. 3.2)
- § 4 Nr. 9 b UStG (genehmigte Lotterien, Tz. 3.4.1)
- § 4 Nr. 12 UStG (Vermietung und Verpachtung von Grundstücken, Tz. 3.3)
- § 4 Nr. 16 UStG (Krankenhäuser, Altenheime, Tz. 3.4.1)
- § 4 Nr. 20 UStG (Kammermusikensembles, Chöre, Musikkapellen, Tz. 3.4.2)
- § 4 Nr. 22 UStG (Vorträge, Kurse, Startgelder, Tz. 3.4.3 und 3.4.4)
- § 4 Nr. 23 UStG (Beherbergung und Beköstigung von Jugendlichen, Tz. 3.4.6)
- § 4 Nr. 24 UStG (Jugendherbergen, Tz. 3.4.5)
- § 4 Nr. 28 UStG (Tz. 3.4.6)

sowie mangels Entgelt nichtsteuerbare Leistungen, die im Falle der Entgeltlichkeit unter die obige Aufzählung fallen.

5.3.2 Vorsteueraufteilung

Tätigt der Verein ausschließlich Ausgangsumsätze, die nicht zur obigen Gruppe rechnen, greift das Vorsteuerabzugsverbot nicht ein und die gesamte **abziehbare** Vorsteuer ist auch **abzugsfähig**.

Sind nur die o.g. steuerfreien Ausgangsumsätze gegeben, greift das Vorsteuerabzugsverbot in vollem Umfang ein und die gesamte abziehbare
Vorsteuer ist **nicht abzugsfähig.**

Führt der Verein **gleichzeitig** steuerfreie vorsteuerschädliche und steuerpflichtige vorsteuerunschädliche Ausgangsumsätze aus, müssen die bei
ihm anfallenden Vorsteuerbeträge in abzugsfähige und nichtabzugsfähige
Vorsteuern aufgeteilt werden. Zu diesem Zweck sind die Vorsteuerbeträge in drei verschiedene Gruppen aufzugliedern:

● abzugsfähige Vorsteuern, die ausschließlich in wirtschaftlichem Zusammenhang mit vorsteuerunschädlichen Ausgangsumsätzen stehen,
● nicht abzugsfähige Vorsteuern, die ausschließlich in wirtschaftlichem
  Zusammenhang mit vorsteuerschädlichen Ausgangsumsätzen stehen,
● teilweise abzugsfähige Vorsteuern, die gleichzeitig im Zusammenhang
  mit vorsteuerschädlichen und vorsteuerunschädlichen Ausgangsumsätzen stehen.

5.3.3 Berechnung des Vorsteuerabzugs bei den teilweise abzugsfähigen Vorsteuern

Bei den teilweise abzugsfähigen Vorsteuern ist der zum Vorsteuerabzug
berechtigende Anteil nach bestimmten vorgeschriebenen Methoden zu berechnen. Das Umsatzsteuergesetz unterscheidet folgende Methoden:

● die konkrete Zurechnungsmethode (§ 15 Abs. 4 Umsatzsteuergesetz,
  (Abschn. 208 Umsatzsteuerrichtlinien),
● die Umsatzverhältnismethode nach dem Umsatzverhältnis des gesamten Unternehmens (§ 15 Abs. 5 Umsatzsteuergesetz, Abschn. 109 und
  210 Umsatzsteuerrichtlinien),
● die Umsatzverhältnismethode nach dem Umsatzverhältnis eines in der
  Gliederung eines Unternehmens gesondert geführten Betriebs (§ 15
  Abs. 7 Umsatzsteuergesetz, Abschn. 211 Umsatzsteuerrichtlinien).

In der Vereinspraxis dürften hierbei die konkrete Zurechnungsmethode
bzw. die Umsatzverhältnismethode gem. § 15 Abs. 5 Umsatzsteuergesetz
von Bedeutung sein.

Wendet der Verein bei seinen teilweise abzugsfähigen Vorsteuern die Aufteilungsmethode des § 15 Abs. 4 Umsatzsteuergesetz an, muß der abzugsfähige Vorsteueranteil, d.h. der Vorsteueranteil, der im wirtschaftlichen

Zusammenhang mit vorsteuerunschädlichen (steuerpflichtigen) Umsätzen steht, nach wirtschaftlich sachgerechten Kriterien ermittelt werden. Sachgerechte Aufteilungskriterien sind nach der Verwaltungsmeinung[1] z. B. bei Vorsteuern aus

— Verwaltungsgemeinkosten: die betriebliche Kostenrechnung bzw. Aufwands- oder Ertragsberechnung,

— Bauwerken: die Aufteilung nach dem Verhältnis der Nutzfläche bzw. des umbauten Raumes, sofern eine räumlich getrennte vorsteuerschädliche und vorsteuerunschädliche Nutzung vorliegt,

— Bauwerken und beweglichen Wirtschaftsgütern, die zeitunterschiedlich vorsteuerschädlich und vorsteuerunschädlich genutzt werden: das Verhältnis der zeitlichen Nutzung.

Ist für den Verein die Aufteilungsmethode des § 15 Abs. 4 Umsatzsteuergesetz zu kompliziert, kann er die teilweise abzugsfähige Vorsteuer auch nach der Umsatzverhältnismethode ermitteln.

Bei dieser Methode müssen beim Verein seine gesamten Ausgangsumsätze in vorsteuer**un**schädliche und in vorsteuerschädliche Ausgangsumsätze aufgegliedert werden. Nach dem prozentualen Verhältnis der beiden Ausgangsumsatzgruppen kann dann der abzugsfähige Vorsteueranteil errechnet werden.

Die Anwendung dieser Umsatzverhältnismethode ist weder antragsgebunden noch von einer Bewilligung durch das Finanzamt abhängig. Der Verein darf diese Aufteilungsmethode jedoch nur anwenden, wenn sie bei ihm nicht zu ungerechtfertigten Steuervorteilen führt[2].

Die Frage, ob für den Verein ein ungerechtfertigter Steuervorteil im vorstehenden Sinne vorliegt, beurteilt sich stets nach dem Ergebnis, das bei einer Aufteilung nach § 15 Abs. 4 Umsatzsteuergesetz eintreten würde (vgl. Abschn. 208 Umsatzsteuerrichtlinien). Die vergleichende Aufteilung kann durch Schätzung vorgenommen werden. Der Höhe nach ist ein ungerechtfertigter Steuervorteil zu bejahen, wenn das voraussichtliche Ergebnis einer Aufteilung nach § 15 Abs. 4 Umsatzsteuergesetz von dem Er-

---

[1] Abschn. 208 Abs. 2 Umsatzsteuerrichtlinien
[2] § 15 Abs. 6 Umsatzsteuergesetz, Abschn. 209 Abs. 2 Umsatzsteuerrichtlinien

gebnis einer Aufteilung nach § 15 Abs. 5 Umsatzsteuergesetz im Besteue-
rungszeitraum um mehr als 1 000 DM abweicht (Abschn. 209 Abs. 4 Umsatzsteuerrichtlinien).

Beispiel:
Beim Sportverein SV e. V. sind im Kalenderjahr 02 nach seinen Aufzeichnungen folgende für die Umsatzsteuer wesentlichen Einnahmen
und Ausgaben angefallen:

Einnahmen	Brutto-umsatz DM	Ausgaben (soweit hierbei Vorst. gesondert berech. wurden und den Einnahmen direkt zuordenbar	Vorsteuer DM
1 Außerunternehmerischer Bereich			
1.1 Mitgliedsbeiträge	20 500		
1.2 Spenden	11 000		
1.3 Zuschüsse von Bund, Land, Gemeinde	800		
	32 300		
2 Unternehmerischer Bereich			
2.1 Wirtschaftlicher Geschäftsbetrieb			
2.1.1 Einnahmen Vereins-gaststätte (14%)	65 000	Lebensmittel, Getränke	5 600
		Neubau Vereins-heim, Bauwerksteil (1), vgl. Beisp. S. 238	60 000
2.1.2 Einnahmen Banden-werbung (14%)	5 000	Material Banden-werbung	140
2.1.3 Einnahmen Alt-papierverkauf (14%)	500		
	70 500		65 740

Einnahmen	Brutto-umsatz DM	Ausgaben (soweit hierbei Vorst. ge-sondert berech. wurden und den Einnahmen direkt zuordenbar	Vorsteuer DM
2.2 Sportliche Veran-staltungen			
2.2.1 Eintrittsgelder, Sportveran-staltungen (7%)	15 500	Reisekosten	614
2.2.2 Einnahmen Start-gelder (§ 4 Nr. 22 b UStG)	3 000	Plaketten, Pokale	70
2.2.3 Einnahmen Ski-unterricht (§ 4 Nr. 22 a UStG)	1 500		
	90 500		684
2.3 Gesellige Veran-staltungen			
2.3.1 Eintrittsgelder Ver-einsfeste und Bälle (7%)	6 800	Saalschmuck, Musikkapelle	140
2.3.2 Einnahmen Speisen-und Getränkever-kauf außerhalb Ver-einsgaststätte (7%)	25 500	Lebensmittel, Getränke	2 350
2.3.3 Tombola (§ 4 Nr. 9 b UStG)	4 300	Lose	20
	36 600		2 510

Einnahmen	Brutto-umsatz DM	Ausgaben (soweit hierbei Vorst. ge-sondert berech. wurden und den Einnahmen direkt zuordenbar	Vorsteuer DM
2.4 Vermögensverwaltung			
2.4.1 Vermietung Sport-platz an Betriebs-sportgruppe Fa. X steuerpflichtiger Mietanteil (67 v.H.) (7%)	1 005		
gem. § 4 Nr. 12a UStG steuerfreier Mietanteil (33 v.H.) (näheres vgl.	495		
Tz. 3.3)	1 500		

Einnahmen	Brutto-umsatz DM	Ausgaben (soweit hierbei Vorst. ge-sondert berech. wurden und den Einnahmen direkt zuordenbar	Vorsteuer DM
3 Nicht eindeutig zu-ordenbare Vorsteuer-beträge			
3.1 Anschaffung Personalcomputer			2000
3.2 Reparaturen Sport-geräte (auch ideelle Nutzung)			200
3.3 Neubau Vereinsheim			
3.3.1 Bauwerksteil 2 (vgl. Beisp. S. 238) (auch ideelle Nutzung)			40000
3.4 Miete Sporthalle an Gemeinde (auch ideelle Nutzung, vgl. Beisp. S. 232)			450
3.5 Verwaltungsgemein-kosten			1500
3.6 Strom- und Heizungs-kosten			2500
			46650

Der Verein hat beim Finanzamt die Leistungsaufteilungsmethode be-antragt (Tz. 5.2.4.1). Der vom Finanzamt aufgrund der Basis von mehreren Jahren genehmigte Einnahmeschlüssel beläuft sich auf einen Einnahmeanteil von 75%, der auf den unternehmerischen Bereich ent-fällt und auf einen Einnahmeanteil von 25%, der auf den außerunter-nehmerischen Bereich entfällt.

Stellungnahme: Bei der Ermittlung der abzugsfähigen Vorsteuern muß man in zwei Phasen vorgehen.

Phase 1 (Ermittlung der nicht unter die Leistungsaufteilungsmethode fallenden Vorsteuern)

Zunächst sind die Vorsteuerbeträge festzustellen, die nicht unter die Leistungsaufteilungsmethode fallen (Vorsteuern, die ausschließlich dem unternehmerischen Bereich zuzuordnen sind) und die entweder voll den vorsteuerunschädlichen Ausgangsumsätzen (Vorsteuergruppe 1) oder voll den vorsteuerschädlichen Ausgangsumsätzen (Vorsteuergruppe 2) bzw. sowohl den vorsteuerschädlichen als auch den vorsteuerunschädlichen Ausgangsumsätzen zuzurechnen sind (Vorsteuergruppe 3).

Zur Vorsteuergruppe 1 gehören die Vorsteuern lt. Tz.

2.1.1 Lebensmittel, Getränke	5 600 DM
Neubau Vereinsheim, Bauteil 1	60 000 DM
2.1.2 Material Bandenwerbung	140 DM
2.2.1 Reisekosten	614 DM
2.3.1 Saalschmuck, Musikkapelle	140 DM
2.3.2 Lebensmittel, Getränke	2 350 DM
insgesamt	68 844 DM

Diese Vorsteuern in Höhe von 68 844 DM sind gem. § 15 Umsatzsteuergesetz voll abzugsfähig.

Zur Vorsteuergruppe 2 gehören die Vorsteuern lt. Tz.

2.2.2 Plaketten, Pokale	70 DM
2.3.3 Lose	20 DM
insgesamt	90 DM

Diese Vorsteuern sind gem. § 15 Abs. 2 Umsatzsteuergesetz **nicht** abzugsfähig.

Vorsteuern der Gruppe 3 sind im obigen Fall nicht vorhanden.

Phase 2 (Ermittlung der unter die Leistungsaufteilungsmethode fallenden Vorsteuerbeträge)

In der 2. Phase müssen die Vorsteuerbeträge ermittelt werden, die auf Eingangsleistungen beruhen, die sowohl auf den außerunternehmerischen als auch den unternehmerischen Vereinsbereich entfallen.

Bei Anwendung der Leistungsaufteilungsmethode entfallen im obigen Fall von diesen Vorsteuerbeträgen 75% auf den unternehmerischen Vereinsbereich. Der Anteil von 75% muß aber weiterhin dahingehend untersucht werden, ob er voll den vorsteuer**un**schädlichen Ausgangs-umsätzen (Vorsteuergruppe 4), voll den vorsteuerschädlichen Aus-gangsumsätzen (Vorsteuergruppe 5) bzw. sowohl den vorsteuerschäd-lichen als auch den vorsteuerunschädlichen Ausgangsumsätzen zuzu-rechnen ist (Vorsteuergruppe 6).

Folgende Vorsteuern fallen unter die Leistungsaufteilungsmethode und in die entsprechende Vorsteuergruppe:

Tz.	DM	unternehmerischer Anteil (75%)	Vorsteuer-gruppe
3.1 Personalcomputer	(2000)	1500,00 DM	6
3.2 Reparatur Sportgeräte	(200)	150,00 DM	4
3.3.2 Vereinsheim Bauwerksteil 2	(40000)	30000,00 DM	4
3.5 Miete Sporthalle	(450)	337,50 DM	4
3.6 Verwaltungs-gemeinkosten	(1500)	1125,00 DM	6
3.7 Strom-, Heizungskosten	(2500)	1875,00 DM	6

Für den Vorsteueranteil lt. Tz. 3.2, 3.3.2 und 3.5 (Sportgeräte, Ver-einsheim, Miete Sporthalle) in Höhe von 30487,50 DM kann wieder-um voll der Vorsteuerabzug geltend gemacht werden.

Die Vorsteueranteile lt. Tz. 3.1, 3.6 und 3.7 (Personalcomputer, Ver-waltungskosten, Heizungs- und Stromkosten) in Höhe von 4500 DM stehen sowohl mit vorsteuer**un**schädlichen als auch mit vorsteuer-schädlichen Ausgangsumsätzen im wirtschaftlichen Zusammenhang. Es handelt sich um teilweise abzugsfähige Vorsteuern. Der abzugsfähi-ge Vorsteueranteil ist hierbei — am besten — nach der Umsatzverhält-nismethode gem. § 15 Abs. 5 Umsatzsteuergesetz zu ermitteln. Ein un-gerechtfertigter Steuervorteil ergibt sich hierbei nicht. Hierzu muß der Netto-Umsatz des Vereins in einen vorsteuerschädlichen und vor-steuer**un**schädlichen Umsatz aufgegliedert werden.

a) Vorsteuer**un**schädlicher **Netto-Umsatz:**

Tz.   (Einnahmen):

	DM		x)	DM
2.1.1 Vereinsgaststätte	65000	./. 12,28% USt =		57018,00
2.1.2 Bandenwerbung	5000	./. 12,28% USt =		4386,00
2.1.3 Altpapierverkauf	500	./. 12,28% USt =		438,60
2.2.1 Sportveranstalt.	15500	./. 6,54% USt =		14486,30
2.3.1 Eintrittsgelder Vereins- feste	6800	./. 6,54% USt =		6355,28
2.3.2 Speisen, Getränke- verkauf	25500	./. 6,54% USt =		23832,23
2.4.1 steuerpflichtiger Anteil Vermietung Sportplatz	1005	./. 6,54% USt =		939,27
Netto-Umsatz insgesamt				107455,68

b) Vorsteuerschädlicher **Netto-Umsatz:**

Tz.   (Einnahmen):

2.2.2 Startgelder	3000 DM
2.2.3 Skiunterricht	1500 DM
2.3.3 Tombola	4300 DM
2.4.1 steuerfreier Anteil (Vermietung Sportplatz)	495 DM
Nettoumsatz insgesamt	9295 DM

Der zum Vorsteuerabzug berechtigende prozentuale Anteil berechnet sich wie folgt:

$$\frac{107455 \text{ DM} \cdot 100}{116750 \text{ DM}} = 92\%$$

Von den teilweise abzugsfähigen Vorsteuern können somit 92% von 4500 DM = 4140 DM wiederum als Vorsteuerabzug geltend gemacht werden.

6 Vorsteuerberichtigung

Nach § 15 Umsatzsteuergesetz sind für den Vorsteuerabzug die Verhältnisse im Kalenderjahr der erstmaligen Verwendung (Erstjahr) maßgebend. Bei Wirtschaftsgütern, die der Unternehmer über das Kalenderjahr der erstmaligen Verwendung hinaus zur Ausführung von Umsätzen verwendet, ist der Vorsteuerabzug zu berichtigen, wenn sich die Nutzung für vorsteuerschädliche Umsätze in den folgenden Kalenderjahren (Folgejahren) ändert. Durch § 15a Umsatzsteuergesetz wird der Vorsteuerabzug so ausgeglichen, daß er den Verhältnissen entspricht, die sich für den gesamten, im Einzelfall maßgeblichen Berichtigungszeitraum ergeben. Der Ausgleich des Vorsteuerabzugs ist grundsätzlich bei der Steuerfestsetzung für die Kalenderjahre vorzunehmen, in denen sich die Verhältnisse gegenüber dem Kalenderjahr der erstmaligen Verwendung geändert haben.

Im Vereinsbereich kann die Vorsteuerberichtigung nach § 15a Umsatzsteuergesetz hauptsächlich im **Grundstücksbereich** vorkommen. Hat der Verein ein Gebäude errichtet und weicht in den Folgejahren die prozentuale Nutzung für vorsteuerunschädliche Umsätze im Vergleich zum Erstjahr ab (sog. Nutzungsänderung), ist u. U. die bei der Errichtung angefallene Vorsteuer zu berichtigen.

Vorsteuerrelevante Nutzungsänderungen liegen insbesondere vor, wenn das Grundstück veräußert oder in den ideellen Vereinsbereich entnommen wird. Nach § 15a Abs. 4 Umsatzsteuergesetz wird die Veräußerung bzw. Entnahme fiktiv weiterhin als Nutzung beim veräußernden oder entnehmenden Verein behandelt, wobei die Nutzung so behandelt wird, wie die Veräußerung oder Entnahme umsatzsteuerrechtlich zu beurteilen ist. Ist die Veräußerung oder Entnahme dabei steuerfrei nach § 4 Nr. 9a Umsatzsteuergesetz, ist eine vorsteuerschädliche Nutzung i. S. von § 4 Nr. 9a Umsatzsteuergesetz gegeben.

Die Nutzungsänderung muß allerdings nur **innerhalb eines bestimmten Zeitraums** beachtet werden. Dieser Zeitraum entspricht bei beweglichen Wirtschaftsgütern der betriebsgewöhnlichen Nutzungsdauer, max. 5 Jahre. Bei Grundstücken beträgt der Zeitraum 10 Jahre. Sind diese Zeiträume abgelaufen, führt eine der oben beschriebenen Nutzungsänderungen nicht mehr zu einer Vorsteuerberichtigung. Der Berichtigungszeitraum beginnt mit der erstmaligen Verwendung des Wirtschaftsguts. Aus Vereinfachungsgründen kann der Beginn immer auf einen Monatsanfang gelegt werden[1]. Erfolgt die erstmalige Verwendung nach dem 15. des Monats, beginnt der Berichtigungszeitraum mit Beginn des 1. des nächsten Monats. Erfolgt die erstmalige Verwendung vor dem 16. des Monats, beginnt der Berichtigungszeitraum mit Beginn des 1. dieses Monats.

Zur Berechnung des Vorsteuerberichtigungsbetrags muß die beim Erwerb gesondert in Rechnung gestellte Vorsteuer zeitanteilig auf die Kalenderjahre des maßgeblichen Berichtigungszeitraums aufgeteilt werden. Weiterhin muß die prozentuale Nutzung des Wirtschaftsguts für vorsteuerunschädliche Umsätze im Kalenderjahr der erstmaligen Verwendung und im Folgejahr ermittelt werden. Ergibt sich hierbei ein Saldobetrag (prozentuale Nutzungsänderung), ist dieser Prozentsatz mit der anteiligen auf diese Kalenderjahre entfallenden Vorsteuer zu multiplizieren, das Ergebnis ergibt den Vorsteuerberichtigungsbetrag. Ist der Saldobetrag negativ (z. B. Kalenderjahr der erstmaligen Verwendung + 80%, Folgejahr + 50% = Nutzungsänderung ./. 30%), ergibt sich eine Vorsteuerberichtigung zuungunsten, ansonsten eine Vorsteuerberichtigung zugunsten. Nach § 44 Abs. 2 Umsatzsteuer-Durchführungsverordnung ist von einer Vorsteuerberichtigung abzusehen, wenn die dort genannten Bagatellgrenzen nicht überschritten sind.

Bei einer Veräußerung oder Entnahme des Wirtschaftsguts ist die Vorsteuerberichtigung für den gesamten restlichen Berichtigungszeitraum durchzuführen[2], wobei der Vorsteuerberichtigungsbetrag im Voranmeldungszeitraum der Veräußerung oder Entnahme anzumelden ist.

Beispiel:
Siehe Tz. 3.1.1 Beispiel 1.

Zum 1.1.08 veräußert der TVR e. V. steuerfrei gem. § 4 Nr. 9a Umsatzsteuergesetz das Gebäude an den Turnverein T e. V. Der Turnverein T e. V. nutzt den Tanzsaal ausschließlich für Gymnastikübungen seiner Mitglieder (ideelle Nutzung). Die übrigen Gebäudeeinheiten werden wie beim Tanzsportverein TVR e. V. genutzt.

---

[1] § 45 UStDV
[2] § 44 Abs. 4 UStDV

Der Tanzsportverein TVR e. V. hat bei der Errichtung des Gebäudes (erstmalige Nutzung ab 1.1.03) die anteilig auf die Vereinsgaststätte (40 000 DM) und die auf den Tanzsaal entfallende Vorsteuer (50 000 DM) geltend gemacht. Hierbei ist zu beachten, daß der TVR e. V. die auf den Tanzsaal entfallende Vorsteuer nur in Höhe von 60% von 50 000 DM = 30 000 DM geltend machen konnte, da die ideelle Nutzung in Höhe von 40% einen steuerfreien Eigenverbrauch gem. § 1 Abs. 1 Nr. 2 b Umsatzsteuergesetz darstellt und insoweit das Vorsteuerabzugsverbot gem. § 15 Abs. 2 Umsatzsteuergesetz auslöst.

Stellungnahme: Vgl. hierzu auch Lösung zu Beispiel bei Tz. 3.2.2. Das Gebäude ist beim Tanzsportverein TVR e. V. in drei selbständige Einheiten aufzugliedern, wobei sich zwei Einheiten im Unternehmensbereich des TVR e. V. und eine Einheit im außerunternehmerischen Bereich befindet.

Veräußert der TVR e. V. das Gebäude an den Turnverein T e. V., liegt zwar zivilrechtlich ein einheitliches Rechtsgeschäft vor, umsatzsteuerrechtlich muß jedoch von drei Lieferungen von Grundstücksteilen ausgegangen werden. Da der T e. V. zwei Grundstücksteile („Tanzsaal" und „Vereinszimmer") im außerunternehmerischen ideellen Bereich nutzt, erfolgen diese beiden Lieferungen an den außerunternehmerischen Bereich des T e. V. Die Lieferung des Grundstücksteils „Vereinsgaststätte" erfolgt an den unternehmerischen Bereich des T e. V.

Eine mögliche Option gem. § 9 Umsatzsteuergesetz bezüglich des Gebäudeteils „Vereinsgaststätte" ist nicht erfolgt.

Es ergibt sich folgende Vorsteuerberichtigung gem. § 15 a Umsatzsteuergesetz:

a) **Gebäudeteil Vereinsgaststätte**

   1. Angefallene Vorsteuer gem. § 15 Abs. 1 Umsatzsteuergesetz: 40 000 DM

   2. Prozentuale Nutzung Gebäudeteil für vorsteuerunschädliche Umsätze im Kalenderjahr der erstmaligen Verwendung (1.1.03 — 31.12.03)   100%

3. Prozentuale Nutzung für vorsteuer**un**schädliche Umsätze ab 1.1.08 (weil steuerfreie Veräußerung)   0%
4. Vorsteuerrelevante Nutzungsänderung
(100 ./. 0) =   ./. 100%
5. Anteilig entfallende Vorsteuer auf die Zeit
vom 1.1.08 — 31.12.12 (Ende Berichtigungs-
zeitraum):   20 000 DM
6. Vorsteuerberichtigung zuungunsten:
20 000 DM x ./. 100 v. H. Nutzungs-
änderung =   ./. 20 000 DM.

Der Vorsteuerberichtigungsbetrag ist in der Voranmeldung Januar
08 in einer Summe anzumelden und an das Finanzamt abzuführen.

Die Vorsteuerberichtigung für den Gebäudeteil Gaststätte hätte
vermieden werden können, wenn der TVR e. V. gem. § 9 Umsatzsteuergesetz zur Steuerpflicht optiert hätte. Infolge der dann steuerpflichtigen Grundstückslieferung wäre es nicht zu einer vorsteuer-
relevanten Nutzungsänderung gekommen.

b) Gebäudeteil Tanzsaal

1. Angefallene Vorsteuer gem. § 15 Abs. 1 Umsatzsteuergesetz: 50 000 DM
(maßgebend ist die in Rechnung gestellte
Vorsteuer und nicht die aufgrund des Vorsteuerabzugsverbots abzugsfähige Vorsteuer)
2. Prozentuale Nutzung Gebäudeteil für vorsteuerunschädliche Umsätze im Kalenderjahr
der erstmaligen Verwendung
(1.1.03 — 31.12.03)   60%
3. Prozentuale Nutzung für vorsteuerunschädliche Umsätze ab 1.1.08 (weil steuerfreie Veräußerung)   0%
4. Vorsteuerrelevante Nutzungsänderung
(60 ./. 0) =   ./. 60%
5. Anteilige entfallende Vorsteuer auf die Zeit
vom 1.1.08 — 31.12.12   25 000 DM

6. Vorsteuerberichtigung zuungunsten:
25000 DM x ./. 60 v.H. Nutzungs-
änderung =   ./. 15000 DM

c) **Gebäudeteil Vereinszimmer**

Da das Vereinszimmer im Kalenderjahr der erstmaligen Verwendung dem ideellen Vereinsbereich zugeordnet ist, ist die auf diesen
Gebäudeteil entfallende Vorsteuer von vornherein **nicht abziehbar**
gem. § 15 Abs. 1 Umsatzsteuergesetz. Es fehlt hierbei die für den
Vorsteuerabzug erforderliche Tatbestandsvoraussetzung ,,Leistung
an das Unternehmen''. Aufgrund dieser Nichtabziehbarkeit der
Vorsteuer entfällt die Anwendung des § 15a Umsatzsteuergesetz.
Die Vorsteuerberichtigungsvorschrift des § 15a Umsatzsteuergesetz
setzt u.a. eine abziehbare Vorsteuer gem. § 15 Abs. 1 Umsatzsteuergesetz voraus.

7 Besteuerungsformen bei Vereinen

Der Verein kann mit seinen Umsätzen unter die

● Kleinunternehmerregelung gem. § 19 Abs. 1 Umsatzsteuergesetz
  oder
● Regelbesteuerung

fallen.

7.1 Kleinunternehmerregelung

7.1.1 Allgemeines

Fällt der Verein unter die Regelung des § 19 Abs. 1 Umsatzsteuergesetz,
wird er — auch wenn er steuerpflichtige Umsätze tätigt — wie ein Nicht-
unternehmer behandelt. Dies bedeutet, er muß die an und für sich steuerpflichtigen Ausgangsumsätze nicht versteuern, darf **keine** Umsatzsteuer
gesondert in Rechnung stellen, hat aber andererseits keinen Vorsteuerabzug. Er ist auch nicht verpflichtet — soweit er vom Finanzamt nicht dazu
aufgefordert wird — Umsatzsteuer-Voranmeldungen und Erklärungen
abzugeben.

Der Verein fällt dann unter die Kleinunternehmerregelung, wenn sein Umsatz i. S. von § 19 Abs. 1 S. 2 Umsatzsteuergesetz:

— **im Vorjahr 20 000 DM** nicht überstiegen hat
  und
— **im laufenden Kalenderjahr 100 000 DM voraussichtlich** nicht übersteigen wird.

Zum Umsatz in diesem Sinne rechnen im Normalfall bei einem Verein:

— die steuerpflichtigen Lieferungen und sonstigen Leistungen zuzüglich Umsatzsteuer,
— der steuerpflichtige Eigenverbrauch zuzüglich Umsatzsteuer.

Zum Umsatz in diesem Sinne rechnen **nicht**:

— steuerpflichtige Umsätze des Anlagevermögens zuzüglich Umsatzsteuer,
— steuerfreie Umsätze nach § 4 Nr. 7 ff. Umsatzsteuergesetz; im Vereinsbereich insbesondere:

● § 4 Nr. 9a Grundstücksveräußerungen (Tz. 3.2, sofern Hilfsumsätze)
● § 4 Nr. 9b Lotterieumsätze (Tz. 3.4.1)
● § 4 Nr. 12a Grundstücksvermietungen (Tz. 3.3)
● § 4 Nr. 16 Umsätze mit Krankenhäusern, Altenheime (Tz. 3.4.2)
● § 4 Nr. 20 Umsätze von Musikkapellen, Chören (Tz. 3.4.3)
● § 4 Nr. 22a Vorträge, Kurse (Tz. 3.4.4)
● § 4 Nr. 22b Startgelder (Tz. 3.4.5)
● § 4 Nr. 23 Beherbergung und Beköstigung von Jugendlichen (Tz. 3.4.6)
● § 4 Nr. 24 Jugendherbergsumsätze (Tz. 3.4.7)

Näheres zum Umsatzbegriff siehe Abschn. 246 Abs. 2 Umsatzsteuerrichtlinien.

Für die Prüfung, ob die vorgenannten Umsatzgrenzen überschritten sind, ist der Umsatz stets nach den in dem betreffenden Kalenderjahr dem Verein tatsächlich zugeflossenen Entgelten zu berechnen.

Für die 100 000 DM-Grenze kann im Schätzungswege zu Beginn des laufenden Kalenderjahres das Überschreiten oder Nicht-Überschreiten festgestellt werden (Abschn. 246 Abs. 3 Umsatzsteuerrichtlinien).

7.1.2 Verzicht auf die Kleinunternehmerregelung

Die Kleinunternehmerregelung wirkt sich dann für den Verein ungünstig aus, wenn hohe Vorsteuerbeträge bei ihm anfallen bzw. wenn er die bei ihm entstandene Umsatzsteuer zum großen Teil kostenneutral überwälzen kann. In einem solchen Fall kann der Verein dem Finanzamt erklären, daß er auf die Anwendung des § 19 Abs. 1 Umsatzsteuergesetz verzichtet. Er unterliegt damit der Besteuerung nach den allgemeinen Vorschriften des Gesetzes, die die Anwendung des § 19 Abs. 3 Umsatzsteuergesetz einschließt (Steuerabzugsbetrag, vgl. Tz. 7.2).

Die Erklärungen nach § 19 Abs. 2 Satz 1 Umsatzsteuergesetz kann der Verein bis zur Unanfechtbarkeit der Steuerfestsetzung abgeben. Im einzelnen gilt hierzu folgendes:

● Die Erklärung gilt vom Beginn des Kalenderjahres an, für das der Verein sie abgegeben hat. Beginnt der Verein seine gewerbliche oder berufliche Tätigkeit während des Kalenderjahres, so gilt die Erklärung vom Beginn dieser Tätigkeit an.

● Für die Erklärung ist keine bestimmte Form vorgeschrieben. Berechnet der Verein in den Umsatzsteuer-Voranmeldungen oder in der Umsatzsteuer-Erklärung die Steuer nach den allgemeinen Vorschriften des Umsatzsteuergesetzes, so ist darin grundsätzlich eine Erklärung i. S. des § 19 Abs. 2 Satz 1 Umsatzsteuergesetz zu erblicken.

● Hinsichtlich der Steuerfestsetzung ist zu berücksichtigen, daß die Umsatzsteuer eine Anmeldungssteuer ist. Die abzugebende Steuererklärung steht deshalb — erforderlichenfalls nach Zustimmung der Finanzbehörde — einer Steuerfestsetzung gleich[1].

● Eine Steuerfestsetzung ist unanfechtbar, wenn auf die Einlegung eines Rechtsbehelfs wirksam verzichtet oder ein Rechtsbehelf wirksam zurückgenommen worden ist, wenn die einmonatige Rechtsbehelfsfrist ohne Einlegung eines förmlichen Rechtsbehelfs abgelaufen oder wenn gegen den Verwaltungsakt oder die gerichtliche Entscheidung kein Rechtsbehelf mehr gegeben ist.

---

[1] § 168 Abgabenordnung

7.2 Regelbesteuerung mit Steuerabzugsbetrag

Bei Vereinen, die nicht unter die Befreiung für Kleinunternehmen fallen, weil z.B. der Vorjahresumsatz i.S. von § 19 Abs. 1 Umsatzsteuergesetz über 20000 DM liegt, und deren Netto-Umsätze im **laufenden Kalenderjahr** 60000 DM nicht übersteigen, wird die Umsatzsteuer auf die erzielten Umsätze nicht voll erhoben, sondern um einen — nach der Umsatzhöhe gestaffelten — Steuerabzugsbetrag gemindert[1]. Der Abzugsbetrag beträgt bis zu einem Umsatz von 20500 DM im Jahr 80% und vermindert sich bei einem höheren Umsatz für jeweils 500 DM um einen Prozentpunkt. Aus Abb. 15 kann der im Einzelfall maßgebliche Vomhundertsatz abgelesen werden.

Zu dem für den Steuerabzugsbetrag maßgeblichen Umsatz i.S. von § 19 Abs. 3 S. 2 Umsatzsteuergesetz rechnen bei einem Verein im Normalfall

● die steuerpflichtigen Lieferungen und sonstigen Leistungen **abzüglich** Umsatzsteuer
● der steuerpflichtige Eigenverbrauch **abzüglich** Umsatzsteuer.

Zum Umsatz i.S. von § 19 Abs. 3 S. 2 Umsatzsteuerrichtlinien rechnen **nicht:**

● steuerfreie Umsätze nach § 4 Nr. 7ff. Umsatzsteuergesetz; vgl. Tz. 7.1.1.

---

[1] § 19 Abs. 3 Umsatzsteuergesetz

Abb. 15: Tabelle für den Steuerabzugsbetrag von Kleinunternehmen bei der Umsatzsteuer

Lfd. Nr.	Maßgeblicher Umsatz		v. H.-Satz	Lfd. Nr.	Maßgeblicher Umsatz		v. H.-Satz
	mehr als	bis einschließlich			mehr als	bis einschließlich	
1	0	20 500	80	41	40 000	40 500	40
2	20 500	21 000	79	42	40 500	41 000	39
3	21 000	21 500	78	43	41 000	41 500	38
4	21 500	22 000	77	44	41 500	42 000	37
5	22 000	22 500	76	45	42 000	42 500	36
6	22 500	23 000	75	46	42 500	43 000	35
7	23 000	23 500	74	47	43 000	43 500	34
8	23 500	24 000	73	48	43 500	44 000	33
9	24 000	24 500	72	49	44 000	44 500	32
10	24 500	25 000	71	50	44 500	45 000	31
11	25 000	25 500	70	51	45 000	45 500	30
12	25 500	26 000	69	52	45 500	46 000	29
13	26 000	26 500	68	53	46 000	46 500	28
14	26 500	27 000	67	54	46 500	47 000	27
15	27 000	27 500	66	55	47 000	47 500	26
16	27 500	28 000	65	56	47 500	48 000	25
17	28 000	28 500	64	57	48 000	48 500	24
18	28 500	29 000	63	58	48 500	49 000	23
19	29 000	29 500	62	59	49 000	49 500	22
20	29 500	30 000	61	60	49 500	50 000	21
21	30 000	30 500	60	61	50 000	50 500	20
22	30 500	31 000	59	62	50 500	51 000	19
23	31 000	31 500	58	63	51 000	51 500	18
24	31 500	32 000	57	64	51 500	52 000	17
25	32 000	32 500	56	65	52 000	52 500	16
26	32 500	33 000	55	66	52 500	53 000	15
27	33 000	33 500	54	67	53 000	53 500	14
28	33 500	34 000	53	68	53 500	54 000	13
29	34 000	34 500	52	69	54 000	54 500	12
30	34 500	35 000	51	70	54 500	55 000	11
31	35 000	35 500	50	71	55 000	55 500	10
32	35 500	36 000	49	72	55 500	56 000	9
33	36 000	36 500	48	73	56 000	56 500	8
34	36 500	37 000	47	74	56 500	57 000	7
35	37 000	37 500	46	75	57 000	57 500	6
36	37 500	38 000	45	76	57 500	58 000	5
37	38 000	38 500	44	77	58 000	58 500	4
38	38 500	39 000	43	78	58 500	59 000	3
39	39 000	39 500	42	79	59 000	59 500	2
40	39 500	40 000	41	80	59 500	60 000	1

Beispiel:
Beim Musikverein MV e. V. sind im Kalenderjahr 02 folgende Einnahmen angefallen:

	Netto-Umsatz DM	USt DM
1 Außerunternehmerischer Bereich		
1.1 Mitgliederbeiträge	30 000	0
1.2 Spenden	16 000	0
1.3 Zuschüsse	10 000	0
2. Unternehmerischer Bereich		
2.1 Wirtschaftlicher Geschäftsbetrieb		
2.1.1 Vereinsgaststätte (14 v. H.)	33 500	4 690
2.1.2 Bandenwerbung (14 v. H.)	3 200	448
Zweckbetriebe		
2.2 Kulturelle Veranstaltungen		
2.2.1 Eintrittsgelder (7 v. H.)	8 500	595
2.2.2 Startgelder (§ 4 Nr. 22 b UStG)	11 000	0
2.2.3 Musikunterricht		
(§ 4 Nr. 22 a UStG)	25 000	0
2.3 Gesellige Veranstaltungen		
2.3.1 Eintrittsgelder Vereinsfeste		
(7 v. H.)	5 000	350
2.3.2 Tombola (§ 4 Nr. 9 b UStG)	3 000	0
insgesamt	145 200	6 083

An abzugsfähigen Vorsteuern sind im Kalenderjahr 02 beim Verein 3 500 DM angefallen. Der Verein fällt unter die Regelbesteuerung, weil sein steuerpflichtiger Umsatz mehr als 20 000 DM im Kalenderjahr 01 betrug.

Stellungnahme: Da die Ausgangs-Umsatzsteuer beim Verein 6 083 DM und die abzugsfähige Vorsteuer 3 500 DM beträgt, beläuft sich die Steuerschuld (Zahllast) **ohne** Steuerabzugsbetrag auf:

Ausgangs-Umsatzsteuer	6083 DM
./. Vorsteuer	3500 DM
Zahllast	2583 DM

Zu prüfen ist, ob der Verein im Kalenderjahr 02 diese Zahllast noch um einen Steuerabzugsbetrag kürzen kann. Hierzu ist die Höhe des im Kalenderjahr 02 getätigten Netto-Umsatzes zu ermitteln. Zu diesem Netto-Umsatz rechnen die Einnahmen lt. Tz:

2.2.1 Vereinsgaststätte	33500 DM
2.1.2 Bandenwerbung	3200 DM
2.2.1 Eintrittsgelder kulturelle Veranstaltungen	8500 DM
2.3.1 Eintrittsgelder Vereinsfeste	5000 DM
insgesamt	50200 DM

Nicht zum Netto-Umsatz nach § 19 Abs. 3 Umsatzsteuergesetz rechnen die Einnahmen im außerunternehmerischen Bereich (sie sind umsatzsteuerrechtlich überhaupt nicht zu erfassen) und die steuerfreien Einnahmen gem. § 4 Nr. 9b und 22 Umsatzsteuergesetz.

Dem Verein steht somit ein Steuerabzugsprozentsatz (vgl. Abb. 15) in Höhe von 20% zu. Er kann seine Zahllast von 2583 DM um diese 20% = 516,60 DM kürzen. Die Steuerschuld für das Kalenderjahr 02 berechnet sich beim Verein insgesamt wie folgt:

Ausgangs-Umsatzsteuer	6083,00 DM
./. Vorsteuer	3500,00 DM
Zahllast	2583,00 DM
./. Abzugsbetrag	516,60 DM
Steuerschuld 02	2066,40 DM

8 Besteuerungsverfahren

Bei der Umsatzsteuer gilt das sog. Veranlagungsprinzip. Der Verein muß die bei ihm entstandene Umsatzsteuer bzw. den Vergütungsanspruch für einen vorgeschriebenen Zeitraum selbst berechnen und an das Finanzamt abführen.

Das Umsatzsteuergesetz unterscheidet dabei zwischen

● dem Voranmeldungsverfahren
und
● dem Jahressteuererklärungsverfahren.

Fällt der Verein unter die Kleinunternehmerregelung ist er grundsätzlich nur dann zur Abgabe von Umsatzsteuer-Erklärungen verpflichtet, wenn er hierzu vom Finanzamt ausdrücklich aufgefordert wird.

8.1 Voranmeldungsverfahren

8.1.1 Zeiträume

Im Rahmen des Voranmeldungsverfahrens hat der Verein für einen bestimmten Voranmeldungszeitraum eine Umsatzsteuer-Voranmeldung abzugeben. Der Voranmeldungszeitraum umfaßt grundsätzlich einen Kalendermonat[1].

Davon abweichend muß der Verein nur vierteljährlich Voranmeldungen abgeben, wenn die Steuerschuld im **Vorjahr** nicht mehr als 6000 DM beträgt[2].

Beträgt die Steuerschuld im **Vorjahr** nicht mehr als 600 DM, kann der Verein auf Antrag von der Abgabe der vierteljährlichen Voranmeldungen vom Finanzamt befreit werden[3].

8.1.2 Abgabefrist

Die Voranmeldung ist grundsätzlich bis zum 10. Tag nach Ablauf des Voranmeldungszeitraums beim Finanzamt einzureichen.

Der Verein kann aber noch eine Schonfrist[4] von fünf Tagen in Anspruch nehmen, so daß er für die Abgabe der Voranmeldungen Zeit bis zum 15. Tage nach Ablauf des Voranmeldungszeitraumes hat. Fällt der 10. Tag oder der 15. Tag auf einen Samstag, Sonntag oder gesetzlichen Feiertag, verschiebt sich die Frist auf den nächsten Werktag.

---

[1] § 18 Abs. 1 Umsatzsteuergesetz
[2] § 18 Abs. 2 Umsatzsteuergesetz
[3] § 18 Abs. 2 S. 3 Umsatzsteuergesetz
[4] § 240 Abgabenordnung

Beispiel:
Die Voranmeldung für Januar 1987 ist grundsätzlich bis zum 10.2.1987 (Di) abzugeben. Unter Ausnützung der Schonfrist verlängert sich die Frist bis zum 15.2.1987. Da aber der 15.2.1987 ein Sonntag ist, verschiebt sich die Frist auf den nächsten Werktag, nämlich Montag, den 16.2.1987.

Wird die Voranmeldung nach dieser Frist verspätet eingereicht, kann vom Finanzamt ein Verspätungszuschlag festgesetzt werden[1].

8.1.3 Zahlungsfrist

Die Zahlungsfrist ist mit der Abgabefrist der Voranmeldungen identisch.

Die selbst errechnete Steuerschuld gilt dann als bezahlt und somit erloschen, wenn bei einer Zahlung mit **Überweisungsträgern** der Zahlungsbetrag auf dem Finanzamtskonto gutgeschrieben worden ist. Wird dem Finanzamt ein **Verrechnungsscheck** als Zahlungsmittel übergeben, gilt die Zahlung bereits beim Eingang des Schecks bei der Finanzkasse als erfolgt. Auf die Gutschrift des Schecks auf dem Finanzamtskonto kommt es nicht an.

Die Schonfrist gilt auch für die Zahlung. Erfolgt die Zahlung — nach Ablauf der fünftägigen Schonfrist — verspätet, wird vom Finanzamt ein Säumniszuschlag von 1% der Steuerschuld für jeden angefangenen Monat der Säumnis erhoben.

8.1.4 Dauerfristverlängerung

Ist es dem Verein zeitlich nicht möglich, die Voranmeldung spätestens bis zum 15. Tag nach Ablauf des Voranmeldungszeitraums einzureichen, kann er beim Finanzamt einen Antrag auf Dauerfristverlängerung stellen[2]. Dem Antrag wird in der Regel stillschweigend vom Finanzamt stattgegeben. Dadurch verlängert sich die Abgabefrist für die betreffende Voranmeldung um einen Monat. Die Voranmeldung für den Monat Ja-

---

[1] § 152 Abgabenordnung
[2] § 46 Umsatzsteuer-Durchführungsverordnung

nuar muß vom Verein also nicht bis zum 10. (15.) Februar, sondern erst
bis zum 10. (15.) März beim Finanzamt eingereicht werden. Entsprechend verschiebt sich die Abgabefrist für die nachfolgenden Voranmeldungen.

Bei Vereinen, die Voranmeldungen monatlich abzugeben haben, wird die
Fristverlängerung nur unter der Auflage gewährt, daß sie eine Sondervorauszahlung entrichten[1]. Die Sondervorauszahlung beträgt 1/11 der Summe der Umsatzsteuer-Vorauszahlungen für das vorangegangene Kalenderjahr. Die Sondervorauszahlung hat der Verein auf einen amtlichen
Vordruck (beim Finanzamt erhältlich) selbst zu berechnen und anzumelden. Der Antrag ist spätestens zu dem Zeitpunkt abzugeben, an dem die
Voranmeldung, für die die Fristverlängerung erstmalig beantragt wird,
ohne Dauerfristverlängerung hätte abgegeben werden müssen. Zu diesem
Zeitpunkt ist die angemeldete Sondervorauszahlung auch zu entrichten.

Beispiel:
Der Musikverein MS e. V. beantragt beim Finanzamt Dauerfristverlängerung für die Abgabe der monatlichen Voranmeldungen ab Januar 02. Die Summe seiner Umsatzsteuer-Vorauszahlungen für das
Kalenderjahr 01 beträgt 10000 DM. Die für die Voranmeldung Januar
02 angemeldete Steuerschuld beträgt 1600 DM.

Stellungnahme: Der Verein muß bis zum 10. (15.) Februar 02 eine
Sondervorauszahlung von 1/11 v. 10000 DM = 909,09 DM beim Finanzamt anmelden und bezahlen. Die Voranmeldung für den Monat
Januar 02 muß der Verein erst bis zum 10. (15.) März 02 beim Finanzamt abgeben und bis dahin die Steuerschuld von 1600 DM bezahlen.

In der Voranmeldung für den Monat Dezember 02, die am 10. (15.)
Februar 03 abzugeben ist, muß der Verein die im Februar 02 geleistete
Sondervorauszahlung mit der dortigen Steuerschuld verrechnen. Der
Differenzbetrag ist dann an die Finanzkasse zu entrichten.

---

[1] § 47 Umsatzsteuer-Durchführungsverordnung

8.2 Jahressteuererklärungsverfahren

Nach Ablauf eines Kalenderjahres ist vom Verein eine Jahressteueranmeldung für das gesamte Kalenderjahr abzugeben. Die Abgabefrist richtet sich nach den allgemeinen Abgabefristen für Steuererklärungen.

Ergeben sich Abweichungen zu der in den Voranmeldungen erklärten Steuerschuld, ist ein evtl. Nachzahlungsbetrag (Abschlußzahlung) innerhalb eines Monats seit Abgabe der Erklärung an das Finanzamt zu entrichten. Ist der Abschlußzahlungsbetrag sehr hoch, kann vom Finanzamt ein Ermittlungsverfahren über Steuerhinterziehung wegen nicht rechtzeitiger Anmeldung von Steuern eingeleitet werden. Regelmäßig wird allerdings die Abgabe der Jahreserklärung und die Entrichtung der Abschlußzahlung als strafbefreiende Selbstanzeige behandelt.

O Aufzeichnungen und Buchführungspflicht

1 Allgemeines

Normalerweise wird ein Verein nicht buchführungspflichtig sein, denn hierzu ist erforderlich, daß

● die Umsätze mehr als 500 000 DM (ohne die steuerfreien Lotterieumsätze, vgl. Teil M) im Kalenderjahr betragen oder
● der Einheitswert des wirtschaftlichen Geschäftsbetriebs — z.B. bei einem selbstbewirtschafteten Vereinsheim — mehr als 125 000 DM beträgt oder
● der Gewinn aus dem wirtschaftlichen Geschäftsbetrieb jährlich 36 000 DM übersteigt.

Allerdings ist der Verein bereits dann buchführungspflichtig, wenn eine der vorstehenden Grenzen überschritten ist[1].

Die Buchführungspflicht beginnt jedoch erst mit dem 1.1., der auf eine entsprechende Aufforderung durch das Finanzamt folgt[2]. Ist eine solche Aufforderung noch nicht erfolgt, besteht auch keine Verpflichtung zur Führung von Büchern im Sinne der Bilanzierungsvorschriften.

2 Aufzeichnungen ohne Buchführungspflicht

Auch ohne eine Buchführungspflicht hat der Verein nach folgenden Vorschriften aufgrund steuerlicher Vorschriften Aufzeichnungen zu machen:

● § 143 Abgabenordnung
  Aufzeichnung des Wareneingangs
● § 144 Abgabenordnung
  Aufzeichnung des Warenausgangs
● § 4 Abs. 3 Einkommensteuergesetz
  Aufzeichnung der Betriebseinnahmen und Betriebsausgaben

---

[1] § 141 Abgabenordnung
[2] Vgl. § 141 Abs. 2 Abgabenordnung

- § 4 Abs. 7 Einkommensteuergesetz
  Aufzeichnung bestimmter nicht abzugsfähiger Betriebsausgaben, wie Geschenke (nicht jedoch im ideellen Bereich), Bewirtung von Personen (nicht ideeller Bereich), überhöhte tatsächliche Mehraufwendungen für Verpflegung
- § 6 Abs. 2 Einkommensteuergesetz
  Aufzeichnung der im wirtschaftlichen Geschäftsbetrieb abgesetzten geringwertigen Wirtschaftsgüter über 100 DM
- § 7a Abs. 8 Einkommensteuergesetz
  Aufzeichnungen bei erhöhten Abschreibungen
- § 41 Einkommensteuergesetz
  Pflicht zur Führung eines Lohnkontos, wenn Arbeitslohn ausbezahlt wird. In den Fällen der sog. Pauschalierung (vgl. Teil E Tz. 5) genügt ein unterschriebener Lohnzettel.
- § 22 Umsatzsteuergesetz
  Verpflichtung zur Aufzeichnung der Berechnung der Umsatzsteuer und deren Grundlagen.

3 Einnahme-Überschuß-Rechnung

Soweit keine Buchführungspflicht besteht, kann der Überschuß aus dem Zweckbetrieb und dem wirtschaftlichen Geschäftsbetrieb § 4 Abs. 3 Einkommensteuergesetz ermittelt werden. Hierzu werden von den Betriebseinnahmen die Betriebsausgaben abgesetzt.

Die Aufzeichnung der Betriebsausgaben und Betriebseinnahmen kann in einem sog. Journal erfolgen, welches entsprechend Abb. 16 unterteilt werden kann.

Es ist zulässig, für größere Veranstaltungen (Vereinsfeste etc.) die Einnahmen und Ausgaben in einer **Nebenrechnung** festzuhalten und nur das Gesamtergebnis in das Journal zu übernehmen.

Größere Vereine werden entweder jeden Bereich oder zumindest den wirtschaftlichen Geschäftsbetrieb von den übrigen Bereichen getrennt in gesonderten Büchern führen.

Bestehen „**selbständige Abteilungskassen**", d.h. jede Abteilung hat ihren eigenen Kassier und ihre eigene Einnahmen- und Ausgaben-Rechnung, so muß für diese Kassen ebenfalls ein Journal mit den getrennten Geschäfts-

Abb. 16: Journal zur Aufzeichnung der Einnahmen und Ausgaben

Bezeichn. des Einnahmen/ Ausgaben-zwecks	Kasse		Bank		Vermerk der Vorsteuer-beträge	Steuer-pflicht. Umsätze		Einnahmen							Ausgaben					
	E	A	E	A		7%	14%	ideeller Bereich	Ver-mögens-ver-waltung	Sport. Veran-stal-tungen	gesellige Veran-staltungen	wirtschaft-licher Geschäfts-betrieb*		ideeller Bereich	Ver-mögens-ver-waltung	sportl. Veran-staltungen	gesell. Veran-staltungen	wirtschaftl. Geschäftsbetrieb	

E = Einnahmen, A = Ausgaben
* Werden mehrere Betriebe dieser Art unterhalten, so wird empfohlen, für jeden Betrieb eine gesonderte Spalte einzurichten.

bereichen unterhalten und das Jahresergebnis in die Buchhaltung der Hauptkasse übernommen werden. Steuerpflichtig ist immer der Gesamtverein, der sich die Handlungen der einzelnen Abteilungen auch steuerlich zurechnen lassen muß. Je mehr der „Hauptkassier" auf eine geordnete Buchführung und saubere Trennung der Geschäftsbereiche bei den Abteilungskassieren achtet, um so leichter wird seine Erklärung gegenüber dem Finanzamt.

Abb. 17 und 18 sollen als Anhalt dafür dienen, welche Arten von Einnahmen und Ausgaben zu welchem Geschäftsbereich gehören:

Abb. 17: Einnahmenseite eines gemeinnützigen Vereins

Ideeller Bereich	Vermögensverwaltung	Zweckbetrieb kulturelle Veranstaltung	Zweckbetrieb sportliche Veranstaltung	Zweckbetrieb gesellige Veranstaltung	wirtschaftlicher Geschäftsbetrieb
• Beiträge	• Zinsen	• Eintrittsgelder	• Eintrittsgelder	• Eintrittsgelder	• Gaststättenbetrieb
• Aufnahmegebühren	• Pachteinnahmen	• Teilnehmergebühren	• Startgelder	• Einnahmen aus Tombola, Versteigerung	• Banden- und Trikotwerbung
• Spenden	• Mieteinnahmen	• Auftrittsgelder	• Ablösesumme bei Freigabe von Sportlern bis 5 000 DM	• Speisen und Getränkeumsätze, soweit Trennung der geselligen Veranstaltung vom eventuell vorhandenem Gaststättenbetrieb möglich und Zutritt beschränkt	• Stundenweise Vermietung an Nichtmitglieder
• Zuschüsse von Verbänden, Gemeinden usw.	• Erträge aus Wertpapieren	• Einnahmen aus Studienreisen	• Einnahmen aus Sportunterricht	• Verkauf von Zeitschriften, Festabzeichen	• Inserateinnahmen
			• Einnahmen aus Sportreisen		• gesellige Veranstaltungen, an denen überwiegend Nichtmitglieder teilnehmen (Stadtfeste, „Hocketse"!)
			• Beiträge von Gastmannschaften		• Altmaterialsammlungen
			• Platzgebühren bei Vermietung an Mitglieder (z. B. Reit- und Tennisanlagen)		• Erholungsreisen und Ausflüge
					• Sportveranstaltung mit „bezahlten" Sportlern

Abb. 18: Ausgaben

Ideeller Bereich	Vermögensverwaltung	kulturelle Veranstaltungen	sportliche Veranstaltungen	gesellige Veranstaltungen	wirtschaftlicher Geschäftsbetrieb
• (anteilige) Personalkosten • (anteilige) Raumkosten • Kosten der Mitgliederverwaltung (Büromaterial, Porto, Telefon, Geldeinzug) • Verbandsabgaben • Mitgliederpflege (Vereinsmitteilungen, Geschenke, Jubiläum, Ehrungen) • Kosten der Lehr- und Jugendarbeit • sonstige Kosten ideeller Bereich	• Bankspesen • Reparaturkosten für verpachtete Immobilien • Abschreibung auf Gebäude und sonstige verpachtete Wirtschaftsgüter • Steuern und Gebühren aus Grundbesitz • sonstige Kosten aus Vermietung (z. B. Zinsen, Hausmeister, Wasser für Immobilien)	einer einzelnen Veranstaltung *direkt* zuzuordnende Kosten • Reisekosten/Spesenersatz • Saalmieten • Honorare für Künstler, Ordner, Musiker • Gebühren (Versicherung (Gema) • Werbung • Druckkosten • sonst. Kosten Gesamte Jahreskosten im kult. Bereich • Chorleiter • Notenmaterial • Raumkosten • Abschreibung für vereinseigene Instrumente und Uniformen (voll oder über AfA) • Ausstattung Übungsraum • sonstige	einer einzelnen Veranstaltung *direkt* zuzuordnende Kosten • Reisekosten/Spesen • Gebühren/Versich. • Organisationskosten • Kassen-, Ordnungs- u. Sanitätsdienst • Platzgebühren • Preis(gelder) • Werbung/sonst. Gebühren • Kostenerstattung für Gastmannschaften Gesamte Jahreskosten im sportl. Bereich • Platzwart, Trainer, Masseur • anteilige Verw.kosten • Kosten d. Sportanlagen (Miete, Strom, Wasser, Heizung, Reparat.) • Reparaturkosten • Abschreibung auf Sportanlagen und Geräte (voll oder über AfA) • gezahlte Umsatzsteuer • Finanzierungskosten (nicht Tilgung)	• Mieten • Künstlerhonorare • Löhne • Werbung, Druckkosten • Gebühren/Versich. (z. B. Gema) • Reisekosten/Transportkosten • Kosten für Zeltaufbau • anteil. Verwaltungskosten • Ausgaben für Speisen- u. Getränkeeinkauf • Abschreibung für dafür angeschaffte Einricht.-gegenstände (Tische, Bänke, Torwand, Bühnenbild; jedoch keine sof. AfA; Abschn. 10 Abs. 2 S. 3 KStR) • sonst. Kosten (Dekoration, Spesenersatz, Bewirtungskosten) • Preise	• Gaststättenbetrieb: wie bei Einzelunternehmen • Banden- und Trikotwerbung: Kosten für Schriften, Kosten der Wirtschaftsgüter, sonstige anteilige Kosten (Reisekosten, Telefon, Porto, Verwaltung) oder anteilige Kosten in Höhe von 25% der Einnahmen aus Banden- und Trikotwerbung (dann aber korrekterweise Kürzung der Ausgaben bei Sportveranstaltungen oder gesellige Veranstaltungen um diese 25%) • Vermietung an Nichtmitglieder: anteilige Kosten der gesamten Sportanlagen im Verhältnis der Nutzung Mitglieder/Nichtmitglieder • Inserateneinnahmen: anteilige Kosten der Vereinszeitung im Verhältnis Seitenzahl Inserate zu Gesamtseitenzahl oder 25% der Einnahmen aus Inseraten, dann Ausgabenkürzung im ideellen oder sportlichen Bereich

* Im übrigen gelten die Grundsätze wie bei Gewerbebetrieben.

Zur „Ausgabenseite" noch folgender Hinweis:

Die Unterscheidung und Aufteilung der Kosten in solche, die **direkt** der einzelnen kulturellen Veranstaltung zugeordnet werden können und in die gesamten sonstigen Jahreskosten, könnte eigentlich dann unterbleiben, wenn die Überschuß-Grenzen für den kulturellen Zweckbetrieb in Höhe von 12 000 DM nicht überschritten werden. Ist aber nicht sicher, ob man unter dieser Freigrenze bleibt, so sollten die einzelnen Veranstaltungen mit Einnahmen und Ausgaben gesondert abgerechnet werden (z. B. „Überschuß aus Pfingstkonzert").

Dazu kann eine eigene Einnahmen-Überschuß-Rechnung erstellt werden. Damit erreicht man eine Erleichterung für den Fall, daß die Freigrenze überschritten wird. Denn in diesem Fall dürfen **nicht** mehr die Kosten aus dem gesamten kulturellen Bereich als Betriebsausgaben den Einnahmen aus der wirtschaftlichen Betätigung entgegengesetzt werden. Vielmehr muß der wirtschaftliche Geschäftsbetrieb, zu dem der Zweckbetrieb wegen Überschreitung der 12 000 DM-Grenze gegebenenfalls geworden ist, getrennt von den übrigen Vereinskosten feststellbar sein (z. B. von den Kosten der Jugendarbeit oder der Seniorenkreise, die nicht mehr verrechnet werden dürfen (Abschnitt 10 Abs. 4 Körperschaftsteuer-Richtlinien). In diesen Fällen dürfen auch nicht mehr die Kosten (AfA) für mehrjährige nutzbare Wirtschaftsgüter (z. B. für Musikinstrumente) auf einmal abgezogen werden. Hier ist eine Verteilung auf die Nutzungsdauer erforderlich (Abschnitt 10 Abs. 2 Körperschaftsteuer-Richtlinien 1985).

4 Kontenrahmen

Bei größeren Vereinen reicht ein Journal nicht aus. Bei diesen Vereinen sollte nach Buchführungsgrundsätzen gebucht werden. Hierzu wird ein sog. Kontenrahmen benötigt. Soweit die Buchführung von einem Steuerberater/Steuerbevollmächtigten eingerichtet oder gar von ihm erledigt wird, bietet sich der Kontenrahmen „Vereine" von DATEV an. Nach unseren Erfahrungen ist es sinnvoll über EDV zu buchen, wenn sämtliche steuerlichen Vorteile und Vergünstigungen beansprucht werden sollen. Dies gilt insbesondere für größere Vereine.

Die Buchführung kann auch mittels eines eigenen Personalcomputers erledigt werden; auf dem Markt gibt es bereits spezielle Programme für Vereine. Bei der Kostenabwägung sollte jedoch beachtet werden, daß das

Steuerrecht sich außerordentlich schnell verändert, so daß solche Programme alsbald überholt sein können, soweit sie nicht gepflegt werden.

Weiterhin sollte die Software ergänzungsfähig sein. Als Ergänzung kommen vor allem in Betracht

● Mitgliederverwaltung,
● Einzug der Vereinsbeiträge,
● Textprogramme usw.

5 Prüfung des Vereins durch die Finanzverwaltung

Aufgrund der geänderten Rechtsprechung im Bereich des § 67 a Abgabenordnung (vgl. Teil B Tz. 7.4) und der geselligen Veranstaltungen (vgl. Teil B Tz. 11.6 und Teil C Tz. 10 und 11.2) sieht sich die Finanzverwaltung offenbar veranlaßt, der Vereinsbesteuerung noch größere Bedeutung beizumessen.

Dies kommt schon dadurch zum Ausdruck, daß zwischenzeitlich bundeseinheitliche Vordrucke (Abb. 19—21) erstellt wurden, die sich nur dann problemlos beantworten lassen, wenn die Aufzeichnungen mit der erforderlichen Sorgfalt gemacht werden.

Es soll abschließend noch darauf hingewiesen werden, daß die Angaben des Vereins vom Finanzamt im Wege einer **Außenprüfung** überprüft werden können. Hierfür kommen folgende Prüfungen in Betracht:

● Lohnsteueraußenprüfung, zur Prüfung, ob Arbeitsverhältnisse vorgelegen haben und die Lohnsteuer richtig abgeführt wurde
● Umsatzsteuersonderprüfung; hier wird die richtige Ermittlung der Umsatzsteuervoranmeldung überprüft
● Betriebsprüfung oder Außenprüfung; bei einer solchen Prüfung können sämtliche Angaben überprüft werden.

Der Prüfungszeitraum beträgt regelmäßig 3 Jahre bei einer Betriebsprüfung oder Lohnsteueraußenprüfung, er kann jedoch auf 5 Jahre ausgedehnt werden. Soweit Steuern hinterzogen worden sind, ist eine Ausdehnung auf 10 Jahre möglich.

Abb. 19: Vordruck Gem 1 — Erklärung

Finanzamt

	Auskunft erteilt:	Zimmer:

Steuernummer	Fernsprecher:	Nebenstelle:

Laufende Nummer des Verzeichnisses
der steuerbegünstigten Körperschaften _____

Abgabefrist:

Reichen Sie bitte die vollständig ausgefüllte Erklärung spätestens zum oben bezeichneten Termin dem Finanzamt ein. Wenn Sie die gesetzte Frist nicht einhalten können, beantragen Sie bitte **rechtzeitig unter Angabe des Grundes** Fristverlängerung. Das beigefügte Zweitstück des Vordruckes ist für Ihre Akten bestimmt. Reichen die vorgesehenen Zeilen nicht aus, so machen Sie bitte weitere Angaben auf besonderem Blatt.

Erklärung

zur Überprüfung von Körperschaften, die gemeinnützigen, mildtätigen oder kirchlichen Zwecken dienen
(§§ 51 – 68 Abgabenordnung, § 5 Abs. 1 Nr. 9 Körperschaftsteuergesetz, § 3 Abs. 1 Nr. 12 Vermögensteuergesetz
und § 3 Nr. 6 Gewerbesteuergesetz)

für das/die Kalenderjahr(e) 19____, 19____, 19____

A. Allgemeine Angaben

Die mit Kreis versehenen Zahlen beziehen sich auf die Erläuterungen zu der Erklärung zur Überprüfung von gemeinnützigen Körperschaften.

Bezeichnung der Körperschaft, Personenvereinigung oder Vermögensmasse

Straße, Hausnummer und Postfach

Postleitzahl	Ort	Telefonisch erreichbar unter Nr.

Ort der Geschäftsleitung

Ort des Sitzes

Vorsitzender oder Geschäftsführer (mit Anschrift)

	Telefonisch erreichbar unter Nr.

Gegenstand des Unternehmens oder Zweck der Körperschaft

Nummer des Bankkontos, Postgirokonto	Bankleitzahl

Geldinstitut (Zweigstelle) und Ort

Name eines von Zeile 1 abweichenden Kontoinhabers (bitte Abtretungserklärung beifügen)

Der Steuerbescheid soll einem von den Zeilen 1 bis 8 **abweichenden Empfangsbevollmächtigten/Postempfänger** zugesandt werden

Zustellungsvollmacht   ☐ ist beigefügt.   ☐ liegt dem Finanzamt vor.

Abschrift der **Satzung** in der zur Zeit gültigen Fassung vom   ☐ ist beigefügt.   ☐ liegt dem Finanzamt vor.

Abschrift des Beschlusses über die Festsetzung der
Mitgliederbeiträge und Aufnahmegebühren für das/die o.g. Kalenderjahr(e)   ☐ ist beigefügt.   ☐ liegt dem Finanzamt vor.

B. Einzelangaben

	19____	19____	19____
1. Ideeller Tätigkeitsbereich ❶	DM	DM	DM
Einnahmen (z.B. Beiträge, Spenden, Zuschüsse)			
Ausgaben	–	–	–
Überschuß / Fehlbetrag			
2. Vermögensverwaltung ⓰			
Einnahmen (z.B. Zinsen, Miet- und Pachteinnahmen)			
Ausgaben	–	–	–
Überschuß / Fehlbetrag			
3. Zweckbetriebe ❸			
a) Kulturelle Einrichtungen und Veranstaltungen ⓪			
(z.B. Museen, Theater, Konzerte, Ausstellungen)			
Einnahmen			
Ausgaben	–	–	–
Überschuß / Fehlbetrag			
b) Gesellige Veranstaltungen ⓵			
(z.B. Weihnachtsfeiern und sonstige gesellige Veranstaltungen			
für Mitglieder)			
Einnahmen			
Ausgaben	–	–	–
¹ Überschuß / Fehlbetrag			
c) Sportliche Veranstaltungen ❼			
(Sportveranstaltungen, die nicht als wirtschaftliche			
Geschäftsbetriebe anzusehen sind – § 67 a AO)			
Einnahmen			
Ausgaben	–	–	–
Überschuß / Fehlbetrag			

d) Sonstige(r) als Zweckbetrieb zu behandelnde(r) wirtschaftliche(r) Geschäftsbetrieb(e) ●

(Art des Betriebes)	Bitte Aufstellung der Einnahmen und Ausgaben beifügen!	19___ DM	19___ DM	19___ DM
	Überschuß / Fehlbetrag			
	Überschuß / Fehlbetrag			
	Überschuß / Fehlbetrag			

aa) Nur bei Einrichtungen der Wohlfahrtspflege:

Dient die Einrichtung in besonderem Maße Personen im Sinne des § 53 AO (§ 66 AO)? ●

☐ Nein   ☐ Ja   (Bitte angeben, wie Sie sich davon überzeugt haben, daß der von Ihnen betreute Personenkreis bedürftig im Sinne des § 53 AO ist)

bb) Nur bei Krankenhäusern:

Liegen die Voraussetzungen des § 67 AO vor? ●

☐ Nein   ☐ Ja   (Bitte begründen)

cc) Nur bei Sportvereinen:

Bitte Anlage Sportvereine beifügen. ●

4. Steuerpflichtige wirtschaftliche Geschäftsbetriebe – bitte Gewinnermittlung beifügen – ●

(z.B. Gaststätte, Verkauf von Speisen und Getränken, Veranstaltung mit unbegrenztem Zutritt für Nichtmitglieder und gewerblichem Zuschnitt, Werbung, Sportveranstaltungen, die nicht als Zweckbetriebe anzusehen sind – § 67 a AO.)

(Art des Betriebes)		19___	19___	19___
	Gewinn / Verlust			
	Gewinn / Verlust			
	Gewinn / Verlust			

(Werden weitere wirtschaftliche Geschäftsbetriebe unterhalten, ggf. auf Beiblatt erläutern.)

Bitte reichen Sie – soweit vorhanden – zu den vorstehenden Nrn. 1. – 4. die Jahresrechnung, Bilanz, Gewinn- und Verlustübersicht, den Geschäftsbericht usw. unverkürzt ein. Soweit keine Bilanzen erstellt werden, fügen Sie bitte insbesondere eine möglichst weitgehend aufgegliederte Aufstellung über sämtliche Einnahmen und Ausgaben bei. Soweit dabei Einnahmen oder Ausgaben zu verteilen sind, ist zu beachten, daß diese nicht mehrfach berücksichtigt werden.

Die Einnahmen und die Ausgaben aus den wirtschaftlichen Geschäftsbetrieben – ausgenommen Zweckbetrieben – sind gesondert zusammenzustellen. Dabei sind nur solche Ausgaben abziehbar, die unmittelbar mit den wirtschaftlichen Geschäftsbetrieben und den daraus erzielten Einnahmen zusammenhängen.

Sie können für die Aufgliederung der Einnahmen und Ausgaben der einzelnen Vereinsbereiche das anliegende Musterformular verwenden.

5. Vermögen

Wie hoch war das Vermögen am 1. 1. des/der o.g. Kalenderjahres/-jahre?   `DM ____`   Bitte Vermögensaufstellung(en) beifügen.

6. Vergütungen / Zuwendungen

Erhalten Mitglieder, Gesellschafter oder außenstehende Personen laufende Vergütungen oder andere Zuwendungen?

☐ Nein   ☐ Ja   (Bitte Höhe und Zweck angeben)

Name und Anschrift des Empfängers	Zweck der Vergütung/Zuwendung	DM

Ist für die umseitig genannten Vergütungen/Zuwendungen ein Steuerabzug (Lohnsteuer/Kirchensteuer) an das zuständige Finanzamt abgeführt worden?

☐ Nein ☐ Ja

7. Rücklagenbildung ❶
Sind Rücklagen i.S. des § 58 Nr. 6 und/oder § 58 Nr. 7 AO gebildet worden?

☐ Nein ☐ Ja (Bitte erläutern)

8. Mildtätige Zwecke ❹
Verfolgt die Körperschaft mildtätige Zwecke i.S. des § 53 AO?

☐ Nein ☐ Ja (Bitte angeben, wie Sie sich davon überzeugt haben, daß der von Ihnen betreute Personenkreis bedürftig im Sinne des § 53 AO ist)

C. Sonstiges

Es wird darauf hingewiesen, daß dem zuständigen Finanzamt nach § 137 AO die Umstände anzuzeigen sind, die für die steuerliche Erfassung von Bedeutung sind, insbesondere der Erwerb der Rechtsfähigkeit, die Änderung der Rechtsform, die Beschlüsse, durch die für steuerliche Vergünstigungen wesentliche Satzungsbestimmungen geändert werden, die Verlegung der Geschäftsleitung oder des Sitzes und die Auflösung. Mitteilungen dieser Art sind innerhalb eines Monats seit dem meldepflichtigen Ereignis zu erstatten (§ 137 Abs. 2 AO).

Diese Erklärung ist eine Steuererklärung im Sinne der Abgabenordnung.

Unterschrift

Ich versichere, daß die tatsächliche Geschäftsführung den satzungsmäßigen Zwecken entspricht und daß ich die Angaben in dieser Erklärung und in den ihr beigefügten Anlagen nach bestem Wissen und Gewissen richtig und vollständig gemacht habe.

Bei der Anfertigung dieser Erklärung hat mitgewirkt:
(Name, Anschrift, Rufnummer)

Ort, Datum

_____

(Unterschrift)

Die Steuererklärung muß vom gesetzlichen Vertreter bzw. vom Vertretungsberechtigten der Körperschaft eigenhändig unterschrieben sein.

Hinweis nach den Vorschriften der Datenschutzgesetze: Die mit der Steuererklärung angeforderten Daten werden auf Grund der §§ 149 ff. der Abgabenordnung erhoben.

Abb. 20: Gem 1 — Erläuterungen

Erläuterungen zu der Erklärung zur Überprüfung von gemeinnützigen Körperschaften

(zum Vordruck Gem 1)

● Die **Mittel der Körperschaft** dürfen nur für die satzungsmäßigen Zwecke verwendet werden.

„Mittel" sind sowohl alle Einkünfte als auch Zuwendungen (Spenden). Auch der Gewinn aus wirtschaftlichem Geschäftsbetrieb – sei es ein Zweckbetrieb im Sinne der §§ 65 bis 68 AO oder nicht – darf nur zu satzungsmäßigen (begünstigten) Zwecken verwendet werden. Die Mittel müssen grundsätzlich zeitnah für satzungsmäßige Zwecke verwendet werden.

Ausnahmen vom Grundsatz der zeitnahen Mittelverwendung

a) Hinsichtlich der Verwendung von Zuwendungen (Spenden) zur Vermögenserhöhung:

In den folgenden Fällen können Zuwendungen zur Erhöhung des Vermögens der steuerbegünstigten Körperschaft eingesetzt werden:

– Zuwendungen von Todes wegen; sie sind grundsätzlich als Zuwendungen zum Vermögen der steuerbegünstigten Körperschaft anzusehen, wenn der Erblasser keine Verwendung für den laufenden Aufwand nicht besonders vorschreibt;

– Zuwendungen auf Grund eines Spendenaufrufs, wenn aus dem Spendenaufruf ersichtlich ist, daß Beträge zur Aufstockung des Vermögens der steuerbegünstigten Körperschaft erbeten werden;

– Sachzuwendungen, die ihrer Natur nach der Vermögensbildung dienen (Beispiel: auf eine gemeinnützige Stiftung geht im Wege der Schenkung ein Mietwohngrundstück über);

– Einzelzuwendungen, bei denen der Zuwendende ausdrücklich erklärt, daß sie zur Erhöhung des Vermögens bestimmt sind;

b) Hinsichtlich der vorübergehenden Ansammlung von Mitteln zur Rücklagenbildung für bestimmte Vorhaben:

Eine Körperschaft kann ihre Mittel ganz oder teilweise einer **Rücklage** zuführen, soweit dies erforderlich ist, um ihre steuerbegünstigten satzungsmäßigen Zwecke nachhaltig erfüllen zu können (§ 58 Nr. 6 AO). Voraussetzung ist, daß die Mittel für bestimmte – die steuerbegünstigten Satzungszwecke verwirklichende – Vorhaben angesammelt werden, für deren Durchführung bereits konkrete Zeitvorstellungen bestehen.

Eine Rücklage zum Ausgleich der durch die Geldentwertung beeinträchtigten Leistungsfähigkeit ist nicht zulässig. Das Bestreben, ganz allgemein die Leistungsfähigkeit der Körperschaft zu erhalten, reicht für eine derartige Rücklagenbildung nicht aus (vgl. aber Buchst. c).

Nach § 58 Nr. 6 AO u.a. folgende Rücklagen zulässig:

– Rücklagen zur Ansammlung von Mitteln für die Erfüllung des steuerbegünstigten Zwecks (Beispiel: Ansammlung von Mitteln für die Errichtung, Erweiterung oder Instandsetzung einer Sportanlage durch einen gemeinnützigen Sportverein);

– Rücklagen für periodisch wiederkehrende Ausgaben (z.B. Löhne, Gehälter, Mieten) in Höhe des Mittelbedarfs für eine angemessene Zeitperiode (sog. Betriebsmittelrücklage). Entsprechendes gilt für wiederkehrende Ausgaben zur Erfüllung des steuerbegünstigten Zwecks (z.B. Gewährung von Stipendien);

– Rücklagen für die Pflege des Vermögens, das zur Vermögensverwaltung der steuerbegünstigten Körperschaft gehört (Beispiel: Rücklagen für eine demnächst erforderlich werdende Reparatur an einem Mietwohngrundstück).

In Ausnahmefällen können Mittel in einer Rücklage für solche ernstgemeinten Vorhaben angesammelt werden, für deren Durchführung noch keine konkreten Zeitvorstellungen bestehen.

Beispiel:

Für die Verwirklichung der steuerbegünstigten Zwecke einer Krankenhausstiftung ist die Errichtung eines weiteren Bettentraktes notwendig. Unter Berücksichtigung öffentlicher Zuschüsse ist ein erheblicher Investitionsaufwand von der Stiftung selbst zu tragen. Wegen der schwankenden Erträge der Stiftung ist nicht abzusehen, wann die erforderlichen Mittel für die Investitionen vorhanden sein werden.

In derartigen Fällen ist eine Rücklagenbildung zulässig, wenn das Vorhaben glaubhaft ist und bei den finanziellen Verhältnissen der steuerbegünstigten Körperschaft in einem angemessenen Zeitraum durchgeführt werden kann.

Wichtiger Hinweis:

Die Gründe für die Bildung einer Rücklage nach § 58 Nr. 6 AO hat die steuerbegünstigte Körperschaft dem zuständigen Finanzamt im einzelnen darzulegen.

c) Hinsichtlich der Verwendung der Erträge aus der Vermögensverwaltung zur Bildung einer freien Rücklage:

Nach § 58 Nr. 7 Buchst. a AO darf eine steuerbegünstigte Körperschaft erstmals ab 1. 1. 1985 höchstens ein Viertel des Überschusses der Einnahmen über die Unkosten aus **Vermögensverwaltung** einer **freien Rücklage** zuführen.

Eine Vermögensverwaltung liegt in der Regel vor, wenn Vermögen genutzt wird, z.B. Kapitalvermögen verzinslich angelegt oder unbewegliches Vermögen vermietet oder verpachtet wird (§ 14 Satz 3 AO).

Wegen der Verwendung von Mitteln zum Erwerb von Gesellschaftsrechten zur Erhaltung der prozentualen Beteiligung an Kapitalgesellschaften vgl. § 58 Nr. 7 Buchst. b AO.

Die Verwendung von Mitteln zur Bildung einer freien Rücklage i.S. von § 58 Nr. 7 Buchst. a AO und zum Erwerb von Gesellschaftsrechten gemäß § 58 N. 7 Buchst. b AO sind dem Finanzamt im einzelnen zu erläutern.

❷ Ein **wirtschaftlicher Geschäftsbetrieb** ist eine selbständige nachhaltige Tätigkeit, durch die Einnahmen oder andere wirtschaftliche Vorteile erzielt werden und die über den Rahmen einer Vermögensverwaltung hinausgeht. Die Absicht, Gewinn zu erzielen, ist nicht erforderlich (§ 14 AO).

Wirtschaftliche Geschäftsbetriebe sind z.B.: Ausschank von Getränken, Herausgabe von Zeitschriften gegen Entgelt oder in Verbindung mit der Veröffentlichung von Anzeigen, der Betrieb einer Druckerei, die Erhebung von Eintrittsgeldern bei Festveranstaltungen, Werbung für Wirtschaftsunternehmen.

❸ Ein **Zweckbetrieb** ist gegeben, wenn der wirtschaftliche Geschäftsbetrieb in seiner Gesamtrichtung dazu dient, die steuerbegünstigten satzungsmäßigen Zwecke der Körperschaft zu verwirklichen, die Zwecke nur durch ihn erreicht werden können und der wirtschaftliche Geschäftsbetrieb zu nicht begünstigten Betrieben derselben oder ähnlichen Art nicht in größerem Umfang in Wettbewerb tritt, als es bei Erfüllung der steuerbegünstigten Zwecke unvermeidbar ist (§ 65 AO).

3a **Kulturelle Einrichtungen,** wie Museen, Theater sowie kulturelle und **gesellige** Veranstaltungen sind Zweckbetriebe, wenn der Überschuß der Einnahmen über die Unkosten im Durchschnitt der letzten drei Jahre einschließlich des Veranlagugsjahres nicht mehr als insgesamt 12000 DM je Jahr beträgt und nur für die steuerbegünstigten satzungsmäßigen Zwecke der Körperschaft verwendet wird. Bei kulturellen Einrichtungen sowie kulturellen Veranstaltungen (nicht bei geselligen Veranstaltungen) gilt dies mit der Maßgabe, daß bei der Ermittlung des Überschusses die gesamten Unkosten zu berücksichtigen sind, die der Körperschaft durch die Erfüllung ihrer steuerbegünstigten Zwecke erwachsen. Die Überschreitung der Grenze von 12000 DM ist unschädlich, wenn der Überschuß einer zulässigen Rücklage im Sinne des § 58 Nr. 6 AO zugeführt und innerhalb von drei Jahren für die steuerbegünstigten satzungsmäßigen Zwecke der Körperschaft verwendet wird (§ 68 Nr. 7 AO).

3b Unter „gesellige Veranstaltungen" sind Veranstaltungen zu verstehen, die der Pflege der vereinsinternen Geselligkeit, des Zusammengehörigkeitsgefühls der Mitglieder und der Werbung neuer Mitglieder dienen. Veranstaltungen, bei denen Nichtmitglieder unbegrenzten Zutritt haben und die den Zuschnitt gewerblicher Veranstaltungen haben, rechnen nicht dazu.

4 Eine Körperschaft verfolgt **mildtätige Zwecke** i.S.d. § 53 AO, wenn ihre Tätigkeit darauf gerichtet ist, **Personen** selbstlos zu **unterstützen,**

1. die infolge ihres körperlichen, geistigen oder seelischen Zustandes auf die Hilfe anderer angewiesen sind oder

2. deren Bezüge nicht höher sind als das Vierfache des Regelsatzes der Sozialhilfe im Sinne des § 22 des Bundessozialhilfegesetzes; beim Alleinstehenden oder Haushaltsvorstand tritt an die Stelle des Vierfachen das Fünffache des Regelsatzes. Dies gilt nicht für Personen, deren Vermögen zur nachhaltigen Verbesserung ihres Unterhalts ausreicht und denen zugemutet werden kann, es dafür zu verwenden. Bei Personen, deren wirtschaftliche Lage aus besonderen Gründen zu einer Notlage geworden ist, dürfen die Bezüge oder das Vermögen die genannten Grenzen übersteigen.

Bezüge im Sinne dieser Vorschrift sind

– Einkünfte im Sinne des § 2 Abs. 1 des Einkommensteuergesetzes und

– andere zur Bestreitung des Unterhalts bestimmte oder geeignete Bezüge,

die der Alleinstehende oder der Haushaltsvorstand und die sonstigen Haushaltsangehörigen haben.

Unterhaltsansprüche sind zu berücksichtigen. Zu den Bezügen zählen nicht Leistungen der Sozialhilfe und bis zur Höhe der Leistungen der Sozialhilfe Unterhaltsleistungen an Personen, die ohne Unterhaltsleistungen sozialhilfeberechtigt wären.

5 Eine **Einrichtung der Wohlfahrtspflege** ist ein Zweckbetrieb, wenn sie in besonderem Maße den in § 53 AO genannten Personen dient. Wohlfahrtspflege ist die planmäßige, zum Wohle der Allgemeinheit und nicht des Erwerbes wegen ausgeübte Sorge für notleidende oder gefährdete Mitmenschen.

Die Sorge kann sich auf das gesundheitliche, sittliche, erzieherische oder wirtschaftliche Wohl erstrecken und Vorbeugung oder Abhilfe bezwecken. Eine Einrichtung der Wohlfahrtspflege dient in besonderem Maße den in § 53 AO genannten Personen, wenn diesen mindestens zwei Drittel ihrer Leistungen zugute kommen (§ 66 AO).

Wer zu den in § 53 AO genannten Personen gehört, ergibt sich aus der vorstehenden Ziff. **4**.

6 Ein **Krankenhaus,** das in den Anwendungsbereich der Bundespflegesatzverordnung fällt, ist ein Zweckbetrieb, wenn mindestens 40 vom Hundert der jährlichen Pflegetage auf Patienten entfallen, bei denen nur Entgelte für allgemeine Krankenhausleistungen (§§ 5, 6 und 21 der Bundespflegesatzverordnung) berechnet werden (§ 67 Abs. 1 AO in der ab 1. 1. 1986 geltenden Fassung).

Ein Krankenhaus, das nicht in den Anwendungsbereich der Bundespflegesatzverordnung fällt, ist ein Zweckbetrieb, wenn mindestens 40 vom Hundert der jährlichen Pflegetage auf Patienten entfallen, bei denen für die Krankenhausleistungen kein höheres Entgelt als nach § 67 Abs.1 AO berechnet wird (§ 67 Abs.2 AO).

7 **Sportliche Veranstaltungen eines Sportvereins** sind Zweckbetriebe (§ 67 a AO), wenn

– der Verein keine Fußballveranstaltungen unter Einsatz seiner Lizenzspieler nach dem Bundesligastatut des Deutschen Fußballbundes e.V. durchführt und

– keine „bezahlten Sportler" teilnehmen.

Als **bezahlte Sportler** sind Sportler des Vereins anzusehen, wenn sie für ihre sportliche Betätigung oder als Werbeträger vom Verein oder Dritten Vergütungen oder andere Vorteile erhalten, die über eine Aufwandsentschädigung hinausgehen. Vereinsfremde Sportler gelten als bezahlte Sportler, wenn sie für ihre Teilnahme an der sportlichen Veranstaltung derartige Vergütungen vom Verein oder von Dritten erhalten. Nach bundeseinheitlichen Verwaltungsanweisungen sind Zahlungen an der Sportvereine an aktive Sportler bis zu 700 DM im Durchschnitt pro Monat, die Zahlung höherer Beträge bei Einzelnachweis eines entsprechenden Werbungskostenaufwands des Sportlers, als unschädliche Aufwandsentschädigung anzusehen.

Andere sportliche Veranstaltungen sind ein steuerpflichtiger wirtschaftlicher Geschäftsbetrieb. Dieser schließt die Steuerbefreiung des Vereins nicht aus, wenn die Vergütungen oder andere Vorteile ausschließlich aus diesem wirtschaftlichen Geschäftsbetrieb oder von Dritten geleistet werden.

Abb. 21: Vordruck Gem 1 A — Anlage Sportvereine
Finanzamt

> Steuernummer

Laufende Nummer des Verzeichnisses
der steuerbegünstigten Körperschaft _____

> Bezeichnung der Körperschaft

> Für Angaben kann die Rückseite verwendet werden.

Anlage Sportvereine

für 19_____, 19_____, 19_____

1. **Sportler des Vereins** erhalten für ihre sportliche Betätigung vom Verein oder von Dritten:

1.1. Aufwandsentschädigungen

☐ Nein ☐ Ja (bitte Name des Sportlers und Höhe der Aufwandsentschädigung angeben,
bei Überschreiten von 8400 DM im Jahr bitte Einzelaufstellung der ersetzten Aufwendungen beifügen)

1.2. Darüber hinausgehende Vergütungen und/oder sonstige Vorteile

☐ Nein ☐ Ja (bitte Name des Sportlers und Höhe der Vergütungen oder Art der sonstigen Vorteile angeben)

1.3. Sonstige Vergütungen für die Benutzung ihrer Person, ihres Namens, ihres Bildes, ihrer sportlichen Betätigung zu Werbezwecken

☐ Nein ☐ Ja (bitte Name des Sportlers und Höhe der Vergütungen oder Art der sonstigen Vorteile angeben)

2. An den sportlichen Veranstaltungen nehmen **vereinsfremde Sportler** teil:

☐ Nein ☐ Ja

Falls ja:

2.1. Diese Sportler erhalten für die Teilnahme vom Verein oder von einem Dritten im Zusammenwirken mit dem Verein:

Aufwandsentschädigungen

☐ Nein ☐ Ja (bitte Name des Sportlers, Höhe und Art der Aufwandsentschädigung angeben)

2.2. Darüber hinausgehende Vergütungen und/oder sonstige Vorteile:

☐ Nein ☐ Ja (bitte Name des Sportlers und Höhe der Vergütungen oder Art der sonstigen Vorteile angeben)

3. Die Vergütungen und anderen Vorteile werden ausschließlich von Dritten oder aus dem wirtschaftlichen Geschäftsbetrieb „Sportliche Veranstaltungen" geleistet:

☐ Ja ☐ Nein (bitte angeben, in welcher Höhe sonstige Mittel des Vereins verwendet wurden)

P Steuerverkürzung/Steuerhinterziehung

1 Allgemeines

Viele Vereinsvorstände sind sich nicht bewußt, daß relativ schnell eine Steuerhinterziehung bzw. Steuerverkürzung gegeben ist.

Eine **Steuerhinterziehung**[1] setzt den Vorsatz voraus, wobei bereits der sog. bedingte Vorsatz — das Inkaufnehmen einer geringeren Steuerfestsetzung — ausreicht. Eine Steuerhinterziehung führt grundsätzlich zur Strafe (Geld- oder auch theoretisch Haftstrafe bis zu 5 Jahren), soweit das Verfahren nicht gegen eine Auflage[1] — regelmäßig Zahlung eines Betrags an eine gemeinnützige Institution — eingestellt wird.

Steuerhinterziehung kann z. B. in folgenden Fällen gegeben sein:

- Auszahlung von Arbeitslohn ohne Abführung der Lohnsteuer,
- Nichteinbehaltung der Steuer gem. § 50a Einkommensteuergesetz bei beschränkt Steuerpflichtigen,
- Nichtanmeldung und Nichtabführung von Umsatzsteuer,
- Herbeiführung einer (niedrigen) Schätzung von Umsatz und Gewinn, obwohl die genauen Zahlen bekannt sind.

Dies gilt auch dann, wenn nur teilweise den gesetzlichen Verpflichtungen gefolgt wurde.

Bei leichtfertiger **Steuerverkürzung**[2] kann nur eine Geldbuße bis max. 10000 DM verhängt werden. Eine leichtfertige Steuerverkürzung kann z. B. bei Buchungsfehlern gegeben sein, wenn eine grobe Fahrlässigkeit zu bejahen ist.

2 Selbstanzeige

Sowohl bei der Steuerhinterziehung (vgl. § 370 Abgabenordnung) als auch der leichtfertigen Steuerverkürzung (§ 378 Abs. 3 Abgabenordnung) ist eine strafbefreiende Selbstanzeige möglich.

---

[1] § 153a Strafprozeßordnung
[2] § 378 Abgabenordnung

2.1 Steuerhinterziehung

Eine Selbstanzeige ist hier nur möglich

● bis zum Beginn einer Betriebs- oder Außenprüfung oder
● Einleitung eines Straf- und Bußgeldverfahrens oder
● Entdeckung der Tat.

Außerdem muß die hinterzogene Steuer **fristgerecht** gezahlt werden.

Zu beachten ist weiterhin, daß eine Selbstanzeige nur dann wirksam ist, wenn dem Finanzamt eine bisher verborgene Steuereinnahmequelle vollständig aufgedeckt wird. Hierzu ist es regelmäßig erforderlich, den genauen Betrag mitzuteilen.

2.2 Leichtfertige Steuerverkürzung

Auch hier ist eine bußgeldbefreiende Selbstanzeige möglich. Dies ist zeitlich gesehen bis zur Einleitung eines Bußgeldverfahrens möglich, d. h. auch nach Entdeckung der Tat durch die Finanzbehörde.

3 Anmerkung

Auch wenn nach unseren Erfahrungen gegen Vereinsvorstände, Kassiere, Schatzmeister u. ä. nur sehr selten Straf- oder Bußgeldverfahren wegen Steuerhinterziehung oder leichtfertiger Steuerverkürzung eingeleitet werden, so darf dies nicht zu der Meinung führen, daß Vereine sorglos gegen gesetzliche Vorschriften verstoßen dürften. Der Aufgriff der sog. öffentlichen Vereinsfeste — welche früher als Zweckbetrieb angesehen wurden — sollte ein warnendes Beispiel sein.

Stichwortverzeichnis

Die Zahlen bezeichnen die Seiten